CW00797188

ANAMORPHOSES

LES PERSPECTIVES DÉPRAVÉES

ABERRATIONS
Essai sur la légende des formes

ANAMORPHOSES
ou
Thaumaturgus opticus

LA QUÊTE D'ISIS
Essai sur la légende d'un mythe
(à paraître)

Les dépravations optiques nommées *anamorphoses* et les
aberrations (un terme astronomique) qui, en faisant voir
les choses où elles ne sont pas, font naître des légendes des
formes dans le domaine visionnaire et des légendes du
mythe dans le domaine de l'esprit. Elles relèvent toutes
d'un même mécanisme raisonné et poétique.

JURGIS BALTRUŠAITIS

Anamorphoses

ou
Thaumaturgus opticus

LES PERSPECTIVES DÉPRAVÉES-II

Champs arts

Anamorphoses ou Thaumaturgus opticus
a été publié pour la première fois en 1984 dans
la collection *Idées et Recherches*

ISBN : 978-2-0812-1752-2

AVANT-PROPOS

Publié en 1955 chez Olivier Perrin, dans la collection Jeu savant, Anamorphoses ou perspectives curieuses *a eu, en 1969, une deuxième édition* (Anamorphoses ou magie artificielle des effets merveilleux) *sensiblement plus développée et complétée par deux chapitres concernant le miroir. La troisième édition,* Anamorphoses ou Thaumaturgus opticus, *que nous donnons ici, en changeant le sous-titre qui provient comme les deux autres de Niceron, comporte plusieurs mises au point avec une documentation plus enrichie encore et s'étendant à des domaines nouveaux. L'ouvrage est augmenté aussi par trois chapitres iné-dits,* La catoptrique, géométrie et prestidigitation, *réunissant les principales recettes techniques et pratiques utilisées depuis le* XVIIe *siècle pour les anamorphoses cylindriques et coniques,* Ré-surgences et renouveaux *ainsi que* Les Textes modernes *trai-tant des formes et des spéculations d'aujourd'hui. Envisagés d'abord comme un* post-scriptum, *les deux derniers chapitres ont pris une telle extension qu'ils font paraître sous un jour nou-veau, en l'actualisant, toute l'histoire de ces singularités en révé-lant aussi la permanence d'un certain fonds d'intelligence et de curiosité.*

1984

… il n'y a rien de plus périlleux que de folier par raison.

Corneille Agrippa

INTRODUCTION

La perspective est généralement considérée, dans l'histoire de l'art, comme un facteur de réalisme restituant la troisième dimension. C'est avant tout un artifice qui peut servir à toutes les fins. Nous en traitons ici le côté fantastique et aberrant : une perspective dépravée par une démonstration logique de ses lois.

L'anamorphose[1] – le mot fait son apparition au XVIIᵉ siècle mais en se rapportant à des compositions connues auparavant – procède par une interversion des éléments et des fonctions. Au lieu d'une réduction progressive à leurs limites visibles, c'est une dilatation, une projection des formes hors d'elles-mêmes, conduites en sorte qu'elles se redressent à un point de vue déterminé : une destruction pour un rétablissement, une évasion mais qui implique un retour. Le procédé est établi comme une curiosité technique mais il contient une poétique de l'abstraction, un mécanisme puissant de l'illusion optique et une philosophie de la réalité factice. L'anamorphose est un rébus, un monstre, un prodige. Tout en appartenant au monde des singularités qui dans le fonds humain a toujours eu un « cabinet » et un refuge, elle en déborde souvent le cadre hermétique. Les jeux savants sont par définition quelque chose de plus.

L'anamorphose n'est pas l'aberration où la réalité est subjuguée par une vision de l'esprit. Elle est un subterfuge optique où l'apparent éclipse le réel. Le système est savamment articulé. Les perspectives accélérées et ralenties ébranlent un ordre naturel sans le détruire. La perspective anamorphotique

---

1. Du grec *ana* – en remontant, qui marque le retour vers, et *morphé* – forme. Nous n'avons pas vu utiliser le mot *anamorphose* avant Gaspar Schott (1657).

l'anéantit avec les mêmes moyens dans leurs applications extrêmes. Les images décomposées et rétablies par les articulations des rayons visuels se répandent au XVIe siècle comme une merveille de l'art dont le secret est jalousement gardé. Les recettes techniques sont dévoilées progressivement mais c'est seulement au XVIIe siècle que l'on en voit paraître des recueils exhaustifs, théoriques et pratiques. Un mécanisme visionnaire, l'anamorphose l'est également dans le domaine de la raison.

La perspective prend place dans une doctrine des connaissances du monde. Des légendes et des cosmogonies l'entourent. Elle est associée aux automates autour desquels s'esquissent les raisonnements sur les machines réglant les formes de la vie. L'anamorphose rejoint les sciences occultes et, en même temps, les théories du doute, ce qui nous ramène aux Vanités et au tableau des *Ambassadeurs* de Holbein auxquels nous consacrons un long chapitre.

Un instrument anamorphotique nouveau, le miroir, fait son apparition vers 1615-1625. Il ne s'agit plus de la vision directe mais d'une image réfléchie. C'est un objet étincelant, magique, évocateur de spectres. Une prestidigitation chinoise se greffe sur les doctrines catoptriques du Moyen Age et de l'Antiquité et s'y conforme. Les perspectives cylindriques et coniques sont établies pour des calculs savants et des expérimentations laborieuses. Et c'est une multitude de trames géométriques qui s'y développent et se renouent. L'anamorphose éclate dans le vertige de l'abstraction qui fait pendant, dans une certaine mesure, aux raisonnements spéculatifs et sémantiques qui, eux aussi, gravitent autour des mêmes formes.

Jouet divertissant ou instructif, démonstration de l'incertitude de la vue, révélation des figures fantastiques de la nature, sa réduction au néant, l'anamorphose poursuit imperturbablement son chemin et se refait sur des registres différents. C'est un étrange destin que celui d'un caprice d'inversion optique qui aurait pu passer inaperçu mais qui s'est trouvé à la source de développements considérables et multiples du XVIe jusqu'au XIXe siècle et au-delà.

Son côté surprenant, sa technique infaillible, son ouverture à toutes les diversions philosophiques et poétiques ont assuré la continuité et la puissance de ses attraits. Shakespeare, Galilée, Jefferson, Edgar Poe, entre autres, ont apporté leur témoignage sur cette emprise et sur ce rayonnement.

Les décennies autour de 1900 marquent un ralentissement et non la fin de ce déploiement. Une résurgence d'un jeu et d'une pensée de la Renaissance se manifeste au cours du XXe siècle. Elle est suivie d'un renouveau à son déclin. Les choses s'amorcent dans le sillon du surréalisme et sur le fond des inquiétudes et des conflits morphologiques de notre temps où l'abstraction et le figuratif s'entrechoquent. Nous les traitons sur le même plan sans le parti pris d'un critique d'art contemporain, en historien, comme les chapitres précédents. Il s'agit bien d'un prolongement avec ses extensions et ses répercussions qui vont loin jusqu'aux régions du structuralisme et une prolifération des textes qui, eux aussi, renouent avec une tradition séculaire. Ils sont donnés tels quels, sans commentaires, comme les écrits anciens auxquels ils font suite. Avec son mécanisme précis des structures visuelles et intellectuelles, l'anamorphose, la perspective mathématiquement dépravée, ne cesse de répandre ses fantasmes.

PERSPECTIVE ACCÉLÉRÉE
OU RALENTIE

La différence entre l'objet et sa vision a retenu les philosophes et les artistes de tous les temps. Platon, dans *Le Sophiste*[1], distingue deux arts d'imitation : l'art de copie, reproduisant exactement les formes, et l'art d'évocation, les transposant dans le domaine des apparences. Les grands ouvrages de sculpture ou de peinture paraissent autres qu'ils ne sont : les parties supérieures trop petites, les parties inférieures trop grandes, aussi les figures belles ne le sont-elles plus si l'on conserve leurs véritables proportions. Pour qu'elles le restent, les artistes, se souciant peu de vérité, leur donnent non pas les formes naturelles, mais celles qu'ils jugent les plus heureuses. Il ne s'agit plus de la réalité, mais d'une fiction. « *Les œuvres qui, considérées d'un bon point de vue, ressemblent au beau mais qui n'offrent plus, convenablement examinées, la ressemblance qu'elles promettaient sont des fantômes.* » Et l'art qui les produit est une fantasmagorie.

Vitruve[2] reprend ce raisonnement, en en tirant des conséquences pratiques. Puisque ce qui est vrai paraît faux et que les choses semblent être autrement qu'elles ne sont, il faut ajouter ou retrancher. Pour une façade d'architecture, l'opération consiste à remplacer les droites par les courbes, à épaissir, à surélever, à incliner certaines parties. Il en résulte plu-

1. Platon, *Œuvres*, trad. V. Cousin, Paris, 1837, vol. II, *Le Sophiste ou De l'Être*, p 219-220.
2. Voir Vitruve, *Les Dix Livres d'Architecture, corrigés et traduits nouvellement par Cl. Perrault*, Paris, 1673, p. 77-78, 84, 93, 193-194.

sieurs dépravations. Les fûts se dilatent au milieu, les stylobates se bombent[3], les colonnes des angles se gonflent (d'un
cinquantième du diamètre), les architraves tombent en avant
(de la douzième partie de leur hauteur).

Sans doute, ne s'agit-il là que de rectifications légères « *pour
remédier à l'erreur de la vue* ». Mais c'est le même principe de
la déformation des formes naturelles où l'égalité est obtenue
par l'inégal et la stabilité par l'ébranlement. L'architecture,
conçue de cette façon, n'est pas une stricte réalité mais un
fantôme platonicien.

Pour l'architecte romain l'image émise par l'objet change
en raison de l'épaisseur de l'air, de la puissance de la lumière
et d'autres phénomènes optiques dont les effets ne sont en-
registrés qu'empiriquement. Mais ces explications sont en retard sur la science du temps[4]. Les lois de la vision ont été établies géométriquement depuis plus de deux siècles par Euclide.
Ce ne sont pas seulement les conditions atmosphériques qui
définissent la perception, mais, avant tout, les rayons visuels.
Sortant de l'œil[5], ils se propagent en ligne droite et constituent un cône dont le sommet se trouve dans la prunelle et
dont la base est le contour des objets. Les corps grandissent
ou diminuent conformément à l'ouverture de l'angle qui les
comprend (*Axiomes V, VI et VII*)[6]. « *Il y a par conséquence
des lieux communs où les grandeurs égales paraissent inégales* »
et inversement *(Théorèmes XLVIII et XLIV)*, et c'est en cal-
culant les proportions à l'aide des rayons que l'on obtient exactement les apparences voulues. Toute une technique de formes
fantomatiques est contenue dans cette loi. Une perspective de
visionnaires défigurant la vérité se constitue, paradoxalement,
dans le système qui la précise.

3. Cette question des *scamilli impares* a été traitée déjà par Bernardino Baldi (*Scamilli impares vitruviani*, Augsbourg, 1612). L'interprétation de Perrault, qui y voit une
série de ressauts en avant, est erronée. Voir E. Burnouf, *Explication des courbes dans les
édifices grecs, Note additionnelle relative à un texte vitruvien, Revue générale de l'architecture*, II, 1875, p. 146-154.

4. Pour la perspective linéaire de cette période, voir J.-H. Luce, *Géométrie de la
perspective à l'époque de Vitruve, Revue d'histoire des sciences et de leurs applications*, 1953,
p. 308-321.

5. Alberti mentionne une querelle au sujet de ces rayons visuels : pour Platon comme
pour Euclide, ils sont issus de l'œil ; pour Démocrite et Empédocle, ils émanent de
l'objet.

6. *La Perspective d'Euclide, traduite par R. F. de Chantelou*, Le Mans, 1663, p. 2, 97
et 100.

Toujours, la perspective se développera dans cette opposition. C'est une science qui fixe les dimensions et les dispositions exactes des formes dans l'espace, et c'est aussi un art de l'illusion qui les recrée. Son histoire n'est pas seulement une histoire du réalisme artistique. Elle est aussi l'histoire d'un songe.

Deux phases doivent être distinguées après la fin du monde gréco-romain : un abandon et une désagrégation des éléments, un rétablissement par des voies diverses qui aboutissent à une doctrine complexe d'une remarquable précision. Délaissés par les artistes pendant une longue période, tous les problèmes de perspective sont systématiquement repris, d'abord par les savants.

C'est par l'Islam que les sciences antiques sont retransmises au Moyen Age. Le traité d'Alhazen (c. 965-1038) eut un grand retentissement, et même la traduction latine d'Euclide a été faite non pas du grec, mais de l'arabe, dès le XIIe siècle, par Adelard de Bath. Robert Grossetête (1175-1253), évêque de Lincoln, Roger Bacon (c. 1270), Vitellion (c. 1270), John Peckham (c. 280), archevêque de Canterbury, traitent les questions de perspective en reprenant les doctrines islamiques. Par une curieuse contradiction, c'est l'univers le plus hostile à la vision en profondeur et en relief dans la peinture et le décor qui en enseigne les principes. Il y a rupture totale entre l'optique des imagiers et les spéculations scientifiques. Cette nette séparation se maintiendra dans l'Occident gothique, et les premières recherches d'artistes dans le domaine de la perspective seront empiriques et tout à fait indépendantes. Se précisant dès le XIVe siècle, elles se poursuivent sur le même plan, dans les écoles du Nord, jusqu'à une date relativement avancée[7]. La jonction entre les arts et la science se fait en Italie dans la première moitié du XVe siècle (Ghiberti, Alberti)[8] et elle provoque une admirable

7. M. S. Bunim, *Space in Medieval Painting and the Forerunner of Perspective*, New York, 1940 ; G. F. Vescovini, *Studi sulla prospettiva medievale*, Turin, 1965.

8. G. Mancini, *Vita di L.-B. Alberti*, Florence, 1911, Leon-Battista Alberti, *Della pittura*, éd. L. Mallé, Florence, 1950 ; P. -H. Michel, *La Pensée de L.-B. Alberti*, Paris, 1930 ; J. Spencer, *L.-B. Alberti : On Painting*, Londres, 1956 ; S. Y. Edgerton, Jr, *Alberti's Perspective : A New Discovery and a New Evaluation*, The Art Bulletin, XLVIII, 1966, p. 367-378 ; G. Ten Doesschate, *De Derde commentaar van Lorenzo Ghiberti in verband met de mideleeuwsche Optick*, Utrecht, 1940 ; R. Krautheimer, *Lorenzo Ghiberti*, Princeton, 1956, p. 234 et s. ; A. Parronchi, *La misura dell'occhio secondo il Ghiberti*, Paragone, 123, 1961. Voir aussi G. S. Agran, *The Architecture of Brunelleschi and the Origin of the Perspective Theory in Fifteenth Century*, Journal of the Warburg and Courtauld Institutes, IX, 1940, p. 96-121 ; A. Parronchi, *Le due tavole prospettiche del Brunelleschi*, Paragone, 107, 1958, p. 3-32.

floraison : Piero della Francesca (1469), Léonard (1492), Jean Pélerin, dit Viator (1505), Dürer (1525), Vignole (1530-1540), Serlio (1545), Barbaro (1559), Cousin (1560) appliquent méthodiquement les théories mathématiques et élaborent des procédés qui donnent des solutions pour toutes les formes[9]. Tous les ouvrages qui leur succèdent exploitent le fonds de la Renaissance.

La perspective se restitue comme une rationalisation de la vue et comme une réalité objective mais tout en conservant son côté feint. Le développement de sa technique donne des moyens nouveaux à tous les artifices. Des étendues sans fin peuvent être évoquées dans un espace réduit. Les distances peuvent être raccourcies. La possession des procédés de représentations exactes conduit à la « *Grande Illusion* » multipliant les mondes factices qui a hanté les hommes de tous les temps, et dont F. Clerici a fait entrevoir, dans un recueil savant, la diversité et la puissance[10].

Une vaste abside est simulée par Bramante à Saint-Satyre de Milan (1482-1486), dans un espace qui n'a que 1,20 m de profondeur[11]. Les raccourcis précipités de la corniche, des caissons et des pilastres en stuc et en terre cuite donnent l'impression complète d'une pièce voûtée, mais si l'on veut y pénétrer on se heurte contre un mur. L'église entière est ébranlée par ce trompe-l'œil et tout est mis en doute.

L'histoire de la scène théâtrale est dominée au XVIe siècle par le problème de cet éloignement imaginaire[12]. L'impres-

---

9. N. G. Poudra, *Histoire de la perspective ancienne et moderne*, Paris, 1864 ; E. Panofsky, *Die Perspektive als symbolische Form, Vorträge der Bibliothek Warburg*, 1924-1925, p. 258-330, et *Codex Huygens and Leonardo da Vinci's Art Theory, Studies of the Warburg Institute*, XIII, 1940 ; G. A. Richter, *Perspective Ancient, Medieval and Renaissance, Scritti in onore di Bartholomeo Nogara*, Cité du Vatican, 1937, p. 381 et s. ; W. H. Ivins, *On the Rationalization of Sight with the Examination of the Renaissance Texts on Perspective, Metropolitan Museum of Art*, New York, Paper 8, 1938 ; J. White, *Development in Renaissance Perspective, Journal of the Warburg Institute*, VII, 1949 et *The Birth and Rebirth of Pictural Space*, Londres, 1957 ; D. Gioseffi, *Perspectiva artificialis, Spigolature e appunti*, Istituto di storia dell'arte, n° 7, Università degli studi di Trieste, 1957 ; R. Klein, *Études sur la perspective de la Renaissance, Bibliothèque d'Humanisme et Renaissance, 25*, Genève, 1963 ; A. Parronchi, *Studi sulla « dolce » prospettiva*, Milan, 1964.

10. F. Clerici, *The Grand Illusion, Some Considerations of Perspective, Illusionism and Trompe-l'Œil, Art News Annual*, XXIII, 1954, p. 98 et s.

11. *Ibid.*, p. 105 et fig. p. 128.

12. Pour l'évolution de la scène, voir H. Leclerc, *Les Origines italiennes de l'architecture du théâtre moderne*, Paris, 1946, et G. R. Kernodle, *From Art to Theatre, Form and Convention in the Renaissance*, Chicago, 1944 ; voir aussi G. Schöne, *Die Entwicklung der Perspektivbühne bis Galli-Bibiena, nach den Perspektivbüchern*, Leipzig, 1933.

sion peut être obtenue non seulement par le rétrécissement brusqué des limites latérales, mais aussi par l'élévation de l'horizon. Le monde où la réalité et la fiction finissent par se confondre se constitue progressivement.

Dans l'interprétation de Serlio (1545), reprise par Barbaro (1559)[13], des scènes tragique, comique et satirique de Vitruve, il y a encore juxtaposition de l'espace vrai – avant-scène plate – et de l'espace illusoire – arrière-scène inclinée – avec les deux côtés obliques accélérant la perspective, où les acteurs ne pénètrent pas. La frontière s'estompe dans le théâtre Olympique de Vicence (Palladio et Scamozzi, 1580-1585)[14], avec les tentacules du décor permanent, en pente, formant sept rues en bois stuqué débouchant sur la « *frons scenae* ». Tous les détails d'architecture se rétrécissent comme dans l'abside de Milan, accentuant l'effet de fuite. L'espace illusoire et l'espace vrai y communiquent directement. Ils ne tardent pas à fusionner, par l'extension sur l'avant-scène, d'abord des murs obliques (théâtre de Sabbioneta par Scamozzi, 1588-1589), puis de la pente. Dans le traité de perspective de Sirigatti (1596)[15], la scène entière est inclinée. Les comédiens ne se trouvent plus dans la réalité. Ils évoluent dans le domaine de l'illusion. Les scènes de Furttenbach (c. 1625), de Sabbattini (1637) et de Troili (1672)[16] (fig. 1) adoptent le même principe de perspectives accélérées autour de la représentation vivante. Il y aurait lieu de rechercher si des dispositions semblables n'intervenaient pas aussi dans les jardins, et même dans les compositions d'architecture sur un terrain irrégulier. Le théâtre et la vie sont constamment entremêlés à cette époque et certains arrangements des édifices empruntent directement aux formes théâtrales. La colonnade de la Villa Spada de Rome (c. 1638), bâtie par Francesco Borromini[17], produit l'effet d'un long tunnel avec 8 mètres seulement environ, par une contraction violente des dimensions :

13. S. Serlio, *Il secondo Libro di Perspectiva,* Paris, 1545, p. 43 et D. Barbaro, *La pratica della perspettiva,* Venise, 1559, p. 155 et s.

14. H. Leclerc, *op. cit.,* fig. 1, pl. XIX.

15. L. Sirigatti, *La Pratica di Prospettiva,* Venise, 1595, cap. XLIII.

16. J. Furttenbach, *Architectura recreationis,* Augsbourg, 1640, p. 59-70, pl. 21-23 ; N. Sabbattini, *Pratica di fabbrica, scene e machine de' teatri,* Ravenne, 1638 ; G. Troili, *Paradossi per praticare la prospettiva,* Bologne, 1672, p. 110-113.

17. F. Clerici, *op. cit.,* p. 105 et fig. p. 128 ; P. Portoghesi, *Borromini, architettura come linguaggio,* Rome-Milan, 1967, p. 170-172, pl. LXXV et LXXVI, fig. p. 132 et 133.

à l'entrée 5,80 m de hauteur sur 3,50 m de largeur, à la sortie 2,45 m sur 1 m, sans rien changer dans le dessin des éléments. La perspective accélérée d'une rue de la scène Olympique de Vicence est introduite dans le décor d'habitation sous un aspect plus condensé et plus abrupt. Sans doute s'agit-il là d'une fantaisie, jouant avec le paradoxe, mais elle reflète la conception fantasmagorique d'un ordre architectural.

Le procédé contraire, ralentissant la perspective, en faisant paraître les objets plus proches qu'ils ne sont par l'accroissement des éléments éloignés, est enseigné méthodiquement dans les traités de perspective. Dürer (1525)[18] l'explique pour les colonnes et pour les lettres (fig. 2 et 3), Serlio (1545)[19], sur l'appareil de maçonnerie. Il ne s'agit pas, comme chez Vitruve, du renforcement de certains points. Les dimensions d'une même partie se doublent, se décuplent au sommet. Les assises d'un mur grandissent au fur et à mesure qu'elles montent. Les ornements s'étirent. Les spirales des colonnes torses allongent leur pas de cinq fois au troisième tour. En bas, tout apparaît pourtant égalisé, les dimensions étant fixées par le même angle. Le rayon visuel n'est pas le conducteur passif d'une sensation produite par un objet. Il le recrée en projetant dans la réalité ses formes altérées.

Un monument ancien, le temple de Priène, dédié par Alexandre à Athéna Polias (335)[20], avait déjà une inscription gravée avec des lettres agrandies dans les lignes supérieures, conformément à l'angle euclidien, mais le système n'y détériore pas profondément les proportions. Il les anéantit dans les dessins du XVIe siècle, où la puissance de projection est concentrée, pour la clarté de la démonstration, par le glissement du point de vue vers son objet. Plus il est proche, plus il est bas, plus les rayons vont obliquement, plus se rallongent les gradations qu'ils délimitent sur l'élévation verticale. Il en résulte des mesures fantastiques. Restitué dans sa rigueur, le procédé antique détruit un ordre de l'Antiquité. Le dessin de l'appareil est reproduit par Polienus (1628)[21],

18. A. Dürer, *Institutionum geometricarum libri quatuor…*, Nuremberg, 1525, p. 7, 91, 92 et 116.

19. S. Serlio, *Il primo Libro di Architettura*, Paris, 1545, p. 9.

20. Voir J. Pennethorne, *The Geometry and Optics of Ancient Architecture*, Londres, 1878, p. 15, et A. Choisy, *Histoire de l'architecture*, I, Paris, 1899, p. 403.

21. D. Polienus (F. di Diano da Diano), *Occhio errante dalla ragione emendato, prospettiva*, Venise, 1628, p. 121.

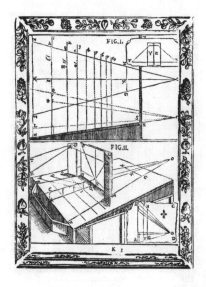

1. Perspective accélérée :
La Scène de Troili, 1672.

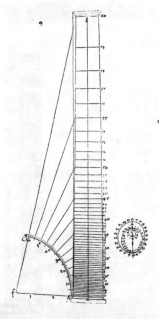

2. Perspective ralentie :
*Rectifications optiques
pour une colonne droite.*
Dürer, 1525.

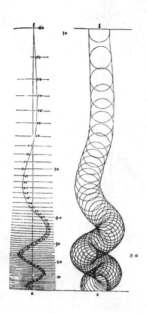

3. Perspective ralentie :
*Rectifications optiques
pour une colonne torse.*
Dürer, 1525.

4. Perspective ralentie :
*Rectifications optiques
pour les lettres, l'appareil
d'architecture et les statues.*
Troili, 1672.

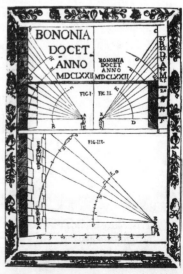

celui des lettres par Salomon de Caus (1612)[22] et par Mydorge (1630)[23]. *Les Paradoxes de perspective,* de Troili (1672) [24], proposent l'usage de la même règle pour les assises des murs, les inscriptions, les fenêtres et les statues placées à des hauteurs différentes, en se basant sur Serlio et Dürer (fig. 4). La perspective au ralenti, freinant la fuite par l'accroissement proportionné des dimensions, est appliquée à la façade et au décor sculpté. Deux légendes sont répandues à ce propos : une anecdote sur Phidias et une vision de la colonne Trajane.

Lors d'un concours pour une Minerve destinée à couronner un haut pilier, Alcamène sculpta une statue harmonieuse, Phidias, une figure aux membres déformés, avec une bouche béante et un nez étiré. Le jour de l'exposition, le premier obtint tous les suffrages tandis que son rival faillit être lapidé. Mais la situation se renversa lorsque les sculptures furent mises en place. Installée au sommet de la colonne, la statue de Phidias prit une grande beauté tandis que l'autre devint un objet de risée. L'histoire est empruntée à Pline par J.-F Niceron (1638)[25], à Tzetzès, un écrivain byzantin du XIIe siècle, par A. Kircher (1646)[26]. La légende des formes, déformées pour rester belles, revit ainsi par l'entremise d'une double source Chez Kircher, elle est suivie d'explications techniques et d'un dessin d'après Dürer, montrant la projection des rayons visuels sur une colonne. La figure est analogue, avec une seule modification : c'est la colonne Trajane, considérée depuis le XVIe siècle comme un prodige d'optique, qui remplace la colonne torse (fig. 5). Le procédé faisant « *les figures d'autant plus grandes qu'elles viennent à diminuer pour la hauteur des lieux* »,

22. S. de Caus, *La Perspective avec la raison des ombres et des miroirs,* Londres, 1612, p. 37.

23. Cl. Mydorge, *Examen du Livre des récréations mathématiques,* Paris, 1630, p. 30 de la seconde partie.

24. G. Troili, *op. cit.,* p. 119.

25. J. -F. Niceron, *La Perspective curieuse,* Paris, 1638, p. 12.

26. A. Kircher, *Ars Magna,* Rome, 1646, p. 192, fig. p. 114. La légende est relatée aussi d'après Tzetzès, par François Blondel (*Cours d'architecture enseigné dans l'Académie royale,* Paris, 1675-1683, p. 709-710), qui fait aussi état des rectifications optiques de Vitruve et de Serlio. Par contre, la colonne Trajane est donnée par lui comme un exemple démontrant que ces corrections ne sont pas toujours nécessaires : toutes les figures y sont d'égale hauteur, et pourtant visibles. L'auteur conclut : « *Je ne sais pas les règles précises qui déterminent le milieu entre les mesures naturelles et celles que produit la perspective.* »

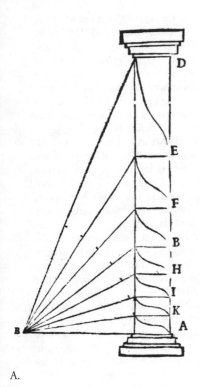

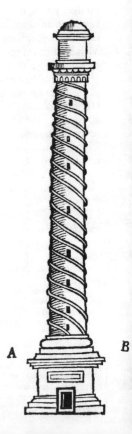

A.

5. *La colonne Trajane*, à Rome :
A. D'après Athanase Kircher, 1649.
B. D'après Bernardino Baldi, 1612.

B.

décrit par Lomazzo (1584)[27] à propos du même monument, est illustré maintenant par un schéma graphique. L'ouvrage est complètement défiguré. Au lieu de vingt-cinq tours, la frise n'en a que sept et la largeur augmente avec une telle rapidité que le dernier tour de la spirale occupe plus d'un tiers du fût.

L'exemple est repris par R.-F. de Chantelou (1663)[28]. Commentant la perspective d'Euclide, il se réfère à la même œuvre comme produisant un effet admirable, où « *l'Art suppléant au défaut de la nature rend les parties les plus éloignées aussi sensibles à l'œil comme les plus proches* », ceci par l'accroissement des intervalles, récupérant « *précisément la même grandeur que l'éloignement leur a fait perdre* ». Or on savait déjà, par les mesures de Girardon, que la largeur de la frise était identique du bas jusqu'au sommet[29]. L'angle euclidien ne déforme pas seulement les proportions antiques dans un excès de démonstration : il crée une image fausse d'un monument toujours debout à Rome.

Le mythe de la colonne Trajane se retrouve encore chez Troili, selon lequel c'est son aménagement optique qui serait utilisé par les meilleurs artistes de tous les temps. Les peintres, les sculpteurs, les architectes en feraient usage régulièrement : Galbert (?) parmi les peintres anciens, Callot, l'Algarde parmi les maîtres modernes. Le *Jugement dernier* de la chapelle Sixtine serait également conçu de cette façon.

Pour la composition de Michel-Ange (fig. 6 A), le fait semble parfaitement exact. Les trois registres horizontaux, la terre, la zone intermédiaire, le ciel, grandissent progressivement. Le dernier déborde même les corniches des murs latéraux, fixant la gradation des panneaux inférieurs. C'est un ensemble dynamique qui monte en s'amplifiant comme dans le déchaînement d'un cataclysme cosmique[30]. Mais son élan n'est pas spontané. Si l'on se place dans

---

27. Cité d'après J. P. Lomazzo, *Traité de la Proportion naturelle et artificielle des choses*, trad. H. Pader, Toulouse, 1649, p. 10.

28. R. -R. de Chantelou-Euclide, *op. cit.*, p. 13-14.

29. *Mémoires de Ch. Perrault*, Avignon, 1759, Liv. II, p. 109. En relatant qu'il fait prendre les mesures de la colonne Trajane par Girardon, le contrôleur des bâtiments de Louis XIV critique la théorie de Chantelou en termes violents : « *Le bonhomme ne savoit pas ce qu'il disoit.* » Pour les mesures du monument, voir Percier, *La Colonne Trajane*, Paris, 1877, p. 7.

30. Ch. de Tolnay, *Michel-Ange*, Paris, 1951, p. 75 et s., et *Werk und Weltbild des Michelangelo*, Zurich, 1949, p. 89-90. L'auteur signale, à propos de la composition avec les figures inégales dans le *Jugement Dernier*, que dans le contrat pour le Monument Piccolomini à Sienne, 1504, Michel-Ange mentionne que les figures du haut doivent être plus grandes d'une largeur de main que celles qui se trouvent dans la partie inférieure. Il est aussi spécifié dans le contrat pour le monument de Jules II, 1513, que dans la capelleta, sur le sommet du monument, il y aura cinq figures plus grandes que les autres « *car elles sont plus éloignées des yeux* ».

l'axe, devant les marches du podium, le niveau de chaque registre correspond exactement à un même angle visuel. Le schéma est analogue à celui qu'Albert Dürer donne pour les inscriptions murales qui, lui aussi, est divisé en trois parties superposées (fig. 6 B). Les personnages qui y prennent place changent dans les mêmes proportions en s'élevant. Charon, en bas, est deux fois plus petit que le Christ, les saints et les prophètes, en haut. Leurs mesures sont calculées comme celles des lettres, qui, d'un point précis, paraissent égales et restent lisibles malgré la différence d'éloignement. Mais l'artifice n'opère que d'une distance déterminée. Si l'on regarde la fresque de plus loin, son jaillissement n'est plus retenu par les raccourcissements optiques et la vision explose. S'agrandissant sans cesse dans leur ascension, les formes acquièrent une majesté et une ampleur nouvelles. Le registre supérieur est habité par des titans. La perspective au ralenti suscite des déploiements et des mouvements puissants. Un art qui frappe et qui s'exprime par la déformation se définit ainsi dans une technique rétablissant les apparences exactes en altérant l'exactitude. Né en fonction d'un développement rationnel et organique, il y découvre des moyens nouveaux et se les approprie. Certains débordements baroques sont amplifiés par ces remous[31].

Les perspectives accélérées et ralenties déforment la nature en la transfigurant. Mais les écarts entre la réalité et la vision conduisent aussi à leur rupture.

---

31. Pour les corrections optiques voir aussi M. C. Ghyka, *Le Nombre d'Or*, t. I, *Les Rythmes*, Paris, 1931, p. 89-95.

A.

B.

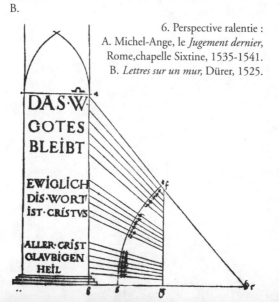

6. Perspective ralentie :
A. Michel-Ange, le *Jugement dernier*,
Rome, chapelle Sixtine, 1535-1541.
B. *Lettres sur un mur,* Dürer, 1525.

PREMIÈRES
ANAMORPHOSES
ET DIFFUSION :
XVIᵉ ET XVIIᵉ SIÈCLES

Parmi les systèmes fantastiques que l'on fait intervenir dans la genèse de l'art surréaliste moderne se trouvent de singulières représentations qui, vues de face, sont un mélange confus de formes étirées, sans signification, mais qui, de biais, composent en se rétrécissant des images justes. Le recueil de Georges Hugnet, publié à l'occasion d'une exposition à New York[1], en montre trois exemples : une gravure d'Erhard Schön et deux panneaux d'un peintre inconnu, appartenant à Jacques Lipchitz[2], exécutés sensiblement à la même date, au XVIᵉ siècle. Les artistes contemporains ont été intrigués par ces tableaux, dont les sujets surgissent et disparaissent comme par enchantement. Les historiens de l'art les ont, pour la plupart, classés comme des curiosités sans portée générale.

Un « Vexierbild » (*tableau à secret*) de Schön, graveur de Nuremberg et élève de Dürer, a été décrit par Röttinger[3] : de très grandes dimensions (0,44 m x 0,75 m), il est formé de quatre registres trapézoïdaux où des hachures zébrées sont prolongées par des paysages avec des figurines vivantes. Villes et collines, personnages et animaux se résorbent et s'engloutissent en un torrent de traits enchevêtrés que rien n'explique à première vue. Mais en plaçant l'œil de côté, tout près de la

---

1. G. Hugnet, *Fantastic Art, Dada, Surrealism*, New York, 1946, fig. p. 77 ; voir aussi *Cahiers d'Art*, 1937.

2. Ces deux panneaux semblent provenir d'une vente à l'Hôtel Drouot, le 3 avril 1925.

3. H. Röttinger, *Erhard Schön und Niklas Stör*, Strasbourg, 1921, n° 205 du catalogue. La planche a été restituée par la réunion de deux fragments. Une autre planche, avec Paul III au lieu de Clément VII, est reproduite par M. Geisberg, catalogue n° 1197.

gravure, on voit surgir quatre têtes superposées à l'intérieur des cadres rectilignes[4]. La perspective rend invisibles les images apparentes et, du même coup, fait apparaître les contours cachés. Les personnages sont parfaitement identifiables : Charles Quint, Ferdinand Ier, le pape Clément VII et François Ier. Des inscriptions allemandes et latines, qui se restituent de la même façon, donnent leurs noms. Des profils nets, précis se dégagent du chaos linéaire.

Le dessin combine deux différents tableaux en un, tout en conservant une unité de thème. Le fond, qui se déroule derrière les souverains cachés, évoque des événements qui les concernent et donne déjà une clef pour le déchiffrement de leur énigme : derrière Charles Quint – un épisode de guerre, des chevaux conduits par des soldats ; derrière Ferdinand Ier – le siège de Vienne (1529-1532), souvent représenté par Schön ; derrière le pape – Dieu menaçant un Turc et un navire armé ; derrière François Ier – des Orientaux et un chameau, rappelant ses relations avec les Turcs.

Cette superposition est d'un effet troublant qui prend une valeur symbolique. Dissimulées dans la configuration des sites, des effigies royales l'agitent en y posant leurs traits. Elles planent sur les contrées et sur les scènes des vicissitudes historiques, pareilles à des fantômes couvrant des étendues immenses. La vision prend place dans un paysage houleux marqué par le pouvoir souverain qu'il masque. C'est comme un drame et comme une sorcellerie.

Cette planche doit avoir été exécutée entre 1531 (Ferdinand Ier, roi) et 1534 (mort de Clément VII), mais il en existe une seconde version avec un autre pape, Paul III, successeur de Jules de Médicis, où les inscriptions sont en latin seulement (fig. 7). C'est celle que l'on voit dans le recueil surréaliste.

Deux autres gravures, attribuées d'abord à Stefan Hammer[5], éditeur nurembergeois, sont rattachées maintenant au même artiste[6]. Leur description par Bartsch précise la succession des effets :

---

4. Les compositions doivent être vues alternativement du côté gauche et du côté droit.
5. Bartsch, *Le Peintre-graveur*, IX, 1808, p. 151 ; R. F. Lichtenberg, *Uber den Humor bei den deutschen Kupferstechern und Holzschnittkünstlern*, Strasbourg, 1897, p. 51 ; Campbell Dodgson, *Catalogue*, vol. I, Londres, 1903, p. 551-552.
6. H. Röttinger, *op. cit.*, n°s 203 et 204 du catalogue.

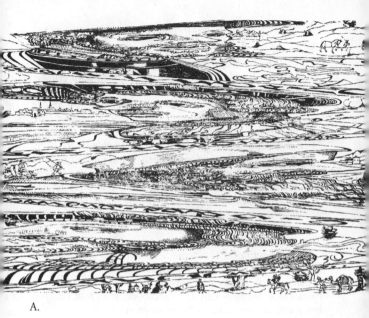

A.

7. *Vexierbild d'Erhard Schön* :
A. Composition anamorphotique de Charles Quint,
Ferdinand Ier, Paul III et François Ier, c. 1525.

B. Les portraits redressés de Ferdinand Ier et de Paul III.

B.

1° *Pièce très large qui offre à gauche Jonas sortant de la
baleine. Tout le reste de l'estampe est rempli d'un griffon-
nage en apparence sans signification, mais qui, regardé obliquement, de façon que l'œil soit presque de niveau avec le
dessin, montre un homme qui satisfait ses besoins, et cette
inscription :* WAS SIEHST DU , 1538, STEFAN HAMMER ZU
NURNBERG (fig. 8). 2° *Autre morceau semblable, qui offre,
à gauche, une femme dévergondée donnant clandestinement
à son amant l'argent qu'elle vole de la bourse d'un vieillard
qui lui fait des caresses. Tout le reste de la pièce est pareillement rempli de griffonnages qui, en raccourci, montrent un sujet très lubrique et ces mots :* AUS, DU ALTER
TOR (fig. 9).

Cette description est incomplète. D'autres scènes se déroulent autour de la mêlée des figures étirées : une chasse à
la baleine dans la première gravure, une chasse au cerf et un
bateau avec des musiciens dans la seconde, mais tout s'éclipse
lorsque se montrent les représentations secrètes.

Nous connaissons donc quatre dessins de Schön, éche-
lonnés de 1531-1533 à 1538, utilisant les procédés optiques.
L'artiste semble avoir une prédilection pour ces combinaisons
et il y excelle.

Le procédé est employé aussi dans la peinture. L'un des
panneaux de la collection Lipchitz figure Charles Quint
comme les deux premières planches de Schön. Il est vu de
trois quarts, avec le même dessin du col et de l'insigne de la
Toison d'Or (fig. 10). La légende qui donne son nom (CA-
ROLUS QUIN. IMP.) et la devise « PLUS OUTRE » comporte aussi
la date 1533, se rapprochant de la première version de la gravure. Un portrait analogue, toujours de Charles Quint, est signalé par Louis Dimier à la cathédrale de Palencia[7]. Le souverain est fréquemment représenté dans ces compositions, et
l'on peut se demander si ce n'est pas dans un milieu plus ou
moins lié à sa personne ou à sa cour qu'elles se sont propa-
gées d'abord avec le plus d'intensité, du moins parmi les artistes germaniques.

7. L. Dimier, *La Perspective des peintres et les amusements d'optique dans l'ancienne
école de peinture*, Bulletin de la Société de l'Histoire de l'Art français, 1925, p. 12. Pour
toute cette série voir aussi James Byam Shaw, *The Perspective Picture, a Freak of German Sixteenth Century Art*, Apollo, VI, 1927, p. 208-214.

Un de ces portraits secrets figure ensuite un roi d'Angleterre, Édouard VI, en 1546, l'année qui précéda son accession au trône (fig. 11). Il a encore été décrit au XVIe siècle par
deux Allemands qui visitèrent Whitehall. En 1584, Leopold
Vedel[8] fut frappé par la figure hideuse d'où le visage humain
surgit élégamment proportionné, dans un viseur aménagé sur
un côté à la distance d'une soixantaine de centimètres. En
1598, P. Hentznèr[9] le présente dans les mêmes termes.

> Portrait du roi d'Angleterre, Édouard VI, qui, à première
> vue, se présente sous un aspect monstrueux, mais qui appa-
> raît sous sa forme véritable lorsqu'il est regardé obliquement
> par le trou d'un couvercle ou d'une planchette cachant la
> peinture.

L'effigie est enfermée maintenant à l'intérieur d'un cadre
pareil à une boîte, avec une cavité sur le côté droit fixant la
position de l'œil. Horace Walpole[10], qui a relevé une inscription, « Guilielmus pinxit », actuellement disparue, l'attri-
buait à Marc Willems, un peintre anversois, élève de Michel I
Coxie. Wornum a lu la signature de Guillim Stretes, peut-
être d'origine hollandaise. C'est William Scrots, un peintre
de la cour anglaise, actif de 1537 à 1553, qui serait l'auteur
de la peinture selon le catalogue du musée[11]. Les mêmes dilatations modèlent le crâne allégorique dans le tableau des
Ambassadeurs de Holbein, exécuté à Londres en 1533, et sur
lequel nous reviendrons, ainsi que la figure d'un cerf sur un
dessin allemand du XVIe siècle[12] (fig. 12).
Un autre texte contemporain de la notice de Hentzner
pourrait se rapporter au même portrait anamorphotique. En

---

8. R. Strong, *Catalogue of the National Portrait Gallery, Tudor and Jacobean Portraits*, I, Londres, 1969, p. 88-90.

9. P. Hentzner, *Itinerarium Germaniæ, Galliæ, Angliæ, Italiæ*, Breslau, 1617, publié
ensuite par H. Walpole, *A Journey into England in the Year MDXCVIII*, Strawberry Hill,
1757, p. 32.

10. H. Walpole, *Anecdotes of Painting in England* (1762), Londres, 1826, vol. I, p.
228. L'attribution de L. Wornum est donnée dans son édition des *Anecdotes* (1849), t.
I, p. 135, note 2.

11. R. Strong, *op. cit.* Le paysage du fond a été ajouté vers 1600 par un artiste flamand.

12. New York, The Metropolitan Museum of Art, donation Janos Scholz, 1963,
phot. M.M. 36497.

8. *Vexierbild* d'Erhard Schön : « *Was siehst du ?* », 1538.

9. *Vexierbild* d'Erhard Schön : « *Aus, du alter tor !* »

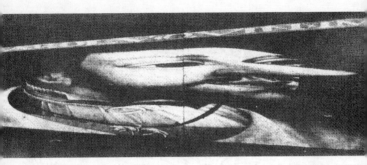

10. *Portrait anamorphotique de Charles Quint*, 1533.
New York, anc. coll. Lipchitz.

11. *Portrait d'Édouard VI*, 1546.
Londres, National
Portrait Gallery.
A. Portrait anamorphotique.
B. Portrait redressé.

B

A

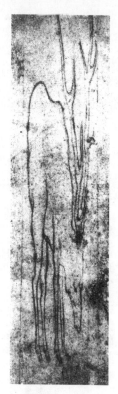

12. *Anamorphose d'un cerf.*
Dessin allemand, XVIe siècle.
New York, The Metropolitan
Museum of Art.

13. Tableau anamorphotique : *Saint Antoine de Padoue,* c. 1535.
New York, anc. coll. Lipchitz.

décrivant, dans *Richard II* (1595-1596), une explosion de chagrin, Shakespeare évoque des déformations analogues qui apparaissent à un regard troublé.

> *Car l'œil de la douleur brillant de larmes aveuglantes*
> *Divise une chose entière en plusieurs objets*
> *Comme les perspectives qui, regardées de face,*
> *Ne montrent rien que confusion, mais qui, vues obliquement,*
> *Présentent une forme distincte*[13]...

Ces distorsions de formes s'opèrent non seulement dans le chagrin mais également dans le mépris. Dans *Tout est bien qui finit bien,* Shakespeare reprend la même comparaison poétique. En retrouvant Hélène, qu'il avait dédaignée, le comte Bernard révèle comment un sentiment injuste et violent peut dépraver la vue.

> *Où se gravait l'impression de mon regard*
> *Le mépris me prêtait sa perspective dédaigneuse*
> *Qui dévia les traits de tout autre grâce*
> *Dégrada une couleur claire ou la montra voilée*
> *En agrandissant ou en rapportant toutes les proportions*
> *Jusqu'à en faire l'objet le plus hideux*[14].

Le dramaturge semble être fasciné par ces illustrations des mouvements de l'âme.

Les Lord Strange's Men jouaient de temps en temps en 1591 et 1592, entre autres, dans le palais où se trouvait alors

---

13. *For sorrow's eye, glazed with blinding tears,*
Divides one thing entire to many objects ;
Like perspectives, which, rightly gaz'd upon,
Show nothing but confusion, – ey'd awry,
Distinguish form...
W. Shakespeare, *Richard II,* acte II, scène II.
Le passage a été signalé par E. Panofsky, *The Codex Huygens,* p. 93, note 1.
14. *Where the impression of mine eye infixing*
Contempt his scornful perspective did lond me,
Which warp'd the line of every other Favour...
Extended or contracted all proportions
To a most hideous object...
W. Shakespeare, *All's Well That Ends Well,* acte V, scène III.
Le passage a été communiqué par Allan Shickman, de l'université de Northern Iowa, États-Unis.

l'étrange représentation du souverain[15]. Un visiteur allemand
y a assisté quelques années plus tard, toujours dans le même
lieu, en sorte que l'on peut se demander si ce n'est pas précisément à ce tableau que l'on doit dans les deux cas l'inspiration de Shakespeare.

Des images de saints subissent le même traitement. Le
deuxième panneau de Jacques Lipchitz, appartenant sans doute
à un même atelier sinon à la même main que son Charles
Quint, ne semble, tout d'abord, qu'une agglomération de
formes ovoïdes vidées de contenu, faisant penser à la peinture abstraite moderne (fig. 13). Elles sont groupées autour
d'un banc aux pieds démesurément larges et de deux petites
tables. Seules créatures vivantes, deux papillons se posent en
bas, sur un losange. Le redressement optique fait ressortir un
moine à genoux, devant une table – le banc raccourci – sur
laquelle se tient un Enfant nu. C'est saint Antoine de Padoue, auquel Jésus est apparu avant sa mort. D'après certaines légendes, les religieux présents lors de ce miracle n'ont
vu que le visage du bienheureux s'éclairer brusquement[16].
Dans le tableau, Jésus se montre quand l'œil se trouve en
quelque sorte derrière le saint, non loin de son point de vue.
Le mécanisme rendant l'image imperceptible par la déformation est employé pour composer une ombre fugitive. L'arrangement est particulièrement savant. Dans les gravures de
Schön, les figurines normales, mêlées aux formes dilatées,
s'estompent dans la vision oblique. Ici elles se métamorpho-
sent. L'une des petites tables devient un livre, l'autre, les bras
d'une croix. Les papillons se changent en fleurs de lis. On reconnaît les attributs du saint posés par terre et sur un meuble.

Plusieurs sujets religieux se superposent dans un quatrième tableau de cette série (fig. 14) : *Les Saints Pierre et
Paul, le Christ et l'ange, la Sainte Face, la Vierge et l'Enfant,
saint François d'Assise recevant les stigmates*. Les images sont re-
couvertes par un paysage déchiqueté et fluide, avec, en haut,
un bateau à voiles, un cavalier, deux chiens, un lièvre ; en bas,

15. On sait que la troupe de Shakespeare a donné à Whitehall Palace la représentation de six pièces le 27 décembre 1591, les 1er et 9 janvier, les 6 et 8 février 1592.
Cf. E. K. Chambers, *William Shakespeare, A Study of Facts and Problems*, II, Oxford,
1930, p. 307.

16. Abbé J. A. Guyard, *Histoire de saint Antoine de Padoue*, Montauban, 1860 et
P Cahier, *Caractéristiques des saints*, Paris, 1867, p. 57 et 292.

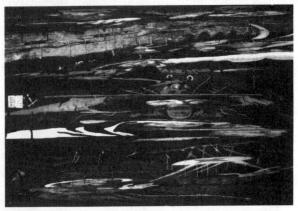

15. Tableau anamorphotique : *Le Baptême du Christ, saint Jérôme.*
Italie du Nord, deuxième moitié du XVIe siècle.
Rome, coll. C. Cacetta.

14. Tableau anamorphotique : *Les Saints Pierre et Paul, le Christ et l'ange, la Sainte Face, la Vierge et l'Enfant, saint François d'Assise recevant les stigmates.* École allemande (Nuremberg ?), c. 1530-

deux oiseleurs tendant leur filet ; à gauche, un arbre derrière
lequel se dissimule un chasseur ; au milieu, des formes bi-
zarres : des ailes membraneuses, des objets mystérieux, jonchant le sol ou suspendus. De même que dans le portrait
d'Édouard VI, l'image cachée se restitue lorsqu'on la fixe par
un viseur aménagé à l'intérieur du cadre. Il y en a quatre –
deux orifices de chaque côté. Avec ses registres trapézoïdaux,
la composition reprend exactement le canevas géométrique
de la grande planche de Schön dont elle dépasse à peine les
dimensions[17]. Par la sécheresse graphique de son dessin, la
précision des assemblages figuratifs et par leur revêtement, le
Vexierbild se rattache directement sinon à l'atelier, du moins
à une école du maître nurembergeois. Les données maté-
rielles du tableau indiquent une période allant de 1530 à 1560.

Une œuvre plus tardive offre un exemple de cet art d'un
style plus souple et moins secret (fig. 15). Le tableau, qui porte
la marque du maniérisme, a été exécuté, sans doute, en Italie du Nord[18]. Il représente un fleuve, une route, un pont. A
droite, saint Jérôme est agenouillé devant le crucifix avec, à
ses côtés, le lion. A gauche, un homme s'avance avec un âne,
probablement celui que l'on croyait avoir été dévoré par le
fauve. Autour de la rivière se succèdent des scènes de berge-
rie, une baignade, un déjeuner sur l'herbe, un troupeau de
moutons, deux hérons, trois lapins, un chien, un pâtre. La
nature respire la paix, la grâce champêtre, mais le regard
oblique y fait paraître deux géants dans le registre supérieur :
Le Baptême du Christ avec son inscription HIC EST FILIUS MEUS
DEI et la colombe, tandis qu'en bas l'on voit sortir des eaux
la tête de saint Jean-Baptiste posée sur le plateau. C'est la vision de saint Jérôme dont le couvent se situait dans la région
de Bethléem. Plongé dans la prière et la méditation devant
l'image de Jésus, l'ermite évoque en pensée les ombres de l'histoire sainte inscrite dans le pays du Jourdain. Les grandes fi-

17. Le tableau mesure 0,54 m x 0,86 m. Tous les renseignements à son sujet nous
ont été communiqués par Mimi Bazzi de Milan qui le tenait d'une collection Volpi.
L'examen aux rayons ultraviolets confirme l'unité de l'œuvre. Le support est du bois de
sapin en un morceau. L'habileté technique et certaines particularités correspondent à
un auteur allemand.

18. Le tableau mesure 0,43 m x 0,96 m. Propriété de C. Cacetta, il se trouve à
Rome dans la Galleria San Marco. Sa photographie nous a été communiquée par Ma-

gures posées sur le paysage demeurent parfaitement reconnaissables malgré le rallongement et s'y découpent comme des hiéroglyphes.

Un deuxième groupe se constitue dans les dernières années du XVIe siècle et se développe au XVIIe siècle. Il offre aussi une grande diversité. Un tableau, probablement flamand mais fortement marqué par l'Italie, représente *La Mort de Saül* à la bataille de Gelboé[19]. Les scènes se déroulent devant une ville en flammes, au bord du Jourdain (fig. 16). Mais Saül demeure invisible. Il est caché dans l'île, qui se découpe au premier plan, sur l'eau noire du fleuve, illuminée par le brasier. Le roi, qui se jette sur son épée, surgit lorsque le regard tombe obliquement. Ses proportions sont surhumaines. C'est un colosse revêtu d'une cotte de mailles formée par des pavés, les membres écrasés et disloqués, entièrement confondu avec le sol. Le fleuve de la Terre sainte semble recéler une imagerie de l'Évangile et de la Bible et son iconographie comporte un même pont. Le tableau avait une autre version où les guerriers n'ont pas de tenue militaire et où le roi lui-même est sans armure. Le panneau est prolongé par une deuxième composition avec une scène de sorcellerie[20].

Sur une gravure de J.-H. Glaser (1595-1673), un Bâlois, élève de F. Breutel (Strasbourg), le procédé est appliqué à la figuration de *La Chute* (fig. 17). Adam et Ève goûtant le fruit sont du côté droit d'une longue et étroite composition. *L'Expulsion du Paradis* se place du côté opposé. Entre les deux s'étend un lac ; au premier plan, des animaux et des oiseaux de toutes espèces, au fond, des arbres exotiques. L'image semble sans mystère. Seule l'eau, qui devrait être calme dans ce paysage paradisiaque, est traversée par une étrange agitation. Ici aussi elle dissimule des traits humains. Ses vagues s'expliquent quand on les fixe de biais : de leurs remous émerge la tête du Christ souffrant, le Christ de Pitié et sa couronne d'épines. Le Rédempteur fait son apparition dès le péché ori-

19. Le tableau, qui a passé dans le commerce à Amsterdam en 1938, nous a été signalé par A. van Schendel, auquel nous devons aussi sa reproduction. Il semble qu'il ne s'agisse que d'une partie de la composition, coupée au moins de trois côtés.
20. Le tableau nous a été signalé par son propriétaire, le Dr Werner Janssen de Bad Godesberg. Il nous confirme ce que nous disons dans la note précédente au sujet de la composition coupée.

17. Composition anamorphotique : *La Chute*,
gravure de J.-H. Glaser, Bâle, 1639.

16. Tableau anamorphotique : *La Mort de Saül*.
École flamande. Deuxième moitié du XVIᵉ siècle.

18. Anamorphose drolatique : « *Nous sommes trois* ».
Dessin de Jacob van der Heyden, 1629, Paris, B.N.

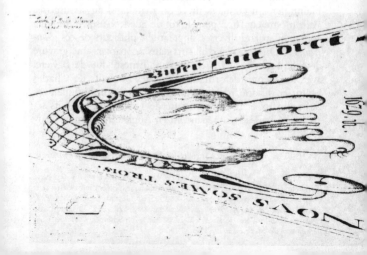

ginel. La scène biblique est complétée par une figuration secrète du Nouveau Testament. La planche date de 1639 et
porte une dédicace au nom de Remi Fasch, Recteur Magnifique de l'Université de Bâle.

L'anamorphose contient aussi des thèmes fantaisistes. Sur
un dessin de Jacob van der Heyden, artiste strasbourgeois qui
fut l'élève de Raphaël Coxie à Anvers, une double tête de fou
est rallongée de telle façon qu'elle semble être une tête d'âne
dont les oreilles sont constituées par le nez et le menton[21].
La légende précise : « NOUS SOMMES TROIS » On y voit aussi
un petit croquis d'installation avec une planche et un viseur
fixé sur une baguette (fig. 18). La série se localise le long du
Rhin et dans le Nord flamand, mais ces anamorphoses sont
également connues ailleurs.

Les bizarreries jouissent alors d'une nouvelle vogue. Nous
sommes à une époque où l'art et le prodige s'entremêlent et
s'associent étroitement. Les « *Kuns-tund Wunderkammern*[22] »,
qui se répandent à la Renaissance, continuant une tradition
du Moyen Age, se multiplient dans toute l'Europe. Les cabinets des érudits et des amateurs entassent toutes les merveilles
du monde, des monstres empaillés, des objets rares, des curiosités naturelles, des instruments de perspective et des tableaux de maîtres : tout ce qui excite l'esprit et l'imagination.
Le « *Wunderschrank* », un cabinet en réduction que Philippe
Hainhofer, un connaisseur et un marchand augsbourgeois,
avait monté en 1632 pour le roi de Suède Gustave Adolphe
contenait, parmi diverses singularités, plusieurs de ces « *optiques* ». On a trouvé d'ailleurs dans ses papiers une gravure
de Stommel (fig. 19), représentant Ernest, duc de Bavière,
avec les mêmes déformations que les portraits de Charles
Quint et d'Édouard VI, et un dessin anamorphotique avec
des animaux et un paysan, daté de 1598. Des portraits secrets de Charles Ier se répandent en Angleterre parmi ses par-

21. La gravure appartient à la collection Hennin, à la Bibliothèque nationale,
t. XXVI, nº 2239.
22. J. Böttiger, *Philipp Hainhofer und der Kunstschrank Gustav Adolfs in Upsala*,
Stockholm, 1909, t. I, p. 32, le portrait anamorphotique d'Ernest, duc de Bavière et
Électeur colonais, exécuté par J. Stommel, en 1595, est décrit par J. Gürtler, *Die Bild-
niss der Erzbischoffe und Kurfürsten von Köln*, Strasbourg, 1912, p. 28 et 58, nº 22 du
catalogue. Pour les *Wunderkammern* en général voir J. von Schlosser, *Kuns-tund Wunderkammern der Spät-Renaissance*, Leipzig, 1908.

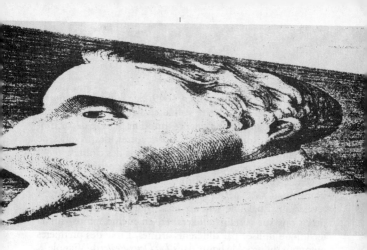

19. *Portrait anamorphotique d'Ernest,*
duc de Bavière, Électeur colonais.
J. Stommel, 1598.

20. *Portrait secret de Charles I*er,
après 1649.
Londres, coll. Anthony d'Ottay.

tisans après sa décapitation en 1649. Sur l'une de ces représentations (fig. 20), sa tête s'effile en hauteur avec un front
pointu[23]. Le procédé est encore introduit dans le décor monumental. À Rome et à Paris, entre autres, des fresques de
très grandes dimensions l'appliquent dans des cloîtres.

Deux stades peuvent être distingués dans cette évolution :
la genèse et une première propagation au XVIe siècle, un renouveau au XVIIe siècle. L'importance du développement est
révélée aussi par une série de textes qui nous apportent des
précisions sur certains ateliers, et, en même temps, sur la
technique utilisée par différents artistes. L'une des premières
mentions du procédé figure dans *Les Deux Règles* de Vignole[24],
rédigées vers 1530-1540, mais publiées avec les commentaires d'Egnatio Danti, un traducteur d'Euclide, en 1583 seulement. C'est le dessin d'une tête de profil dont la longueur
est quadruplée à l'aide d'un simple quadrillage sans tenir
compte de l'angle des rayons qui s'élargissent en s'éloignant
de l'œil, l'un des principes fondamentaux des perspectives linéaires. L'image est enfermée dans une boîte percée d'un ori-
fice d'où elle se restitue en raccourci. L'arrangement est analogue à celui d'Édouard VI, mais beaucoup moins savant que
les premières compositions qui nous sont parvenues (fig. 21).
Le schéma est attribué à Tommaso Laureti, sicilien, souvent
cité dans le traité comme perspecteur et peintre excellent.

23. Collection Anthony d'Offay, Londres. La même gravure se trouve à l'Ashmo-
lean Museum.

24. G. Barozzi da Vignola, *Le due regole della prospettiva pratica*, Rome, 1583,
p. 96. Selon T. K. Kitao (*Prejudice in Perspective : A Study of Vignola's Perspective Trea-
tise, The Art Bulletin*, XLIV, 1962, p. 189, note 53), la figure d'illustration serait de
Danti à moins qu'on ait des raisons de penser que la gravure sur bois soit faite d'après
un dessin de Vignole. L'archaïsme du système de quadrillage en pourrait être une.

En cherchant à démontrer une origine française de ces compositions anamorphotiques, L. Brion-Guerry (*Jean Pélerin Viator, sa place dans l'histoire de la perspective*, Paris,
1962, p. 145) se base sur le même livre : « *Vignole, dans le chapitre qu'il consacre aux anamorphoses, signale que les plus anciens "portraits secrets" qui se soient vus en Italie provenaient
de France et représentaient l'un François Ier, l'autre Henri II enfant.* » Le texte cité ne se rapporte pas à des anamorphoses qui par définition impliquent une violente déformation des
figures allongées. Le système en question consiste en un découpage d'une image régulière,
peinte sur un panneau de bois, en morceaux oblongs, réunis ensuite de telle façon qu'elle
ne puisse être vue que dans un miroir incliné. Voir H. Willich, *Giacomo Barozzi da Vignola*, Strasbourg, 1906 et M. W. Cassotti, *Jacomo Parozzi da Vignola, nella storia della
prospettiva, Periodico di matematiche XXXI, 2*, 1953, p. 73-103, ainsi que *Il Vignola*,
Trieste, 1960, ainsi que J. Baltrušaitis,. *Le Miroir*, Paris 1978, p. 78-80.

Le jeu optique est signalé aussi par Giambattista della Porta, napolitain, spécialisé dans les prodiges de la nature :

> ... *or y a-t-il*, lit-on dans sa *Magie naturelle* (1558)[25], *une partie de géométrie qu'on appelle Perspective, laquelle appartient aux yeux, et laquelle opère plusieurs merveilleuses expériences : si qu'ores elle vous fera voir en dehors une effigie, et tantost ne vous présentera chose aucune et d'ailleurs bigearrement vous transportera ses effets en vous formant diverses images.*

Aucune indication des procédés de ces compositions ne suit cette description précise des effets.

Mais l'artifice est enseigné vers la même date par Daniel Barbaro, patriarche d'Aquilée et commentateur de Vitruve (Venise, 1556), dans sa *Pratica della Perspettiva* (1559)[26] Il le présente comme une révélation : une belle et « *secrète* » partie de la perspective (Vignole n'avait pas encore paru), et comme un procédé courant :

> *Maintes fois, avec non moins de plaisir que d'émerveillement, on regarde quelques-uns de ces tableaux ou cartes de perspective dans lesquels, si l'œil de celui qui les voit n'est pas placé au point déterminé, il apparaît tout autre chose que ce qui est peint, mais, regardé ensuite de son point de vue, le sujet se révèle selon l'intention du peintre, qu'il s'agisse de l'effigie des éléments, d'animaux, de lettres ou d'autres représentations.*

On reconnaît la double projection, avec des motifs analogues, y compris les inscriptions dont nous avons montré plusieurs exemples. L'opération est à deux temps et d'une simplicité inattendue.

La première phase consiste à composer l'image telle qu'elle doit être perçue :

25. J.-B. della Porta, *Magiæ naturalis Libri IV*, Naples, 1558 et Anvers, 1561 ; *La Magie naturelle*, Rouen, 1612 et Lyon, 1650, Livre IV, préface, cité par G. Rodis, Lewis dans un article au sujet de nos *Anamorphoses : Machinerie et Perspectives curieuses dans leur rapport avec le cartésianisme, Bulletin de la Société d'Études du XVIe siècle*, 1956, p. 465.
26. D. Barbaro, *La pratica della perspettiva*, Venise, 1559 et 1563, p. 159-161.

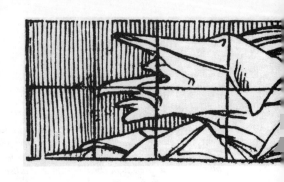

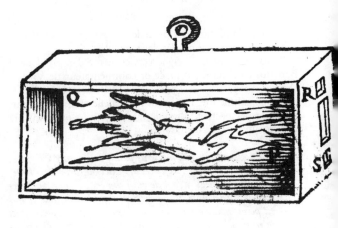

22. Incunable de l'anamorphose :
Léonard de Vinci, *Codex Atlanticus*, 1483-1518.
Milan, Bibliothèque ambrosienne.

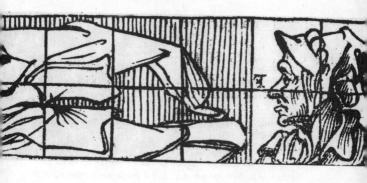

21. Rallongement sans angle optique :
Vignole-Danti, c. 1540-1583.

> *Prends un papier sur lequel tu peindras une ou deux têtes*
> *humaines ou autres choses selon ton désir et tu les pointille-*
> *ras avec des points assez gros.*

La seconde procède à la déformation, mécaniquement, avec
de la lumière :

> *Prends le tableau sur lequel tu veux reporter les deux têtes*
> *et fixe le papier sur un des côtés à angle droit comme si le*
> *tableau était un mur et le papier un autre.*

Les rayons du soleil ou d'une lanterne projetés à travers les
trous « *décriront sur le tableau lesdites têtes, lesquelles seront al-*
longées et étirées », de sorte qu'en les voyant de face

> *elles ne sembleront plus des têtes mais des lignes droites et*
> *courbes sans aucune forme régulière, mais, vues du point*
> *d'où viennent les rayons, les têtes paraîtront telles comme elles*
> *sont sur le papier.*

L'auteur mentionne aussi des procédés géométriques et autres :

> *On peut faire les mêmes choses sans le soleil, sans une lan-*
> *terne et sans le papier perforé, mais avec des règles et des ins-*
> *truments dont nous parlerons dans la dernière partie,*

qui traite des appareils de perspective. Toutefois il n'y apporte
pas d'autres précisions. C'est le côté caché et mystérieux de
ces tableaux qu'il cherche surtout à mettre en valeur. Il faut
inclure des formes dans d'autres formes. Il faut les déguiser.

> *Pour mieux dissimuler ce que l'on peint selon les pratiques in-*
> *diquées, le peintre qui a à figurer les deux têtes ou autres re-*
> *présentations doit savoir ombrer et recouvrir l'image afin qu'elle*
> *montre, au lieu de deux têtes, des pays, des eaux, des monts, des*
> *rochers et autres choses diverses… Le peintre peut et doit trom-*
> *per en coupant et en séparant les lignes qui doivent être droites*
> *et continues, parce qu'en dehors du point de vue indiqué, elles*
> *ne montrent pas ce qu'elles montrent du bon endroit… Les fi-*
> *gures peuvent être décomposées avec les parties séparées les unes*
> *des autres de la façon qu'elles paraissent se rejoindre lorsqu'elles*

> *sont regardées de biais : aussi le front d'une figure peut être placé*
> *en un lieu, le nez en un autre et le menton ailleurs encore…*
> *Et l'on ne reconnaît plus si la peinture représente une tête, mais*
> *le nez paraîtrait une chose et le front une autre, et, en parti-*
> *culier, si le peintre sait faire paraître le nez comme un rocher*
> *et le front comme une motte de terre selon qu'il lui semblera.*

Les paysages anthropomorphes et les têtes composées qui se répandent justement à cette époque avec Arcimboldo et les Arcimboldiens d'Italie vers les régions du Nord se greffent directement sur ces dépravations.

Un quatrième texte situe, du reste, une série de ces combinaisons, précisément dans le milieu des peintres milanais. Nous le devons à Lomazzo, théoricien et historiographe du maniérisme, qui, par ailleurs, signale aussi les assemblages d'Arcimboldo. Dans son *Traité de la Peinture* (1584)[27], un article tout entier est consacré à la « *Manière de faire la perspective inverse qui paraisse vraie étant vue par un seul trou* » (chapitre XIX du livre VI). Le procédé est établi pour de grandes dimensions « *Tu prendras sous un portique, suivant la largeur de la façade, une toile ou un carton* » de quinze coudées sur une (7 m x 0,5 m environ). L'image, une tête de Christ ou un cheval bien exécutés, se fixe devant comme dans les projections de Barbaro. Seulement elle est inscrite à l'intérieur d'un quadrillage qui se projette sur le tableau, à l'aide d'un fil, tandis que le dessin est rapporté avec une longue canne à pointe de charbon. Évidemment, l'opération à la lanterne n'aurait pas pu suffire pour une telle étendue. Mais ce n'est pas seulement le caractère monumental de ces compositions qui nous apporte un élément nouveau. Les noms cités sont non moins révélateurs. L'auteur affirme avoir vu « *l'optique d'un Christ de profil dont les cheveux paraissaient les ondes de la mer* » et qui, lorsqu'il était vu de l'oculus, revêtait la plus grande beauté, exécuté par Gaudenzio Ferrari (†1546), qu'il croyait être son oncle, et il poursuit :

> *De même Francesco Melzi rapporte que Léonard avait fait un*
> *dragon combattant un lion[28], très admirable à voir et pa-*

---

27. G. P. Lomazzo, *Trattato dell'arte della Pittura*, Milan, 1584 et 1589, p. 335-336.

28. Pour l'anamorphose du lion et du dragon de Léonard de Vinci, voir C. Pedretti, *Un soggetto anamorfico di Leonardo ricordato dal Lomazzo (la zuffa del drago col leone)*, L'Arte, LX, 1956, nouvelle série, vol. XIX, p. 12-30.

reillement des chevaux pour François Valois, roi de France, la-
quelle manière fut bien comprise par Girolam Figino (lui aussi
un Milanais, élève de Melzi), *pour représenter les chevaux.*

Un texte et deux dessins confirment ce témoignage[29]. Dans
son *Traité de la Peinture,* Vinci décrit le mécanisme des raccourcissements progressifs se produisant dans une vision
oblique, avec les intervalles inégaux égalisés par cette « dimi-
nution *apparente* » :

> *Et si tu peignais ceci sur un mur devant lequel tu pourrais*
> *te déplacer librement, cela te paraîtrait disproportionné à*
> *cause de la grande différence entre* OR *et* RQ *(les inter-*
> *valles). Cela vient de ce que l'œil est si rapproché de la pa-*
> *roi, qu'elle paraît en raccourci. Et si tu voulais pourtant*
> *peindre cela, il faudrait que ta perspective soit vue par un*
> *trou unique…*

Le procédé est proposé pour une composition murale. Le
visage d'enfant rallongé ainsi que l'œil avec des marques de
graduations croissantes de ses parties qui se trouvent dans le
Codex Atlanticus (1483-1518) complètent l'enseignement du
grand artiste. Ce sont les plus anciennes anamorphoses actuellement connues (fig. 22).

Le jeu anamorphotique se trouve ainsi directement associé à un génie et à des hommes de premier plan. On n'insis-
tera jamais assez sur la valeur d'un tel témoignage.

Si la plupart des compositions conservées de cette période
se rattachent, de près ou de loin, aux courants germaniques,
c'est l'Italie qui nous apporte ainsi les premiers enseignements
techniques et la mention de certaines œuvres antérieures. Nous
savons aussi par Accolti[30] que Cosme II de Médicis (1608-
1620) s'était fait représenter dans une peinture qui « *démon-*

---

29. Léonard de Vinci, *Codex Atlanticus,* Bibliothèque Ambrosienne à Milan, éd.
fac. sim. Milan, 1894, fol. 35. Nous citons le texte d'après A. Chastel et R. Klein, *Léo-*
nard de Vinci, Traité de la Peinture, Paris, 1960, p. 108. Voir aussi F. S. Bassoli, *Leo-*
nardo da Vinci e l'invenzione delle anamorfosi, Atti della Società dei Naturalisti e Ma-
tematici di Modena LXIX, Modène, 1938, p. 8 et s. ; C. Pedretti, *Documenti e memorie*
riguardanti Leonardo da Vincia a Bologna, Bologne, 1953, p. 121 et s. et *Studi Vinciani,*
Genève, 1957, nos 25 et 26.

30. P. Accolti, *Lo Inganno degl'occhi, prospecttiva pratica,* Florence, 1625, p. 49.

trait la force de la perspective dans ses tromperies », comme les portraits de Charles Quint. Il est donc à peu près certain que ces foyers, qui ont si fortement pensé la perspective dans son ensemble, ont inventé aussi ses paradoxes. Lorsque Dürer était en Italie, en 1506, il aurait déjà pu en trouver les rudiments. Dans une lettre de Venise, adressée à Pirkheimer, n'annonce-t-il pas qu'il va se rendre à Bologne pour y apprendre l'art d'une perspective secrète, « *die Kunst in geheimner Perspektive* », que quelqu'un veut bien lui enseigner[31]. Or c'est le terme même « *una bella e secreta parte di Perspettiva* », dont se sert Barbaro pour désigner les artifices à rallongement, et, d'autre part, les perspectives au ralenti que nous avons notées chez le maître allemand sont presque des anamorphoses[32]. Avec ses enroulements d'abord serrés puis détendus, lancés verticalement jusqu'au sommet, la colonne torse ressemble plus à un serpent monstrueux qu'à un support d'architecture (fig. 3). Théoriquement, ces contorsions, vues obliquement d'en bas, devaient paraître régulières. En fait, en rectifiant les proportions par l'angle visuel, Dürer commence par les détruire. La structure est complètement dénaturée, comme les images de son disciple, Erhard Schön. Le message vénitien est capital à double titre : il marque un important jalon de l'extension du jeu optique dans le domaine de la fantaisie et son introduction dans un milieu encore tout proche du Moyen Age. Tandis que l'Italie le conçoit surtout comme un caprice et un divertissement de peintres, l'Europe au nord des Alpes lui confère une force et une rudesse touchant à la fois au dramatique et au burlesque.

Mais tout ceci n'est que supposition. Les éléments nous manquent pour établir exactement les filiations. Les premiers textes imprimés sont postérieurs à la propagation de la première série et les méthodes qu'ils préconisent semblent être

---

31. M. Thausing, *Dürers Briefe, Tagebücher und Reime*, Vienne, 1872, p. 23, et Ch. Narrey, *Albert Dürer à Venise et dans les Pays-Bas*, Paris, 1866, p. 75. La lettre a été écrite vers le 13 octobre (environ quinze jours après la Saint-Michel), quelques mois avant le retour de Dürer à Nuremberg. Selon Thausing, le savant en question serait Luca Pacioli, l'auteur du traité, *De Divina Proportione*. Selon P. Speciali (*Vinci et la Divina Proportione, Bibliothèque d'Humanisme et Renaissance*, t. XV, n° 3, Genève, sept. 1953), se référant à E. Bortolotti (*La storia della matematica nell, Università di Bologna*, Bologne, 1947), Dürer a été, à Bologne, l'élève de Scipione dal Ferro, autour duquel venait de se constituer une importante école scientifique dont Pacioli faisait aussi partie.

32. En mentionnant « *la règle anamorphotique* » comme un jeu à contresens de l'art de la perspective, J. J. Schübler (*Perspectiva, pes-picturæ*, Nuremberg, 1719-1720, II, p. 48) la met encore directement en relation avec les déformations optiques de Dürer.

moins évoluées que la technique de ses compositions. La virtuosité d'un Schön va au-delà d'un simple allongement sans angles ni dégradations progressives et la finesse de précision de ses figures complexes exclut la projection par les gros trous du papier perforé ou une ébauche avec un long bâton prévue d'ailleurs pour d'autres dimensions et inapplicable à la gravure.

Un dessin contemporain (c. 1540) d'un Nurembergeois, le maître H. R., révèle d'ailleurs la connaissance des procédés géométriques savants précisément dans ce milieu d'artistes[33]. C'est un schéma triangulaire traversé par une diagonale unique fixant par ses intersections avec les rayons opposés toutes les distances du rallongement (fig. 23). Ne figurant qu'une main qui sort d'un nuage dont la nature même implique des extensions et des rétrécissements sans fin, la composition semble être destinée à une démonstration technique. Ses dimensions (0,36 m x 0,75 m) sont sensiblement les mêmes que celles des planches anamorphotiques gravées dans la même ville vers la même date, à quelques années près, par un élève de Dürer.

La formule, qui deviendra classique, est en avance sur tout ce que l'on trouvait pendant longtemps dans les traités de perspective qui circulaient dans le commerce. Sans doute, les bonnes recettes étaient-elles jalousement gardées dans la première période. Les procédés géométriques exacts ne sont montrés intégralement qu'au cours du XVIIe siècle, avec la formation du deuxième groupe et ses multiples extensions. La chose s'est faite progressivement.

Le schéma rudimentaire de Vignole est parfois encore repris : aux Pays-Bas, par Samuel Marolois, en 1614[34], appliqué à la figure d'un chien qui, étirée, devient une caricature de basset (fig. 24) ; en Italie, par Mario Bettini, en 1642[35], où c'est une tête couronnée de face, dans une boîte perforée (fig. 25). Mais, entre-temps, toutes les combinaisons basées sur l'angle visuel, conformément aux meilleures règles, ont été révélées méthodiquement par des savants français.

33. Le dessin à la plume est conservé à la Bibliothèque universitaire d'Erlangen, voir E. Bock, *Die Zeichnungen in der Universitätsbibliothek Erlangen, Die Kataloge der Prestel-Gesellschaft*, Francfort-sur-le-Main, 1929, n° 448.

34. S. Marolois, *Perspectives contenant la théorie et pratique d'icelle*, La Haye, 1614, p. 280.

35. M. Bettini, *Apiaria universæ philosophiæ mathematicæ*, Bologne, 1642, *Apiarium* V, p. 26.

23. *Schéma anamorphotique du maître H. R.*, Nuremberg, c. 1540.
Erlangen, Bibliothèque universitaire.

24. *Schéma
anamorphotique
archaïsant*,
Samuel Marolois,
La Haye, 1614.

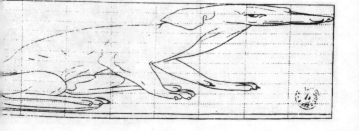

25. *Schéma anamorphotique archaïsant* :
M. Bettini, Bologne, 1642.

26. *Jean-François Niceron
de l'ordre des Minimes, avec
au fond la Trinité-des-
Monts*. Portrait exécuté
à Rome, en 1642, par
Michel Lasne. D'après
le *Thaumaturgus opticus,*
Paris, 1646.

LES PERSPECTEURS FRANÇAIS :
SALOMON DE CAUS,
NICERON, MAIGNAN

Au XVIIᵉ siècle, deux hommes, entre tous, se sont livrés avec passion à ces recherches dans le domaine de la perspective : Salomon de Caus et Jean-François Niceron, l'un, ingénieur et architecte, l'autre, érudit et mathématicien. Salomon de Caus (1576-1626) est né dans la région de Dieppe, mais il a beaucoup circulé dans les milieux flamands et germaniques, où les anamorphoses semblent avoir été particulièrement en vogue. On le voit à Bruxelles, au service de l'archiduc Albert II d'Autriche (1605-1610), ensuite en Angleterre, où il travaille aux jardins de Richmond et au palais de Greenwich du prince Henri de Galles, puis chez Frédéric V, Électeur palatin et roi de Bohême (1619). Il passe en France les dernières années de sa vie. C'est un cosmopolite et un esprit universel. Il a écrit sur la musique[1] et sur les automates[2], sur les horloges solaires[3] et sur les proportions d'après Euclide[4]. Sa *Perspective* paraît à Londres en 1612, à Paris en 1624[5]. Dans l'ensemble de son œuvre, l'ouvrage s'inscrit comme un chapitre d'un vaste traité sur les merveilles du monde où l'harmonie des sons et

1. S. de Caus, *Institution harmonique,* Francfort-sur-le-Main, 1615.
2. S. de Caus, *Les Raisons des forces mouvantes,* Francfort-sur-le-Main, 1615.
3. S. de Caus, *Horloges solaires,* Paris, 1624.
4. S. de Caus, *Les Proportions tirées du premier livre d'Euclide,* Paris, 1624.
5. S. de Caus, *La Perspective avec la raison des ombres et miroirs,* Londres, 1612 et Paris, 1624.

des figures, le mécanisme de la vision et les machines hydrauliques sont présentés sur le même plan. L'auteur en sent profondément la poésie bien qu'il écrive avec une sécheresse de technicien.

Jean-François Niceron (1613-1646) (fig. 26), un Parisien de l'ordre des Minimes, a très peu voyagé. Il n'est allé qu'à Rome, en 1635 et en 1642, où il rejoignait dans le couvent français de la Trinité-des-Monts un groupe de ses confrères plongé dans un même ordre de travaux scientifiques. Il est mort très jeune, à trente-trois ans, à Aix-en-Provence. Tous les traités de perspective lui sont connus, du Moyen Age – Vitellion et Alhazen, de la série classique – Alberti (1435), Viator (1505), Dürer (1525), Serlio (1545), Barbaro (1559), Du Cerceau (1576), Danti-Vignole (1583), Sirigatti (1596) – de ses prédécesseurs immédiats, Salomon de Caus (1612) et Marolois (1614), de ses contemporains – Fernando di Diano (Polienus) (1628), Vaulezard (1630), Desargues (1636). La première édition de sa *Perspective curieuse* date de 1638[6]. Elle est suivie, après sa mort, en 1646, par une version latine : *Thaumaturgus opticus*[7], beaucoup plus développée, qui a servi de base aux publications posthumes françaises en 1652 et 1663[8]. C'est un travail scientifique où la science évolue dans l'atmosphère d'un conte. Le titre détaillé du livre,

> *dans lequel, outre un abbrégé et méthode générale de la Perspective commune, réduite en pratique sur les cinq corps réguliers, est encore enseignée la façon de faire et construire toutes sortes de figures difformes qui, estant veues de leur poinct, paroissent dans une juste proportion,*

juxtapose les deux domaines : *La Perspective curieuse ou magie artificielle des effets merveilleux.* Aussi y voit-on cités également des magiciens : Pererius, Bulengerus, Torreblanca… Et les effets de cette magie sont qualifiés comme « *les plus beaux et admirables où l'art et l'industrie de l'homme puissent arriver* ». A ce propos, Niceron évoque, sans doute à la suite de Corneille

---

6. J.-F. Niceron, *La Perspective curieuse ou magie artificielle des effets merveilleux*, Paris, 1638.

7. J.-F. Niceron, *Thaumaturgus opticus, seu Admiranda optices per radium directum, catoptrices per radium reflectum*, Paris, 1646.

8. J.-F. Niceron, *La Perspective curieuse..* Paris, 1652 et 1663.

Agrippa[9], les automates : la sphère de Possidonius qui montrait les mouvements et les périodes des planètes, la colombe de bois d'Architas qui volait, l'automate de Dedalus et

> *la teste de bronze faite par Albert le Grand qui parloit comme si elle eust este naturellement organizée, et les ouvrages admirables du docte Boece, qui faisoit siffler des serpens d'airain et chanter des oyseaux de mesme matière…*

Conçue comme une machine de précision, avec ses agencements secrets, la perspective qui éloigne et qui rapproche, qui fait bouger et qui anime les formes dans l'univers de l'illusion, appartient à un même ordre de miracles. Niceron insiste sur ces rapports :

> *Si, dis-je, ces autheurs rapportent ces productions miraculeuses* – les automates – *et une infinité d'autres qui se lisent dans les histoires, à la puissance et aux opérations de la Magie artificielle : nous pouvons bien dire le mesme des effets de perspective qui ne sont pas moins à estimer et à admirer. Philon le Juif au livre* De Specialibus legibus *dit expressement en ces termes… que la vraye Magie, ou la perfection des sciences consiste en la Perspective, qui nous fait cognoistre et discerner plus parfaictement les beaux ouvrages de la nature et de l'art et qui a esté estimée de tout temps, non seulement du commun des peuples, mais encore des plus puissans Monarques de la terre.*

Si Salomon de Caus s'occupe spontanément à la fois de la « *Raison des forces mouvantes* » – les automates – et de la perspective comme relevant d'une même catégorie, Niceron se justifie par tout un raisonnement philosophique et historique.

Salomon de Caus consacre trois chapitres à la façon de mettre

> *en raccourcissement, de sorte que ledict raccourcissement semblera estre hors de sa nature et extravagant et néanmoins es-*

---

9. H. C. Agrippa, *De occulta philosophia*, Lib. II, cap. I, signalé par G. Rodis-Lewis, *op. cit.*, p. 464, note 20.

> *tant veu de son poinct de veue, il représentera la chose rac-*
> *courcie en son naturel*[10]
> Niceron – un livre entier, le second,
> *auquel sont déclarez les moyens de construire plusieures*
> *sortes de figures appartenantes à la vision droicte, lesquelles*
> *hors de leur poinct sembleront difformes et sans raison, et*
> *veues de leurs poincts paroistront bien proportionnées.*

Le troisième et le quatrième livre traitent des anamorphoses catoptriques et des combinaisons dioptriques. Le mécanisme des formes sans raisons, extravagantes, difformes, y
est enseigné comme une science exacte. Il ne s'agit plus des
moyens empiriques, comme chez Vignole et Barbaro ou
même, dans une certaine mesure, chez Lomazzo, mais d'une
science basée sur la géométrie des rayons visuels et des calculs précis.

Rappelons en quelques mots quels ont été les procédés courants utilisés par les artistes pour l'ordonnance de leurs tableaux en perspective normale. La première ligne tracée est
celle d'horizon à la hauteur de l'œil. Deux points y sont ensuite fixés : au milieu – le point principal, vers lequel convergent toutes les lignes droites parallèles qui s'éloignent en profondeur ; sur la même horizontale et à la même distance du
point principal que l'œil, en face de la composition – le point
de distance, vers lequel convergent les diagonales. Pour que
l'effet soit complet, il faut que le spectateur se place à un
point de vue déterminé (fig. 27).

L'espace allant en profondeur est ainsi divisé par le dessin
d'un carrelage où les distances correspondant à chaque carré
sont établies par les intersections de deux faisceaux de lignes
droites. Il est construit en échiquier trapézoïdal où il ne reste
qu'à mettre les figures en conformant leurs proportions aux
dimensions décroissantes des cases. Le schéma, appelé souvent en Italie la « *costruzione legittima*[11] remonte à Alberti

---

10. S. de Caus, *La Perspective...*, chap. XXVII-XXIX, n. p.
11. Pour la *costruzione legittima*, voir W. H. Ivins, *op. cit.* ; R. Klein, *Pomponius
Gauricus on Perspective, The Art Bulletin*, XLIII, 1961, p. 219 ; A. Parronchi, *Il punc-
tum dolens della « costruzione legittima »*, *Paragone*, 145, 1962, p. 52-72 et *La costruzione legittima è uguale alla costruzione con punti di distanza, Rinascimento*, 15, 1964,
p. 35-40 ; T. K. Kitao, *op. cit.*, p. 177 ; C. Grayson, *L.-B. Alberti's costruzione legittima,
Italian Studies*, 19, 1964, p. 14-28 ; S. Y. Edgerton, *op. cit.*

(1435), à Léonard (1492, ms. A, de la bibliothèque de l'Institut de France), à Viator (1505)[12]. On le voit ensuite repris dans la seconde règle de Vignole et enseigné dans la plupart des manuels d'artistes. Il correspond à la réalité de perception, mais c'est aussi un procédé d'évocation qui joue dans toutes les circonstances. Renversé et allongé, il sert encore de base à la déformation en vue d'un redressement optique.

L'arrangement peut fonctionner dans les deux sens. Si le carré en perspective se présente comme un trapèze, le trapèze y apparaît comme un carré : un renversement du point de vue ramené au-dessus du point principal (à une hauteur égale à l'éloignement du point de distance) et installé en quelque sorte dans le tableau, aboutit à un effet contraire. Les mêmes rétrécissements corrigent les formes et les rapprochent au lieu de les éloigner et de les altérer, comme dans un film à l'envers. La perspective est à rebours.

Le mécanisme une fois trouvé, on a cherché à en accroître les effets en exagérant les proportions jusqu'à l'absurde, ce qui s'obtient par l'éloignement du point principal et par le rapprochement simultané du point de distance ; les cases s'étirent alors violemment et décroissent avec précipitation. Leur succession est tellement contrastée qu'il ne reste plus aucune commune mesure entre elles, mais les carrés se restituent égaux lorsqu'on les mire du point de vue renversé.

Au début, le procédé devait servir à vérifier les perspectives normales par l'opposé. Il a été poussé ensuite jusqu'à l'extrême limite. Les expériences sur les figures qui se dilatent en traversant l'espace et qui reviennent en se rétablissant intactes, comme par le jeu d'un automate, ont abouti à des systèmes indépendants ayant leur valeur propre.

En ce qui concerne l'usage pratique, le réseau linéaire varie du simple au complexe. Salomon de Caus compose la trame directement, selon la première règle de Vignole, au moyen des rayons visuels et de leur intersection avec la « *ligne taillée* », une ligne imaginaire conduite perpendiculairement devant l'objet, en obtenant ainsi la même distance et les mêmes angles que par la « *costruzione legittima* » (la règle II) rallongée qu'il utilise aussi dans certains cas. Niceron qui, d'autre part, signale le procédé automatique de Barbaro, se base ex-

---

12. Viator (Jean Pélerin), *De artificiali perspectiva*, Toul, 1505, p. 9.

clusivement sur ce principe, dans sa géométrie, en ne traçant
généralement qu'une seule diagonale ce qui suffit pour établir la gradation de toutes les cases (fig. 28). C'est le schéma
donné par un artiste de Nuremberg (le maître H. R.), exactement un siècle auparavant. Le tracé est adopté ensuite universellement. Il est repris en 1649 par le Père Du Breuil[13]
(fig. 29).

Dans les dessins d'illustration (fig. 30-31), les têtes, perpétuant la tradition des portraits déformés du XVIᵉ siècle, sont
particulièrement fréquentes, mais on voit aussi des personnages entiers et des objets : chez Caus, un acteur tenant un
masque (fig. 32), chez Niceron, une chaise (fig. 33) qui, étirée dans un réseau complexe, devient un banc pareil à celui
de saint Antoine de Padoue.

Des constructions spéciales sont inventées pour présenter
les tableaux rallongés. Un arrangement nouveau combine
l'anamorphose avec le cône, en renversant en quelque sorte les
positions : au lieu de la composition droite et du regard oblique,
c'est le dessin qui se trouve fixé de biais sous l'angle nécessaire
par rapport à l'œil placé directement en face. Niceron donne
toutes les variantes possibles[14]. Les figures peuvent être situées
à l'extérieur ou à l'intérieur du cône, qui, vu par l'axe, devient
un médaillon saillant ou creux avec l'image restituée à l'intérieur du cadre circulaire. Ses rallongements peuvent être calculés géométriquement, en adaptant le schéma linéaire classique
au quart de cercle rapporté sur un papier que l'on enroule ensuite comme un cornet (fig. 34). Les calculs de la déformation
peuvent être faits aussi « *par le moyen des nombres* », trigono-
métriquement. Les pyramides carrées, pentagonales, hexago-
nales servent également à ces effets. D'étranges objets sont fa-
briqués maintenant pour les présentations optiques. Chez
Niceron, les pyramides s'accrochent au mur, où elles pointent
comme des clous gigantesques. Chez le Père Du Breuil[15], les
cônes, les pyramides, pendent au plafond, se posent par terre
et sur les tables. Les salles, de véritables cabinets de perspectives
coniques, sont encombrées par ces jouets (fig. 35).

De même, les « perspectives curieuses » sur surfaces planes
ne s'appliquent pas seulement à des gravures ou à des ta-

---

13. Le P. Du Breuil, *La Perspective pratique*, III, Paris, 1649, p. 109 et s.
14. J.-F. Niceron, *op. cit.*, éd. 1638, p. 56.
15. Le P. Du Breuil, *op. cit.*, III, pl. p. 12.

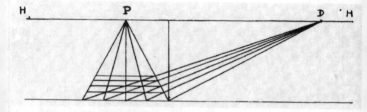

27. *Costruzione legittima* : d'après Léonard de Vinci,
bibliothèque de l'Institut de France, ms. A., Fol. 42.

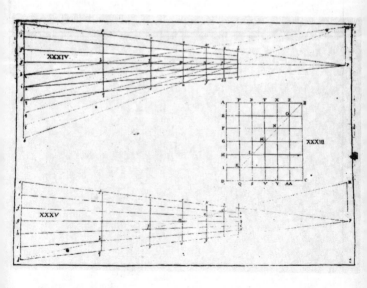

28. Schémas anamorphotiques de Niceron, 1638.

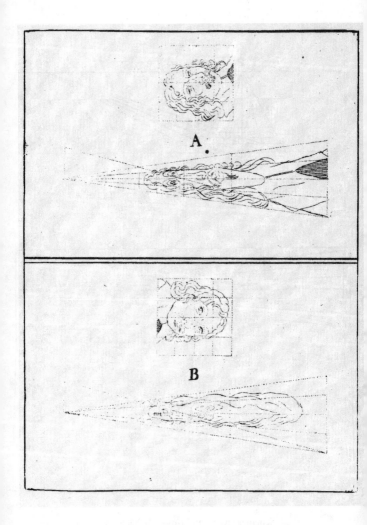

29. Schémas anamorphotiques du P. Du Breuil,
avec le portrait de Louis XIII, 1649.

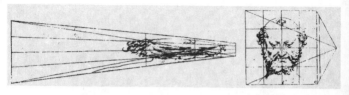

30. Salomon de Caus : *Anamorphose d'une tête*, 1612.

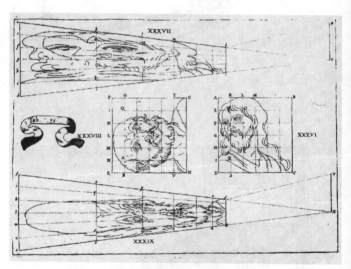

31. J.-F. Niceron : *Anamorphose d'une tête*, 1638.

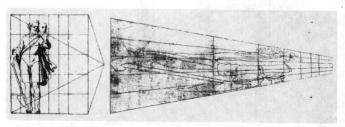

32. Salomon de Caus : *Anamorphose d'un acteur
tenant un masque*, 1612.

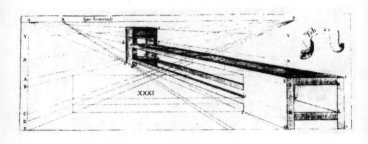

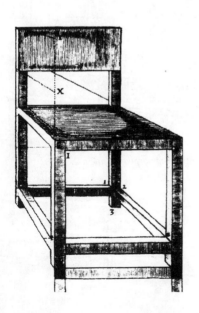

33. J.-F. Niceron :
*Anamorphose
d'une chaise,*
1638.

bleaux de chevalet. Elles sont prévues surtout pour la décoration murale d'une « *galerie ou chambre* » (S. de Caus), comme dans la description de Lomazzo. Plus le dessin est grand, plus sûr, plus ample est l'effet ; aussi certaines de ces compositions atteignent-elles des dimensions énormes. Niceron en distingue trois types, selon la direction par rapport au sujet et à son emplacement : « *optique* » tout court, quand on regarde horizontalement le long d'une vaste salle ou d'une galerie, « *anoptique* » quand on regarde verticalement vers le haut un pan de mur très élevé, et « *catoptrique* », quand on regarde vers le bas, par exemple d'une fenêtre ouverte au-dessus de la peinture conçue à cet effet. Introduits dans le classement des tableaux rallongés, ces termes, empruntés à Coelius Rhodiginus[16], précisent tout un programme monumental. *La Perspective pratique* du Père Du Breuil montre comment l'on concevait ces arrangements (fig. 36). On y voit deux pièces remplies de figures déformées. Des têtes géantes sont étirées étrangement dans la hauteur des parois, sur le plancher et le plafond, même sur une table. Des planches, avec des trous par lesquels des hommes regardent, sont ajustées, devant certaines de ces compositions, comme le viseur du cadre de Vignole. Le commentaire suggère que ces images peuvent être peintes ou exécutées en marqueterie. C'est comme une chambre de fantômes, où des visages surgissent de tous côtés et disparaissent si l'on se déplace.

Niceron propose aussi ces artifices pour le décor des grottes :

> *car ceux qui y travaillent font d'ordinaire des masques, termes, satyres ou autres figures grotesques de coquillages, en se servant de leur couleur et configuration naturelle, selon qu'elles sont plus propres à représenter quelques parties : aussi pourront-ils faire, par l'usage de ces règles, de marqueterie ou coquillage, des figures difformes et confuses qui ne représenteront rien de bien ordonné que de leur poinct, ce qui sera d'autant plus agréable, qu'en ces ouvrages qui semblent ne demander rien que de rustique, on fera veoir des images parfaictes et des tableaux bien ordonnés.*

16. Ludovico Ricchieri (Coelius Rhodiginus), *Lectionum antiquarum libri XVI*, Bâle, 1517, p. 549.

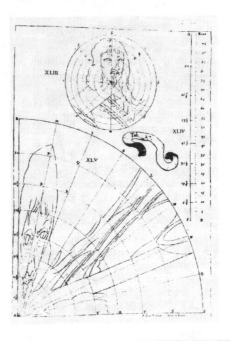

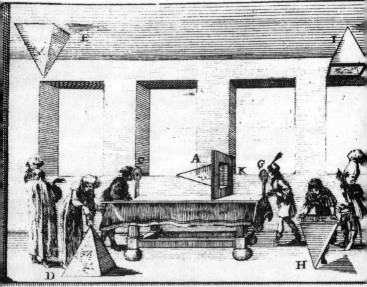

34. J.-F. Niceron :
*Anamorphose conique
de Louis XIII,*
1638.

35. Le P. Du Breuil :
*Cabinets d'anamorphoses
pyramidales et coniques,* 1649.

36. Le P. Du Breuil : *Cabinets d'anamorphoses
« optiques » , « anoptiques » et « catoptriques »*, 1649.

Les cônes et les pyramides qu'on pourrait y faire pendre « *comme les clefs de voûte de nos Églises* » sont particulièrement recommandés pour ces rocailles[17].

Les bizarreries anamorphotiques furent-elles jamais réalisées dans des ensembles importants ? Niceron en cite et en décrit plusieurs exemples dont deux sont encore conservés. Dans l'édition de 1638, il fait état d'une seule grande œuvre. Les autres s'y rajoutent ensuite (1646). Le premier est

> *un tableau peint à frais en une Chapelle de nostre Couvent (des Minimes) de la Trinité du Mont Pincius à Rome, auquel est représentée une Descente de Croix, où le Christ est tellement disposé qu'estant veu du costé gauche, il semble couché et incliné sur le travers du tableau, et son pied droit faire une saillie du mesme costé, et veu de l'autre costé, tout son corps paroist presque droit, beaucoup plus dans le raccourcissement, et ce pied qui paroissoit faire sa saillie du costé gauche semble avancer vers le droit. On en peut voir l'effet au grand Autel de nostre Église de la place Royale, où nous avons une copie de ce tableau assez bien faite.*

L'original est dû à Daniel Ricciarelli de Volterra, de l'entourage immédiat de Michel-Ange, qui, dans la même église, avait exécuté, vers le milieu du XVIe siècle, une *Assomption de la Vierge*, « *où l'on tient qu'au lieu des 12 Apostres, il a représenté les plus habiles peintres de son siècle* ». Les traits de Michel-Ange ont été reconnus dans l'un des personnages du tableau encore en place dans la chapelle de la Rovere. Quant à la grande fresque qui surmontait primitivement le maître-autel et dont le couvent parisien possédait une réplique, après plusieurs restaurations et le report sur une toile au temps de Napoléon, elle est reléguée depuis 1855 dans une chapelle latérale. Vasari[18] mentionne ses raccourcis « *d'une difficulté et d'une beauté rares* ». Avec ses corps enchevêtrés et basculant dans tous les sens, le tableau entier explose dans un tournoiement baroque (fig. 37). Mais les effets optiques qui ont frappé le Père Minime étaient peut-être calculés. Toutefois, il ne s'agit pas encore d'une vraie anamorphose.

17. J.-F. Niceron, *op. cit.*, éd. 1638, p. 70 et 72.
18. Voir G. Vasari, *Vie des peintres, sculpteurs et architectes*, Paris, 1842, p. 251.

Les compositions conçues selon les bons principes n'apparaissent que dans la deuxième édition de l'ouvrage de Niceron : le *Thaumaturgus opticus*. Elles représentent saint Jean l'Évangéliste écrivant l'Apocalypse et saint François de Paule (1416-1507), fondateur de l'Ordre des Minimes ainsi que de l'église du Pincio, canonisé en 1519. Il fut ami de Louis XI qui l'appela avant sa mort à Plessis-lez-Tours. La première a été peinte à deux reprises par l'auteur du traité lui-même, d'abord à Rome, puis à Paris[19]. La seconde est l'œuvre du Père Emmanuel Maignan, restée intacte, dans le couvent romain où elle faisait pendant à l'anamorphose de son confrère parisien, disparue lors des ravages causés par les soldats français qui occupèrent le monastère en 1798[20]. A Paris il existait aussi une deuxième fresque encore visible au XVIIIᵉ siècle. Deux morceaux d'optique du Père Niceron, « *l'un est la Madeleine dans la Sainte-Baume, en contemplation, l'autre saint Jean l'Évangéliste dans l'isle de Pathmos, assis sur un aigle* », sont signalés par Dézallier d'Argenville (1749)[21] dans les galeries supérieures du cloître du couvent des Minimes de la place Royale (actuellement place des Vosges), fondé par Marie de Médicis et dessiné par François Mansart. Thiery (1787)[22] décrit les mêmes peintures en insistant sur la singularité de leurs effets :

> *A mesure que l'on s'approche de ces deux prestiges d'optique, le sujet principal disparoit et l'on n'aperçoit plus qu'un paysage...*

Les rapports entre les deux maisons françaises, romaine et parisienne, des Paolicci ont été étroits et on y cultivait les mêmes sciences.

---

19. J.-F. Niceron, *op. cit.,* éd. 1663, p. 125 et s.
20. F. Titi (*Descrizione delle pitture, sculture e architetture,* Rome, 1763, p. 380) signale les deux fresques de la Trinité-des-Monts comme l'œuvre de Niceron. De même que dans le couvent des Minimes de Paris elles ont été peintes dans les galeries supérieures du cloître.
21. A. N. Dézallier d'Argenville, *Voyage pittoresque de Paris,* Paris, 1749, p. 167. Ces deux fresques sont mentionnées aussi dans l'*Encyclopédie* de Diderot, vol. I, 1751, p. 405.
22. L. V. Thiery, *Guide des amateurs et des étrangers voyageurs à Paris,* Paris, 1787, I, p. 683.

37. Daniel de Volterra : *Descente de croix*, Rome,
Trinité-des-Monts, milieu du XVIe siècle.

Le saint François de Paule de la Trinité-des-Monts est mentionné par Niceron comme un exemple d'anamorphose en grisaille :

> *L'on peut aussi faire des Perspectives en fresque qui n'auront
> d'autres couleurs que les traits noirs et le blanc, comme celle
> qu'a faite le R. P. Maignan, professeur en théologie dudit
> couvent…*

C'est le paysage cartographique d'une baie marine entourée d'une immensité abrupte, montagnes et plaines pelées, qui
se déroule derrière un groupe d'arbres le long d'une galerie
supérieure du cloître (fig. 38). Les lumières et les ombres s'y
allongent et s'enchevêtrent. Elles coulent dans les méandres
aux cloisons épaisses qui les sertissent comme des émaux. Des
figurines minuscules à la manière de Jacques Callot parsè-
ment ces vastes étendues : un port, une ville forte, des tours,
des dômes, une église, un château, des maisons isolées. Des
personnages s'avancent le long des routes constituées par les
cloisonnements sinueux du sol. Ici et là des bateaux à voiles
et, au milieu, le saint qui marche sur les eaux porté par son
manteau, dans le détroit de Messine. Une croix et un chape-
let se reconnaissent, imprimés dans le relief de la Calabre, le
pays de l'ermite. Des oliviers, avec une branche anamorphotique, encadrent le tableau. Un escargot et un insecte géants,
posés sur l'un des troncs noueux, y introduisent une drôlerie
marginale[23].

C'est de ces horizons que l'on voit surgir saint François de
Paule, en prière, à genoux, lorsque l'on se place au bout de
la galerie. Le labyrinthe des chemins qui en composent les
traits donne une fermeté particulière à son dessin.

Déployée sur un long mur (20 x 3,5 m), cette étonnante
composition a été établie selon un procédé nouveau. L'adop-
tion d'une trame géométrique aurait donné des résultats sa-
tisfaisants mais Emmanuel Maignan, auteur d'un important
traité sur les horloges solaires, voulait faire mieux. Et c'est
avec des fils matérialisant les rayons visuels sortant de l'œil,

23. L. Salerno, *Chièsa e convento della Trinita dei Monti a Roma*, Bologne, 1968,
pl. 30 et 31. Voir aussi E. Castelli, *Simboli e immagini, Studi di filosofia dell'Arte Sacra*,
Rome, 1966, pl. XXXIX et XL. Pour le miracle du saint traversant le détroit de Messine avec son manteau étendu sur les flots, voir le P. F. Giry, *La Vie de saint François de
Paule*, Paris, 1681, p. 93 et s.

38. Emmanuel Maignan : *Saint François de Paule*, fresque
anamorphotique, Rome, cloître de la Trinité-des-Monts, 1642.
Déformation et redressement optiques.

comme des rayons vivants, qu'il ordonna l'image entière, telle qu'elle apparaît encore au visiteur à son entrée dans la galerie par une porte latérale. Sa *Perspectiva horaria,* parue à Rome en 1648[24], deux ans après le *Thaumaturgus opticus* de Niceron contient les descriptions techniques du procédé et une gravure d'illustration (fig. 39).

Le système est mécanique, avec un appareil spécial pareil à une potence, fixé perpendiculairement au mur, à une certaine distance du point de vue. Sur la barre horizontale DE est ajusté, avec un nœud coulant, un fil mobile FH qui peut changer de position et dont la verticalité est assurée par un poids. Une « *gemme* » y est enfilée de manière qu'elle puisse glisser et s'arrêter à la hauteur voulue. Un volet LK, à deux charnières, sur lequel on fixe l'image à projeter est accroché à la branche verticale de la « potence ». Enfin, un très long fil, NP, qui peut aller d'un bout à l'autre de la galerie, est attaché par une extrémité devant la porte d'entrée, à la hauteur de l'œil. C'est toute l'installation. Son fonctionnement est à trois temps : 1° Le volet avec l'image est rabattu contre le fil avec la gemme que l'on ajuste à un point précis de la figure. 2° On ouvre le volet. La gemme se trouve alors en l'air, à l'endroit correspondant au point qu'elle a marqué sur le tableau. C'est un « guidon » pour le viseur. 3° On tend le fil du rayon visuel de sorte qu'il touche d'abord la gemme et frappe ensuite le mur en situant exactement sa projection. En répétant l'opération le long du linéament, on obtient la transposition rallongée de la figure entière.

Tel est ce remarquable instrument. On est surpris d'y reconnaître le portillon de Dürer (1525) (fig. 65)[25], et, plus encore, de voir l'usage qui en est fait : il sert à déformer et non à mettre au point la perspective. Ce sont les mêmes dispositions : le cadre dont une baguette est supprimée, le volet, les fils – fils visuels et fils guidons – perfectionnés depuis par Accolti (1625) [26], qui ont repris l'ancienne installation en remplaçant les deux fils

24. E. Maignan, *Perspectiva horaria, sive de Horographia gnomonica… libri quatuor,* Rome, 1648, p. 438 et s. Sur la gravure la galerie n'est pas voûtée. Le mur du fond y est décoré par un paysage, actuellement disparu, qui prolongeait la vue anamorphotique. Une horloge solaire a été montée en 1637 par le P. Maignan dans l'ébrasement d'une fenêtre du cloître. Le couvent possédait un musée de curiosités avec des instruments scientifiques et une importante bibliothèque.

25. A. Dürer, *Institutionem geometricarum libri quatuor,* Nuremberg, 1525.

26. P. Accolti, *op. cit.,* p. 80.

transversaux, entrecroisés à l'intérieur du cadre, par un seul avec une « *perle* » (la « *gemme* » du Père Maignan) se déplaçant verticalement mais l'appareil fonctionne à contresens, en renversant l'opération. Sur le dessin de Dürer, l'objet est mis devant le portillon et c'est sur le volet que ses contours sont rapportés à l'aide du fil visuel. Chez Maignan, le sujet est installé sur le volet et il est projeté sur la surface, devant le cadre. Restitué dans tous ses éléments, un des premiers outils de perspective connu est rénové en plein XVIIᵉ siècle par un Minime français, qui note d'ailleurs lui-même le prototype dont il s'inspire.

Niceron a suggéré la même méthode inversée pour l'appareil de perspective d'un artiste florentin, L. Cigoli (1559-1613), qu'il découvrit dans le cabinet du conseiller du roi, Hesselin (une « *Wunderkammer* » de Paris), et qualifia de « *catholique ou universel* ». Notons à ce propos que Galilée était en relation avec le peintre et qu'il lui a même adressé, en 1612, une lettre dans laquelle il est précisément question d'un tableau rallongé[27].

> … *lequel, lorsqu'on regarde de biais d'un point déterminé, montre une figure humaine dessinée selon les règles de la perspective et qui, vu de face ainsi que se voient naturellement et communément les autres peintures, ne représente rien d'autre qu'un mélange confus et désordonné de lignes et de couleurs, desquelles on peut aussi reconstituer des images de fleuves ou de chemins tortueux, des plages nues, des nuages ou des chimères très étranges.*

C'est comme la poésie allégorique avec ses fantasmagories où les images et les significations découlent les unes des autres et changent selon la perspective directe ou oblique de la pensée. Galilée s'empresse de faire ce rapprochement dans la même lettre :

> *Il en est de même pour cette sorte de peintures lesquelles sont faites principalement pour être observées en raccourci, il est*

---

27. E. Panofsky, *Galileus as a Critic of the Art*, La Haye, 1954, p. 13 et Galilée, *Opera*, IX, p. 129. Un rapprochement entre la dualité formelle d'une anamorphose et la structure d'un symbole où une idée s'exprime par une autre a été fait par M. V.-David, *Le Débat sur les écritures et l'hiéroglyphe aux XVII et XVIIIᵉ siècles*, Paris, 1965, voir *Appendice I, Le Symbolisme des anamorphoses*, p. 141-142.

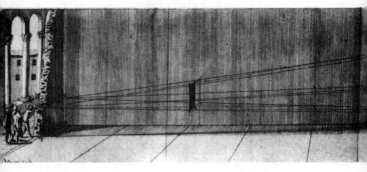

39. Emmanuel Maignan : *Appareil et procédés d'exécution de la grande composition anamorphotique de la Trinité-des-Monts de Rome*, 1648.

40. J.-F. Niceron : *Saint Jean l'Évangéliste à Pathmos*, fresque exécutée dans les couvents des Minimes de Rome, 1642, et de Paris, 1644.

41. Anonyme, *Sainte Madeleine à la Sainte-Baume*. Peinture sur papier préparé, après 1662. Paris, collection Fabius, photo Flammarion.

LXVI

TAB. 33.

> *chose indécente de les regarder en face ne représentant autre*
> *chose qu'un enchevêtrement de pattes de grues, de becs de*
> *cigognes et autres figures déréglées, de même dans la fic-*
> *tion poétique, il n'est pas bon que l'histoire banale décou-*
> *verte et vue dès le premier abord soit pour s'accorder à l'al-*
> *légorie vue et sous-entendue obliquement, encombrée avec*
> *les extravagances de chimères et imaginations fantastiques*
> *superflues.*

Tout en n'étant pas amateur de ces déviations optiques, le physicien et astronome italien s'en sert pour la définition d'un mécanisme utilisé par les poètes.

Niceron était loin de ce dédain et il ne s'est pas servi pour ses grandes fresques de la machine mise au point à Florence qui était pourtant à sa portée. Pensant toujours en géomètre, il utilise son canevas classique, la *costruzione legittima,* mais en le complétant par l'appareil de son confrère romain : les horizontales du quadrillage sont dessinées le long du mur par les rayons conduits avec un fil fixé sur le point principal (F), tandis que la gradation verticale est repérée à l'aide d'un autre fil partant directement du point de vue (A), conformément au système de Maignan. La « potence » est modifiée en conséquence. Au lieu d'un fil mobile unique avec une gemme, il y en a plusieurs qui pendent avec un poids, selon la division du réseau en hauteur, et qui n'ont plus de « guidon ». Pour projeter cette armature sur la muraille, on procède comme pour un point isolé. Le schéma obtenu, il n'y a qu'à inscrire l'image en en suivant les allongements et les élargissements successifs.

C'est ce moyen hybride, préconisé déjà par Lomazzo avec un cadre plus sommaire, qui a été utilisé pour la composition de saint Jean l'Évangéliste, assis auprès d'un arbre, reproduite dans le *Thaumaturgus opticus* (fig. 140). Niceron en donne la dimension pour le cloître parisien : longueur du mur, 104 pieds, hauteur, 8 pieds, image du saint, 54 pieds. La silhouette pliée en deux d'un personnage de 1,80 mètre a 18 mètres de largeur. En pénétrant dans la galerie, on la voit pourtant normale, le point de vue se situant juste à l'entrée, mais la figure s'éclipse lorsqu'on avance le long du couloir. Regardée de près, c'est un paysage comme dans la fresque de Maignan. Il ne s'agit pas toutefois d'une peinture monochrome.

J'ai suivy, explique le Père Minime, *la coustume des peintres qui vestent saint Jean d'un manteau d'escarlate, afin de peindre dessus, plusieurs plantes, bocages, fleurs, etc., que ceux qui se pourmènent dans ladite galerie voyent directement, car les divers ornements des figures recréent les spectateurs : il faut seulement que le peintre ne mette rien qui empesche la veue oblique de ce genre de Perspective*[28].

Les deux images superposées, dont l'une paraît et l'autre disparaît avec le déplacement de l'œil, comme dans la description de Barbaro et dans les planches de Schön, se retrouvent dans un ensemble colossal, exécuté avec des procédés perfectionnés.

Le système produit le même effet que les changements de scènes et de décors dans les divertissements et les spectacles du baroque. Le même Hesselin, ce conseiller et surintendant des plaisirs du roi, mentionné par Niceron comme « *l'un des plus rares hommes du monde* », était fameux par ses réceptions théâtrales.

Sa maison est remplie de raretés : on y voit de si belles glaces, de si excellens miroirs, tant de rares peintures et de pièces à ravir pour les rondes bosses et les reliefs, tant de beaux et bons livres en toute sorte de science qu'on la peut dire l'abrégé des cabinets de Paris[29].

Lorsqu'il accueillit, dans son château d'Essonnes, la reine Christine de Suède, qui le connaissait « *par une réputation singulière, comme l'un des hommes les plus habiles et les plus galans de France*[30] », il la conduisit dans une demeure enchantée : tout y était illusoire, tout chancelait et tout se transformait. Les murs s'évanouissaient et l'on voyait successivement des salles immenses, des nuages portant une ville en feu, le char de la Renommée,

28. J.-F. Niceron, *op. cit.,* éd. 1663, p. 125.

29. *Ibid.,* p. 150.

30. La fête fut donnée dix ans après la mort de Niceron, le 6 septembre 1656, et sa description a été publiée la même année chez Ballard, l'éditeur des ballets de la cour, sous le titre *Relations de ce qui s'est passé à l'arrivée de la reine Christine de Suède à Essaune, en la maison de M. Hesselin,* Paris, 1656. Pour le côté fantasque et la philosophie de l'illusion au XVIIe siècle en France, voir J. Rousset, *La Littérature de l'âge baroque en France, Circé et le Paon,* Paris, 1953.

> *une enfilade de portes de plusieurs appartemens, dont le pre-*
> *mier estoit gardé par deux suisses qu'on croyoit estre seule-*
> *ment représentés et feints*

mais qui se détachaient de la muraille et qui dansaient... « *une grotte d'une profondeur extraordinaire* » qui s'avançait, laissant voir une autre grotte. Par le principe de ses changements et par ses jeux optiques, ce monde instable, féerique, se déployait comme une constante anamorphose. La fête galante où les visions se réincarnent et se résorbent dans d'autres visions, et les évocations des saints se transformant en des paysages appartiennent à un même ordre d'artifices. La représentation d'Essonnes était entièrement basée sur des structures de perspectives accélérées et feintes et il n'est pas exclu que des apparitions et des disparitions y aient été produites aussi à l'aide de formes rallongées.

Hesselin était lié avec Niceron par la passion des bizarreries et des choses rares, et sa maison, qui abritait ses collections, bâtie vers 1640 par Louis Le Vau dans l'île Saint-Louis n'était pas loin du couvent des Minimes. Le moine la fréquentait. C'est là, nous l'avons vu, qu'il avait trouvé l'instrument de Cigoli dont il montra l'utilisation « à rebours ». Et il a même dédié l'un de ses livres au surintendant du roi[31].

La représentation d'un personnage plié en deux et monstrueusement dilaté se retrouve dans un tableau exposé à la Biennale des Antiquaires de 1978[32] (fig. 41). On y voit un vaste paysage montagneux où s'imprime son ombre fantastique avec, au premier plan, des arbres et une bordure d'herbes et de fleurs. Par la disposition des éléments figuratifs et par son allongement extrême, il correspond aux fresques des Minimes dont il reprend les proportions sur une échelle réduite. La longueur démesurée de la peinture (130,5 x 21,5 cm), exceptionnelle même pour une anamorphose, correspond en effet plutôt au mur d'un couloir qu'à un tableau de chevalet. Sans doute l'artiste a-t-il connu l'une de ces extraordinaires compositions et s'en est-il inspiré directement. Il ne pourrait s'agir, toutefois, de saint François de Paule pourvu d'une barbe

31. J.-F. Niceron, *L'Interprétation des chiffres*, Paris, 1641.

32. Collection Fabius, Paris. Le tableau est peint sur papier préparé. La peinture faisait partie de la succession familiale. L'étiquette ancienne de l'encadreur est au nom d'Adolphe Legoupy.

magnifique, ni de saint Jean dans l'île de Pathmos, assis et revêtu d'un manteau écarlate, mais d'une figure agenouillée imberbe. Or il y avait, on s'en souvient, dans le cloître parisien, une autre fresque qui lui faisait pendant et qui représentait la Madeleine à la Sainte-Baume, en contemplation, sujet qui semble correspondre parfaitement à l'image du tableau, y compris la vue panoramique se découvrant sur un sommet.

Trois remarques doivent encore être faites à ce propos. Les proportions de la figure elle-même, dix fois plus large que haute (100 x 10 cm pour le tableau, 18 x 1,8 m pour la fresque) ; la bordure végétale dont parle Niceron et que l'on trouve chez Maignan avec, ici et là, des touffes semblables ; enfin, les arbres au feuillage léger pareils à ceux qui, à la Trinité-des-Monts, sont peints au bout du couloir, prolongeant l'anamorphose par un paysage vu de face[33] confirment une identité du groupe. Nous avons là un document qui permet d'entrevoir un élément manquant dans un ensemble important.

La chronologie de ses grandes fresques peut être établie assez exactement. En 1638, Niceron mentionne seulement le Christ penché de la *Descente de Croix,* l'original de Daniel de Volterra dans le couvent romain et sa copie dans l'église des Minimes de Paris, installée au-dessus du maître-autel, vers 1632. Le tableau l'a fortement impressionné, de sorte que l'on peut se demander si ce n'est pas l'énigme de sa composition qui l'incita à ses études. Son saint Jean a été peint pour la première fois à Rome, où il était en 1642 et où Maignan, intéressé par ses recherches – il dit lui-même qu'il a été amené à s'occuper de ces problèmes par son confrère parisien –, a proposé sa propre méthode. Peut-être y a-t-il eu compétition et compromis. Les fresques du cloître de la place Royale ont été entreprises à son retour. Selon les *Annales de l'Ordre des Minimes,*

> le Père Niceron fit l'optique de saint Jean l'Évangéliste dans l'isle de Pathmos en 1644, en 1645 il commença celle de la Magdelaine[34].

---

33. Le mur avec cette fresque représenté dans la gravure de Maignan est aujourd'hui abattu.

34. *Annales de l'Ordre des Religieux Minimes,* Paris, 1763, p. 159, B.N. ms. fr. 23126.

Le travail fut interrompu en 1646 par un voyage d'études et par sa mort, à Aix, ce qui explique qu'il ne soit pas question de cette seconde fresque dans le *Thaumaturgus opticus*. Les mêmes *Annales* ajoutent qu'elle a été achevée en 1662 par le Père Maignan qui, lui aussi, vint visiter la maison.

Les guides anciens de Paris présentent « *deux optiques* » du couvent comme une même œuvre de Niceron, mais Brice (1698)[35] resserre encore le rapprochement en indiquant que

> *les figures de saint Jean et de la Madeleine dont on ne se peut apercevoir que dans une certaine position et en regardant d'un point marqué [...] occupent toutes les longueurs des deux galeries.*

Si pour saint Jean nous connaissons surtout son prototype porté sur le volet d'un appareil de perspective, pour sainte Madeleine, ce serait sa projection qui aurait dû lui être symétrique. Les reproductions des deux galeries, par la gravure et la peinture, se compléteraient en permettant une meilleure vue d'ensemble. Sa reproduction dans un tableau est postérieure à 1662.

C'est donc Paris qui, désormais, devient le centre important d'étude et de propagation de ces combinaisons optiques. L'Italie même retrouve leur tradition sous l'impulsion d'un moine parisien et dans un monastère français, subventionné par les rois de France. Le livre d'Accolti, qui montre une oreille au rallongement déterminé par le schéma des rayons visuels (fig. 42), comme celui des colonnes de Dürer, n'en signale, en 1625, qu'un seul exemple : le portrait du grand-duc de Toscane, Cosme II, qui se rattache à la première série des effigies secrètes des souverains. En 1642, les *Apiaria,* de Bettini, enseignent encore des procédés sommaires, même pour la catoptrique, dont Vaulezard a établi pourtant, en 1630, une géométrie rationnelle[36] qui fera l'objet de nos derniers chapitres. Après sa diffusion dans les foyers flamands et germaniques, l'anamorphose est repensée maintenant par une école française.

35. G. Brice, *Description nouvelle de la ville de Paris*, I, Paris, 1698, p. 336.
36. I.-L. Sr de Vaulezard, *Perspective cylindrique et conique*, Paris, 1630.

Mais qu'est-ce que ce singulier couvent, fondé par Marie de Médicis (dont le cousin germain était précisément représenté dans le tableau à perspective magique), où l'on voyait, au-dessus du grand autel, un Christ chancelant et où les frères Minimes, se recueillant pour méditer dans le cloître, se heurtaient à des images de saints s'élargissant à l'infini et se rétrécissant comme dans un cauchemar ? Était-ce un asile d'illuminés, obsédés par leurs spéculations ? C'était un centre cartésien.

DESCARTES :
LES AUTOMATES
ET LE DOUTE

Le couvent des Minimes de Paris, fondé en 1609 dans le voisinage immédiat de la place Royale (ses bâtiments sont remplacés maintenant par la caserne de la Gendarmerie, rue des Tournelles et rue des Minimes), était un important foyer d'études scientifiques dont la bibliothèque contenait, selon Thiery, vingt-six mille volumes. Anne d'Autriche venait souvent le visiter. Les hommes les plus illustres, tout ce que cette époque compte de pieux et d'érudit, s'y côtoient et la maison devient un centre intellectuel d'un caractère européen. Ses relations avec Descartes furent établies par l'entremise du Père Marin Mersenne, théologien, mathématicien et philosophe, perpétuant la tradition platonicienne de la Renaissance, qui fut pendant longtemps son principal animateur. Baillet, le biographe de Descartes (1691), prétend que les deux savants s'étaient connus au collège jésuite de La Flèche. On les retrouve ensuite ensemble à Paris. Mersenne qui, entre-temps, en 1611, a pris l'habit des Minimes, s'installe dès 1620 dans le nouvel établissement de l'ordre. Descartes y passe d'abord l'hiver 1622-1623, y séjourne ensuite de 1625 jusqu'à son départ pour la Hollande (automne 1628 ou printemps 1629). C'est là, et dans le cadre du couvent, qu'est née une amitié qui ne s'est jamais relâchée. Tous deux s'écrivent régulièrement lorsqu'ils sont séparés[1]. Il est certain que les rap-

---

1. A. Baillet, *La Vie de M. Des Cartes,* Paris, 1691 ; Hilarion de Coste, *La Vie du Père Mersenne,* Paris, 1649 ; *Notes sur la vie de Mersenne,* dans *Correspondance du P. Marin Mersenne, religieux Minime,* publiée par Mme Paul Tannery, éditée et annotée par Cornelis de Waard, Paris, 1932. Sur l'importance du couvent parisien des Minimes dans la vie intellectuelle, sur le rôle international du Père Mersenne et sur ses rapports avec la pensée de la Renaissance, voir F. A. Yates, *The French Academies of the Sixteenth Century, Studies of the Warburg Institute,* XV, 1947, p. 284-290. De la correspondance de Descartes avec Mersenne, Ch. Adam et P. Tannery (*Œuvres de Descartes,* vol. I-V, *Correspondance,* Paris, 1897-1903) publient environ 170 lettres.

ports entre les deux hommes ont fortement marqué l'esprit
de tout le groupe. Or les questions d'optique et de géométrie étaient au premier plan de ses préoccupations.

A part ses grands ouvrages théologiques, Mersenne a rédigé une *Harmonie universelle* traitant, comme Salomon de
Caus, de la musique, un recueil mathématique conçu pour
les prédicateurs, un traité d'optique et de catoptrique, et un
recueil de *Questions inouyes ou Récréation des sçavans*[2]. On se
rend compte combien le caractère de ses études est proche de
l'ordre des spéculations d'un Niceron. C'est lui, d'ailleurs,
qui signe l'approbation théologique de *La Perspective curieuse*
et qui révise les textes des éditions posthumes.

Le Père Niceron, lui, est le benjamin du groupe, plus
jeune de vingt-cinq ans que le Père Mersenne, qui l'a instruit
et protégé. Mais sa précocité est remarquable. A dix-huit ans,
il est traité déjà de « *très savant homme en tout ce qui dépend
de l'optique* », par Jacques d'Auzoles dont il a fait, en 1631,
un portrait anamorphotique (fig. 117)[3] et ses recherches pro-
gressent très vite. Un tableau représentant des têtes de Turcs,
mais constituant une effigie du grand-duc de Toscane, Ferdinand II (le fils de Cosme II de Médicis), lorsqu'on le regarde par une lunette à facettes polyédriques, nous le montre,
à vingt-deux ans, en pleine possession de son art[4]. Le jeune

2. Le P. Marin Mersenne, *Synopsis mathematica*, Paris, 1626 ; *Questions inouyes ou
Récréation des sçavans*, Paris, 1634 ; *Harmonie universelle*, Paris, 1636 ; *Optique*, Paris,
1651 ; publication posthume. Voir R. Lenoble, *Mersenne ou la Naissance du mécanisme*,
Paris, 1943.

3. L'anamorphose est combinée pour un miroir cylindrique. Elle est reproduite,
gravée, par J. Picard dans J. d'Auzoles, *Le Mercure charitable*, Paris, 1638, p. 73,
cf. Jeanne Duportal, *Étude sur les livres à figures éditées en France de 1601 à 1660*, Paris, 1914, p. 303.

4. Ce tableau, daté de 1635, se trouve actuellement au musée des Sciences de Florence, cf. J. Bousquet, *Recherches sur le séjour des artistes français à Rome au XVIIᵉ siècle*,
thèse de l'École du Louvre, janvier 1952. Nous devons cette référence à Ch. Sterling.
Le procédé est expliqué dans *La Perspective curieuse* (éd. 1638), p. 100 et s., Livre IV :
Dioptrique, comme « *inventé depuis peu de temps* ». Niceron prétend être le premier à
décrire cette merveille « *qui, par le moyen des verres ou crystaux polygones et à facettes, fait
voir en un tableau où on aura figuré quinze ou seize portraits tous différents et bien pro-
portionnés, une nouvelle figure différente des autres, aussi bien proportionnée et semblable à
quelque objet proposé* ». Il l'a vu exécuter devant lui, à Lyon, par le Père Dulieu, « *homme
sçavant non seulement en ces parties Mathématiques mais aussi profond ès sciences de Philosophie et Théologie* » qui n'en était pas non plus l'inventeur. Sans doute, le séjour lyonnais eut-il lieu lors de son premier voyage en Italie, où le moine fit immédiatement sa
propre expérience sur le tableau en question.

religieux n'a pas connu personnellement Descartes mais il se sert de ses ouvrages et il lui envoie son livre. Dans une lettre datée du 30 avril 1639[5], le philosophe en parle à Mersenne et lui fait parvenir, en 1644, ses *Principes*.

Emmanuel Maignan, qui professa d'abord la philosophie à Toulouse puis s'établit au couvent français de Rome, fait également partie de cette équipe. Ami intime de Niceron et de Mersenne, il est aussi un admirateur de Descartes, qu'il a loué, selon un témoignage[6], en plusieurs endroits et auquel il emprunta, sans le nommer, « *ce qu'il y a de plus beau et de plus fort* ». Par une curieuse coïncidence, tous ceux qui se sont occupés des perspectives insolites se trouvent plus ou moins en relation avec l'auteur du *Discours de la méthode*. Bien que dispersés, ils appartiennent au même milieu, avec comme centre de liaison le couvent parisien, et ils travaillent dans le même sens. Les ouvrages se succèdent régulièrement. En 1637 paraissent la *Dioptrique* et la *Géométrie* de Descartes, en 1638 et en 1646, *La Perspective* et le *Thaumaturgus opticus* de Jean-François Niceron avec aussi une *Dioptrique,* en 1648, la *Perspectiva horaria* de Maignan, en 1651, l'*Optique* et la *Catoptrique* de Mersenne, préparées de très longue date. Tous ces travaux reflètent un même esprit et contribuent, dans une certaine mesure, à un mouvement philosophique nouveau. On y retrouve jusqu'à certaines analogies de raisonnement et d'associations d'idées, parmi lesquelles l'image de l'automate qui intervient aussi dans les démonstrations du maître.

Descartes en fait état, avant Niceron, dans son *Discours de la méthode* (1637). Il l'associe aux bêtes, machines sans âme et sans raison, pareilles à une horloge qui n'est qu'un assemblage de roues et de ressorts, et même à l'homme que, par ailleurs, il leur oppose. L'automate explique le corps des êtres organiques :

> *Ce qui ne semblera nullement estrange à ceux qui, sachant combien de divers* automates *ou machines mouvantes l'industrie des hommes peut faire, sans y employer que fort peu*

5. Ch. Adam et P. Tannery, *op. cit.,* vol. II, p. 530.
6. Lettre de Dom Viénot, bénédictin à Clerselier, datée de Chartres, le 24 mai 1660, *ibid.,* vol. V, p. 375.

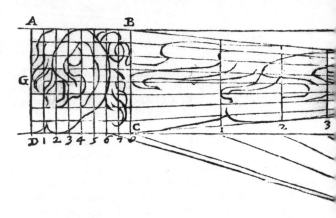

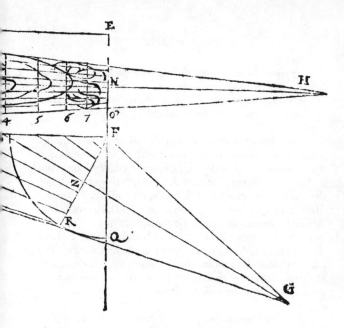

42. P. Accolti : *Oreille rallongée,* 1625.

43. *Figure représentant le Mont Tmollus*
avec des grottes creusées à l'intérieur.
Salomon de Caus, 1615.

> *de pièces à comparaison de la grande multitude des os, des muscles, des nerfs, des artères, des veines et de toutes autres parties qui sont dans le corps de chaque animal, considéreront ce corps comme une machine[7]...*

L'obsession du mécanisme calculé qui, chez Niceron, domine la perspective, se fait sentir avec la même puissance dans les études anatomiques. Le système est développé dans le *Traité de l'Homme*, ébauché dès 1634, mais qui n'a eu que des publications posthumes à Leyde, en 1662, et à Paris, en 1664. Dans sa préface à l'édition latine (1662), Florent Schuyl signale les mêmes merveilles de mécanique que le Frère Minime, les automates de Dedalus, la tête de bronze parlante d'Albert le Grand, etc. Descartes lui-même les a aussi connus par l'entremise de la même source (Agrippa)[8], toutefois, dans sa démonstration, il se sert non pas de ces chefs-d'œuvre légendaires mais d'une série moderne.

> *Et véritablement, l'on peut fort bien comparer les nerfs de la machine que je vous décris* (l'homme) *aux tuyaux des machines de ces fontaines ; ses muscles et ses tendons aux divers engins et ressorts qui servent à les mouvoir ; les esprits animaux, à l'eau qui les remue dont le cœur est la source et dont les concavités du cerveau sont les regars.*

Ce sont des machines hydrauliques et l'homme aussi.

> *De plus, la respiration et autres telles actions qui lui sont naturelles et ordinaires et qui, dépendant du cours des esprits, sont comme les mouvements d'une horloge ou d'un moulin que le cours ordinaire de l'eau peut rendre continus.* Leurs réactions sont commandées par des leviers cachés. *Les objets extérieurs qui, par leur seule présence, agissent contre les organes de ses sens et qui, par ce moyen, la déterminent à se mouvoir en plusieurs diverses façons, selon que les parties de son cerveau sont disposées, sont comme des Étrangers qui entrans dans quelques-unes des grottes de ces fontaines causent eux-mêmes, sans y penser, les mouvements*

---

7. Ch. Adam et P. Tannery, *op. cit.*, vol. VI, p. 51-56.
8. Voir G. Rodis-Lewis, *op cit.*, p. 464.

qui s'y font en leur présence : car ils n'y peuvent entrer qu'en marchant sur certains carreaux tellement disposéz que, par exemple, s'ils s'approchent d'une Diane qui se baigne, ils la feront cacher dans des rozeaux, et s'ils passent plus outre pour la poursuivre, ils feront venir vers eux un Neptune qui les menacera de son trident, ou s'ils vont de quelque autre costé, ils en feront sortir un monstre marin qui leur vomira de l'eau contre la face, ou choses semblables, selon le caprice des ingénieurs qui les ont faites[9].

Nous voici dans un jardin avec des automates tournant et s'agitant dans un décor approprié, selon un scénario mytho-logique. Quelle singulière image de l'homme, avec des tuyau-teries, des cavités, des grottes où se déclenchent des rondes de dieux et de génies antiques ! Comment ne pas penser à Salomon de Caus, dont *Les Raisons des forces mouvantes* (1615) annoncent déjà un titre cartésien ? Ces forces, qui sont les quatre éléments, et en premier lieu l'eau, y associent d'ailleurs les automates à une cosmogonie et à une vie de la nature.

On y retrouve « *l'horloge avec le tours d'une fontaine natu-relle* »[10] qui, chez Descartes, illustre la respiration, tout le ré-seau des conduites d'eau et des installations qui font bouger le corps humain et même trois statues avec des grottes et des fontaines dans les entrailles. Salomon de Caus en a vu une,

« *un grand ciclope dans le corps duquel quelques grotes sont fort artificiellement faites*[11] » , près de Florence, à Prato-lino, dans le jardin de François de Médicis (la villa a été construite de 1569 à 1584). Montaigne l'a également no-tée dans son *Journal* en 1580 comme « *un géant qui a trois coudées de largeur à l'ouverture d'un œil, le demeu-rant proportionné de mesures, par où se versera une fon-taine en grande abondance*[12] ». Il s'agissait d'Apennin, colosse de Jean de Bologne. C'est lui qui inspira à l'in-génieur français deux ouvrages analogues :

9. Ch. Adam et P. Tannery, *op. cit.*, vol. XI, p 130-131.

10. S. de Caus, *Les Raisons des forces mouvantes*, I, *Problèmes VII et VIII*, pl. 16 et 17, s.p., Francfort-sur-le-Main, 1615.

11. *Ibid.*, II, *Problème XIV*, pl. 14.

12. M. E. Montaigne, *Journal de Voyage*, publié par L. Lautrey, Paris, 1906, p. 188. Voir D. Heikamp, *Les Merveilles de Pratolino, L'Œil*, n° 171, mars 1969, p. 16 et s.

> *Une figure grande à laquelle on pourra donner le nom de Mont Tmollus, pour suivre la fable récitée d'Ovide du Jugement que ledit Tmollus fit entre Apollon et Midas, et faire des grotes dedans comme sera récité au Problème suivant*

(fig. 43) où l'on voit

> *un autre desseing d'une grande figure rustique pour représenter un Fleuve* (colosse à demi couché sur la montagne) (fig. 44) *et dedans le corps d'icelle se pourra faire quelques grotes* [13].

L'idée est à la mode. La terre se peuple de géants, portant en eux de mystérieux réduits et des cavernes. Ces dernières sont également montrées dans le traité. Le *Problème XVII* donne le dessin d'une grotte d'Orphée « *qui se pourra faire dans la figure précédente* » (fig. 45). L'homme cartésien, avec les dieux antiques qu'un mécanisme hydraulique fait vivre dans son sein, y est complet, dans tous ses éléments.

Le spectacle même, décrit dans le *Traité de l'Homme*, est figuré chez Caus (fig. 46). Le *Problème XXVII* explique le fonctionnement de la machine par laquelle sera représenté Neptune,

> *lequel tournera circulairement à l'entour d'une roche avec quelques autres figures, lesquelles jetteront de l'eau en tournant* [14].

Le texte ne mentionne pas Diane, mais une femme nue est là, sur la gravure, au bord de la fontaine, dissimulée dans les rochers ; Neptune a son trident et le cortège marin qui l'accompagne vomit des flots. A quelques détails près, c'est la même scène. Descartes ne retient pas seulement une idée générale des figures mécaniques mais il reprend un arrangement précis [15].

---

13. S. de Caus, *Les Raisons des forces mouvantes*, II, *Problème XVI*, pl. 16.

14. *Ibid.*, II, pl. 35.

15. G. Rodis-Lewis (*op. cit.*, p. 462) ajoute à ces rapprochements le long développement que Salomon de Caus (*Les Raisons des forces mouvantes*, I, *Problèmes XXVIII-XXXVIII* et toute la partie III) consacre aux jeux et à la fabrication des orgues que Descartes (*L'Homme*, Ch. Adam et P. Tannery, *op. cit.*, vol. XI, p. 185-186) compare aux mouvements des esprits animaux dans les pores du cerveau.

44. *Figure représentant un fleuve avec des grottes
creusées à l'intérieur.* Salomon de Caus, 1615.

45. *La grotte d'Orphée « Qui se pourra faire
dans la figure précédente ».* Salomon de Caus, 1615.

46. *La Grotte de Neptune*, Salomon de Caus, 1615.

Sans doute en a-t-il vu dans les jardins princiers d'Allemagne où il a séjourné en 1619 et 1620, certains aménagés précisément par Salomon de Caus, mais la plupart des éléments de sa démonstration sont empruntés directement au livre. Lorsque Descartes vient en Hollande en 1629, il y voit souvent la famille de Frédéric V, l'Électeur palatin et roi de Bohême, réfugié avec sa cour après les événements de Prague de 1620. La princesse Élisabeth, fille aînée du souverain, devient son élève préférée. C'est elle qui reçoit l'hommage de ses *Principes philosophiques.* Or *Les Raisons des forces mouvantes* avaient été dédiées à l'Électrice palatine, sa mère, l'épouse de celui qui avait protégé et pris à son service le constructeur des automates. Il est donc sûr que le traité était à la disposition du philosophe.

En s'inspirant de ces machines mouvantes dans ses méditations sur la structure et la fonction des organismes vivants, Descartes n'est pas que logicien. Il est aussi un imaginatif, considérant le monde comme un théâtre où les secrets de la nature sont révélés par les jouets construits par l'homme. Il apparaît ainsi que Salomon de Caus, qui, seul parmi les perspecteurs du paradoxe, était sans relation directe avec le groupe Mersenne-Descartes, a, lui aussi, contribué au développement de son esprit. Avec ce qu'elle a de rigoureux, la « *raison* » des automates a fortement marqué la pensée cartésienne. Mais les affinités avec les fantaisies de ces savants s'affirment aussi dans les études de la perception.

Le problème de l'illusion a constamment préoccupé Descartes, sous toutes ses formes. Pour lui, comme pour Platon, il existe une différence entre la réalité et son jugement, mais dans une acception plus générale. Il ne s'agit pas seulement des œuvres de l'art. Les œuvres de la vie, elles-mêmes, sont des fantômes. Ce souci est dominant dans ses spéculations. Il le formule déjà dans le *Discours de la méthode.* « *Je suis toujours demeuré ferme dans la résolution que j'avois prise de ne recevoir aucune chose pour vraye qui ne me sembleroit plus claire et plus certaine que n'avoient fait auparavant les démonstrations des Géomètres*[16] ». Le principe est à la base de ses recherches dans les domaines les plus divers et, tout d'abord, dans l'examen des sensations.

La *Dioptrique* (1637) esquisse le raisonnement, qui est repris et développé dans le *Traité de l'Homme* (IIIᵉ partie). Deux expériences sont proposées. L'une montre pourquoi l'on voit quelquefois les objets doubles : si l'on touche une boule (X) avec deux doigts croisés (l'index T et le majeur R), ces doigts « *feront juger à l'âme qu'ils en touchent deux différentes, à cause qu'ils sont croisez et retenus par contrainte hors de leur situation naturelle* » (fig. 47). Il s'agit bien d'une confusion où la réalité paraît tout autre, comme les figures qui changent selon le point de vue artificiellement établi. La deuxième épreuve, relative à la question de savoir pourquoi les objets semblent autrement situés qu'ils ne le sont, porte sur un bâton coudé.

> *Si les rayons ou autres lignes, par l'entremise desquelles les actions des objets éloignéz passent vers les sens, sont courbées, l'âme qui les supposera communément estre droites en tirera l'occasion de se tromper. Par exemple, si le baston H R est courbé vers K, il semblera à l'âme que l'objet K que ce baston touche est vers R* (fig. 48).

Nous retrouvons une perspective faussant la position et la structure des corps. Descartes poursuit :

> *Et pour conclusion il faut remarquer que tous les moyens de connoistre la distance des objets sont incertains... pour ce que les rayons qui viennent de leurs divers points ne s'assemblent pas si exactement au fond de l'œil les uns que les autres, l'exemple des tableaux de perspective monstre assez combien il est facile de s'y tromper : car lorsque leurs figures sont plus petites que nous ne nous imaginons qu'elles doivent estre et que leurs couleurs sont un peu obscures et leurs linéaments un peu confus, cela fait qu'elles nous paroissent plus éloignées et plus grandes qu'elles ne sont*[17].

Dans le *Discours IV* de la *Dioptrique*, Descartes développe encore cette analyse des erreurs visuelles. La ressemblance des choses représentées par les tailles-douces est imparfaite,

17. *Ibid.*, vol. XI, p. 161-163.

47. Expérience avec la boule.
Descartes, *Traité de l'Homme*, 1662.

48. Expérience avec le bâton.
Descartes, *Traité de l'Homme*, 1662.

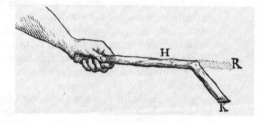

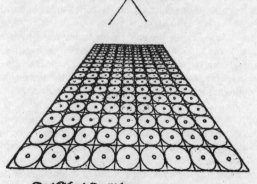

49. Perspective d'un manuel d'artiste. H. Rodler, 1531.

> *vû que, sur une superficie toute plate, elles nous représen-*
> *tent des cors diversement relevés et enfoncés et que, mesme*
> *suivant les règles de la perspective, souvent elles représen-*
> *tent mieux des cercles par des ovales que par d'autres*
> *cercles, et des quarrés par des losanges que par d'autres quar-*
> *rés ; ainsi de toutes les autres figures : en sorte que souvent,*
> *pour estre plus parfaites en qualités d'images, et représen-*
> *ter mieux un objet, elles doivent ne luy pas ressembler[18].*

Le dernier passage pourrait appartenir à un sophiste ou à un Vitruve, mais les figures géométriques dont il est question sont celles des perspectives modernes. Les manuels d'artistes sont pleins de ces carrés avec des cercles souvent inscrits à l'intérieur, représentés par des losanges et des ovales (fig. 49). C'est la « *costruzione legittima* » albertienne, la deuxième règle de Vignole, qui fournit la dernière preuve de la fausseté des apparences du monde physique. La perspective n'est pas un instrument des représentations exactes, mais un mensonge.

Dans tous ces cas, il ne s'agit pas de défections fortuites et sporadiques des sens. Toute une série de phénomènes curieux où les objets se doublent, se déforment et se déplacent, comme dans les mains d'un prestidigitateur, sont réunis autour d'une grande idée et en fonction d'une suspicion métaphysique. Ils rendent certaine l'incertitude et, par cela, ils appartiennent à un réseau de témoignages sur la nécessité de réviser les conceptions et les valeurs. Ils contribuent au doute.

> *Tout ce que j'ay reçeu jusqu'à présent pour le plus vray et as-*
> *suré, je l'ay appris des sens ou par les sens : or j'ay quelquefois*
> *éprouvé que ces sens estoient trompeurs, et il est de la prudence*
> *de ne se fier jamais entièrement à ceux qui nous ont une fois*
> *trompez. (Des choses que l'on peut révoquer en doute.)*

Toutes les démonstrations de Descartes sur la tromperie de nos organes de perception sont traversées par la même inquiétude qu'il formula, dans ses *Méditations* (1641), comme une doctrine de connaissance où interviennent d'ailleurs aussi des considérations sur la vision des choses et les tableaux des

---

18. *Ibid.*, vol. VI, p. 113.

peintres, l'imaginaire et l'existant. Et c'est le même enseignement qui se dégage spontanément des expériences des perspecteurs contemporains.

> *Les raccourcissements extravagants et hors nature* (Caus) « *les
> figures appartenantes à la vision droicte, lesquelles hors de
> leur poinct semblèrent difformes et sans raison et veues de
> leur poinct paroistront bien proportionnées* » (Niceron)[19]

se présentent, somme toute, comme une démonstration du
même principe, avec la même recherche de paradoxe que les
divertissements avec la boule et le bâton. Les perspecteurs opèrent avec la même géométrie optique que Descartes, en en tirant des preuves plus décisives encore et plus flagrantes.
L'anamorphose est muable et flexible comme la cire sur laquelle a médité aussi le philosophe.

Certaines spéculations sur l'illusion optique ont pris un
caractère étrange. Ainsi Emmanuel Maignan[20] rapproche le
mécanisme de la perspective qui « *abuse la vue* » de la façon
dont nos sens sont « *abusés* » dans le mystère de la Trans-
substantiation ou dans les apparences du Christ transfiguré
en pèlerin et en jardinier. Mais ce sont là des miracles de l'Évangile et non des phénomènes physiques. Aussi les inquiétudes
de l'esprit sont-elles alimentées surtout par les incertitudes
des choses normalement visibles.

Lorsque Niceron échafaudait ses perspectives curieuses, il le
faisait dans son domaine à lui, sans transgresser le cadre strictement technique, mais il y avait été amené par des courants qui
dominaient dans son milieu et ses travaux complètent, en les
confirmant avec éclat, les réflexions cartésiennes sur la réalité sensible et sur les divergences entre le vrai et l'apparent... Parmi les
artifices qu'il inventa, il s'en trouve même un, faisant paraître
des sujets cachés dans un tableau, qui utilise une formule de la
Dioptrique, dont la publication n'est que d'un an antérieure. Le
procédé consiste à peindre une image extrêmement petite et
renversée sur un anneau ou une médaille représentés dans une
peinture de manière qu'elle reste imperceptible.

---

19. J.-F. Niceron, *op. cit.,* éd. 1638, p. 50.
20. E. Maignan, *Perspectiva horaria,* Rome, 1648, p. 439 et s., voir pour ce développement G. Rodis-Lewis, *op. cit.,* p. 471-473.

> *Mais mettant l'œil à la lunette opposée directement à ce pe-*
> *tit objet, elle en grossiroit tellement l'apparence qu'on en*
> *verroit les moindres parties fort distinctement, le reste de la*
> *peinture ne paroissant plus, ce qui réussiroit admirablement*
> *bien si l'on se servoit de verre ou de crystaux de la forme et*
> *figure que prescrit M. des Cartes aux Discours 8, 9 et 10*
> *de sa Dioptrique*[21].

Il ne s'agit plus de la vision directe sans instrument optique comme dans les perspectives dénaturées, mais c'est encore une fantaisie avec des formes dissimulées dans d'autres
formes jouant sur les erreurs de la vue. Les expériences scientifiques, les tours de l'imagerie, les mises en scène avec les automates et les tableaux interchangeables se côtoient sur un
même fond et se développent dans le même sens, comme
une hantise philosophique de l'illusion. L'anamorphose, associée à ces recherches, se charge de signification. Les gigantesques compositions avec les saints apparaissant et se désa-
grégeant, dans le cloître des Minimes, y sont dressées comme
un rappel constant de l'ordre des travaux scientifiques conduits
dans le couvent et de l'incertitude des apparences qui rejoint,
dans la pensée religieuse, l'idée de l'inconstance et de la vanité du monde.

21. J.-F. Niceron, *op. cit.*, éd. 1638, p. 119.

QUERELLE D'ARTISTES :
L'ACADÉMIE CONTRE
DESARGUES ET BOSSE

Ce développement et cette propagation des théories de la perspective dans un milieu de moines et de savants furent troublés par une querelle d'artistes qui révéla l'intransigeance et la passion que l'on mettait à ces problèmes. Des conflits curieux ont opposé successivement Desargues au Père Du Breuil, Desargues et Abraham Bosse à Grégoire Huret. D'abord la polémique ne toucha pas directement les formes « dépravées » mais, à la fin, elles furent aussi mises en question.

Desargues, cet architecte et mathématicien lyonnais, auteur d'une théorie célèbre, qui séjourna vingt-cinq ans à Paris, de 1626 à 1650, et fut le maître de Pascal, entretenait des relations suivies avec Mersenne et tous les érudits du couvent des Minimes, et ses recherches sont proches de ce qui s'y faisait. Ayant pris connaissance de son étude sur la *Pratique de la Perspective*, parue en 1636[1], Descartes en dit que « *la curiosité et la netteté de son langage sont à estimer* » [2]. Du Breuil, qui compila divers auteurs, s'en est aussi servi avec des modifications – sans mentionner la source – en provoquant une très forte

---

1. *Exemple d'une manière universelle de S.G.D.L. (G. Desargues lyonnois) touchant la pratique de la perspective*, Paris, 1636. Il n'en subsiste que de rares exemplaires, dont l'un à la Bibliothèque nationale (V. 1537), l'autre, au Metropolitan Museum of Art de New York, cf. W. H. Ivins, *Two First Editions of Desargues, The Metropolitan Museum Bulletin*, 1942, p. 47 et s.

2. Ch. Adam et P. Tannery, *op. cit.*, vol. I, p. 376, lettre de Descartes à Mersenne, datée du 25 mai 1637.

réaction. Desargues se vit personnellement lésé et protesta vigoureusement. Des placards avec des titres indignés : « *Erreurs incroyables* », « *Fautes et faussetés énormes* », ont été collés sur les murs de Paris en janvier de cette année, et une brochure, intitulée *Six erreurs de pages*, fut distribuée dans le public. Les foules furent prises à témoin et le conflit déborda le cadre strictement académique. Du Breuil riposta immédiatement par un pamphlet : *Avis charitable sur diverses œuvres et feuilles volantes du Sieur Gérard Desargues*. L'affaire se termina par un procès. Desargues découragé, c'est Abraham Bosse qui se chargea de publier son œuvre[3].

La Manière universelle pour pratiquer la perspective paraît en deux volumes, l'un en 1648[4], l'autre en 1653[5], tous deux sous le même privilège de 1643, dont le dernier entièrement consacré aux perspectives sur les « surfaces irrégulières ». Le problème est présenté sous l'angle cartésien : « *En quelle occasion la figure de représentation est ou n'est pas de la mesme forme que le sujet* » (fig. 50). Mais il s'agit non pas d'images mais de supports difformes, c'est-à-dire des voûtes (en berceau, en cul-de-four, en arc-de-cloître, voûtes d'ogives) et des coupoles, des surfaces inclinées ou ondulées où les compositions doivent conserver leur apparence exacte. Le procédé relève à la fois des perspectives au ralenti, rétablissant les proportions par le calcul des rayons visuels et des tableaux anamorphotiques coniques en creux.

> *Si le sujet est peint tel quel sur le cylindre horizontal comme seroit une voûte de galerie, il apparoit défiguré, les parties basses se raccourcissant, celles du milieu en haut ne changeant pas ou peu.*

Pour y remédier, l'auteur propose des projections « *avec des fils par les moyens de chandelles ou bien par poinct donné ou trouvé avec de tels filets ou en bornoyant ou en mirant de l'œil* ». Pour une peinture sur le berceau d'une salle ou galerie, le

3. N. G. Poudra, *Œuvres de Desargues*, Paris, 1863 ; R. Taton, *L'Œuvre mathématique de Girard Desargues*, Paris, 1951.

4. A. Bosse, *Manière universelle de M. Desargues pour pratiquer la perspective*, Paris, 1648.

5. A. Bosse, *Moyen universel de pratiquer la perspective sur les tableaux ou surfaces irrégulières*, Paris, 1653.

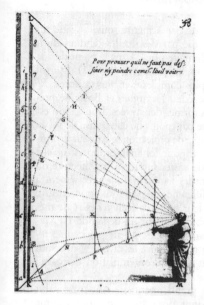

Pour prouver quil ne faut pas des-
siner ny peindre come. loeil voit

50. Abraham Bosse :
« Pour prouver qu'il ne faut pas
dessiner ny peindre comme
l'œil voit », 1665.

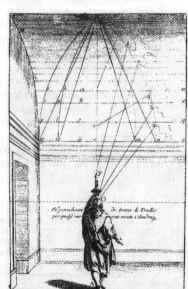

Pour apprendre ... de tracer le Treillis
... perspectif sur ... une voute Cilindrique.

51. Abraham Bosse :
Projection perspective
sur une voûte, 1653.

procédé le plus pratique consiste à mettre sous la voûte un quadrillage horizontal formé par des ficelles tendues dont l'ombre projetée par une lumière placée dans le point de vue donnera sur la surface le treillis perspectif (fig. 51). Mais il existe aussi des formules plus complexes et plus savantes.

En proposant leurs procédés, Desargues et Bosse ne prévoient pas d'effets avec les formes dénaturées. L'opération est rationnelle. Il n'en subsiste pas moins qu'elle utilise de fortes déformations, que sa pratique de projection se base sur le principe que Barbaro préconisa pour les anamorphoses, qu'elle est conçue enfin en vue de vastes surfaces d'architecture où les Minimes introduisaient les jeux d'optique précisément à cette époque. Malgré la différence de position, on y retrouve des traits communs avec leur ordre de recherches et de méthode, et c'est la même obsession. Sur un dessin de *La Manière universelle,* trois gentilshommes, à l'air préoccupé, tenant contre leurs yeux, entre les doigts, les rayons visuels sous forme de fils, se plongent dans la contemplation des carrés tracés sur le sol (fig. 52).

L'ouvrage eut un très grand retentissement mais subit aussi de fortes attaques dont Bosse fut à son tour victime après Desargues. Mais cette fois, la controverse est engagée avec l'Académie royale, qui lui confia l'enseignement de perspective en 1648, et le nomma membre honoraire en 1651[6]. Toutes ses théories – celles de Desargues, somme toute – furent qualifiées de « *folles, de fausses et d'erronées* ». L'assaut est dirigé d'abord par Curabelle en 1655, par Charles Le Brun ensuite en 1660, qui déclara leur préférer la *Perspective* de J. Le Bicheur, et Bosse se voit exclu en 1661. Le conflit a pris l'allure d'une discussion entre les peintres et les savants. Le livre de Grégoire Huret (1670)[7], qui succéda à Bosse dans son enseignement en 1663, reprend l'offensive avec une violence, une âpreté qui, elles non plus, n'ont rien d'acadé-

---

6. Ces cours ont été publiés dans un ouvrage à part : A. Bosse, *Traité des pratiques géométrales et perspectives enseignées dans l'Académie royale de la peinture et sculpture,* Paris, 1665. Le conflit entre Bosse et l'Académie a été minutieusement décrit par A. Blum, *Abraham Bosse,* Paris, 1924, p. 16-40 ; voir aussi A. Fontaine, *Académiciens d'autrefois,* Paris, 1914, p. 67-114 ; *Le cas d'Abraham Bosse, histoire et analyse du conflit entre Bosse et l'Académie,* et R. A. Weigert, *Abraham Bosse, le peintre converti aux règles de son art,* Paris, 1964, p. 17 et s.

7. G. Huret, *Optique de Portraiture et Peinture,* Paris, 1670.

52. Abraham Bosse :
*Les perspecteurs,*1648.

54. Grégoire Huret :
*Compositions des tableaux
rallongés,* 1672.

53. Grégoire Huret :
*Réduction
en perspective
des tableaux
réguliers,* 1672.

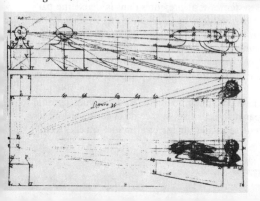

mique. Les recettes préconisées par le sieur Bosse y sont traitées d'impraticables et « *des plus préjudiciables si elles pouvaient se pratiquer* ». Le sieur Bosse lui-même est un inapte.
Ses théories lui ont été données par le feu sieur Desargues
qui, lui, les emprunta aux différents auteurs

> *comme Albert Dürer en Allemagne qui a esté le premier
> qui a donné la perspective mécaniquement en sa fenestre du
> lut et à son Peintre Vitrier, mis à la fin de son traité de Géo
> métrie de 1532, et duquel elle a esté transportée en Italie
> par Vignole et Egnatio Danty qui en a fait les deux ma
> nières (dont la première est mécanique comme celle d'Albert
> et l'autre est géométrique), de son traité de 1583.*

Ce sont des importuns, des charlatans. L'auteur poursuit :
la troisième manière du même Albert « *de portraire les figures
par équarrissement* » reprise par Barbaro et par Cousin est « *la
pire des trois comme ayant son fondement et sa fin, contraires
aux règles de l'Optique et de l'art de portraiture* »[8], Tous les
grands noms tombent sous ses coups. On est loin du recueillement dans un cloître et des sereines méditations sur
l'apparence et la réalité. La perspective déchaîne maintenant
des haines et une agitation sans rapport avec l'objet.

En étendant son offensive et en y englobant tous les auteurs classiques, Huret arrive aux tableaux rallongés. On aurait pu penser qu'ils seraient anéantis dans ce massacre général : bien au contraire, le porte-parole de l'Académie de Colbert
et de Le Brun insiste sur l'intérêt et l'importance de ces combinaisons. Les systèmes sont présentés dans la deuxième partie du livre « *contenant la perspective spéculative ; Ensemble des
plus curieuses et considérables questions qui ayent esté proposées
jusques à present sur la Portraiture et Peinture, avec leurs solutions* ». L'auteur procède progressivement, en étudiant
d'abord la réduction géométrique en perspective des tableaux
réguliers[9].

Le problème se pose théoriquement. Pour être vues, comme
elles le sont, par un viseur fixé en face de la composition, les
figures devraient se dilater au fur et à mesure qu'elles s'éloi-

8. *Ibid.*, sect. 217, p. 76.
9. *Ibid.*, sect. 187-198, p. 61 et s.

gnent de l'axe, les boules prenant des formes ovoïdes, les têtes humaines, des profils étirés (fig. 53). Le procédé n'est pas recommandé. Regardé directement, hors du point de vue, le tableau ordinaire paraîtrait désagréable dans ses dépravations, une vaste composition exécutée le long d'une galerie mettrait en cause l'art même de la peinture et de la portraiture. La représentation des sujets nobles comme une bataille, une cavalcade ou un triomphe apparaîtrait comme une mêlée monstrueuse. Les figures humaines ressembleraient à des ours debout ou à des malades hydropiques.

> *Et ces Tableaux ne sembleroient-ils estre plûtost faits pour représenter des visions de songes lugubres ou des sabats de sorciers seulement capables de donner de la tristesse et frayeur et mesme faire avorter ou dépraver le fruit des femmes enceintes que pour représenter des sujets naturels et agréables à l'ordinaire.*

Il ne s'agit pas, dans tous ces cas, d'anamorphoses proprement dites, mais de rectifications optiques comme celles de la légende de Phidias contée par Pline ou des colonnes serpentines de Dürer[10]. Les tableaux rallongés où les sujets sont complètement anéantis par la déformation n'ont pas les mêmes inconvénients et ils séduisent les esprits par leur mystère. Plusieurs méthodes vont tour à tour être examinées (fig. 54). Bien entendu, Marolois se trompe lorsqu'il procède, comme Vignole Danti, par simple étirement dans un rectangle sans tenir compte des lignes de fuite. L'opération est illustrée par une tête de femme pareille à la figure de Bettini. Ce sont des procédés grossiers, dignes du village, à ne pas suivre. Tous les auteurs qui ont traité de ces combinaisons, Niceron en tête, n'ont rien compris à la question, mais la méthode que Grégoire Huret propose lui-même diffère très peu de leurs recettes et aboutit à un même résultat. Elle est basée sur l'angle visuel utilisé directement, sans quadrillage. C'est le principe du Père Maignan, mais simplifié : les rayons ne contournent pas successivement le linéament entier de la figure à projeter, ils ne s'arrêtent que sur les points importants. Ainsi sur le dessin d'une tête, ils touchent l'extrémité du nez, la nuque, le front, la lèvre supérieure, l'œil et le menton. L'opération se fait sans fils, en bornoyant. Des verti-

10. Voir *supra*, fig. 3.

cales, passant par ces points, complètent le canevas en donnant
des repères sur la même ligne, et il ne reste qu'à y inscrire le
sujet proposé. Dans la gravure, le buste est étiré sur une
énorme paroi dont la longueur peut être calculée d'après la silhouette d'un homme qui donne l'échelle : 20 mètres environ,
comme celle du cloître des Minimes[11].

Huret insiste aussi sur la nécessité du revêtement de l'image
déformée par une image normale, comme on l'a vu pour des
figurations de saints :

> *Parce qu'en un Tableau ralongé la teste ou demy figure se*
> *trouve si violemment dépravée qu'elle ne peut estre reconnue*
> *à moins que d'estre vûe par le pertuis destiné ; cela fait qu'elle*
> *ne peut donner aucune mauvaise idée à ceux qui veront le*
> *Tableau des deux yeux librement de toutes parts, lesquels de*
> *plus on peut divertir et recréer par quelque espèce de païsage*
> *qu'on y peut représenter avec des petits arbrisseaux, figures,*
> *bergers, moutons et autres animaux qu'on peut ranger dans*
> *les cheveux et barbe rallongez de la teste, comme aussi dans*
> *les plis de vestemens, ce qui servira à occuper les yeux du re-*
> *gardant jusqu'à ce que, voyant le Tableau par le pertuis, la*
> *figure rallongée se fera reconnoistre à l'instant que le violent*
> *rétroisissement des autres petits sujets, arbrisseaux, figures, etc.,*
> *les fera comme disparoistre entièrement.*

On reconnaît les recommandations de Barbaro et de Niceron, si maltraités dans le même livre. Entraînée dans un
conflit de traditions et de milieux d'artistes, l'anamorphose,
reprise et propagée pendant longtemps, surtout comme science
pure, résiste à ces remous. Loin d'être rejetée, elle est admise
et enseignée méthodiquement, par un représentant de l'école
officielle, sous ses aspects les plus fantaisistes[12]. C'est presque
une consécration. Mais, entre-temps, elle a été ramenée, avec
les courants cartésiens, jusqu'aux foyers allemands d'où sont
sortis certains de ses premiers exemples.

---

11. G. Huret, *op. cit.*, sect. 201-205, p. 65-69, pl. VI.
12. La chose a été contestée par G. Kauffmann (*Poussin Studien*, Berlin, 1960,
p. 77, note 56) pour qui Huret s'élève contre la pratique de ces anamorphoses dans les
sections 187, 198 et 209. Ces sections concernent la réduction par les règles géométriques de la perspective des tableaux ordinaires et les compositions sur les surfaces irrégulières des voûtes.

VISIONNAIRES ALLEMANDS :
KIRCHER ET SCHOTT

La voie de la restitution des perspectives anamorphotiques au pays de Schön passe par Rome, où se trouvait un Jésuite, le Père Kircher (1602-1680), originaire des environs de Fulda. C'était un homme étrange, touchant à tout dans les domaines les plus divers, collectionneur de singularités – il possédait une « *Wunderkammer* » – un érudit doublé d'un mystificateur. En 1633, il quitte Wurzbourg, où il enseigne les langues orientales et la philosophie, pour fuir l'occupation suédoise, passe quelque temps en Avignon, s'installe enfin à Rome. Son œuvre gigantesque englobe l'Égypte ancienne, sa langue (1643) et ses hiéroglyphes (1650-1656), la Chine dont la civilisation serait égyptienne (1667), le magnétisme et les aimants (1630), la musique (1650), le monde céleste (1656), terrestre (1657) et souterrain (1664), la lumière et l'ombre (1646), le mystère des chiffres (1665). C'est un mélange de science pure et de sciences occultes, de judicieux et d'insensé, de constructions universelles et d'anecdotes. L'érudit est en rapport suivi avec le groupe français de la Trinité-des-Monts, ainsi qu'avec les Minimes parisiens. Descartes, soucieux de sa réputation auprès des Jésuites allemands, rechercha son amitié par l'entremise du Père Mersenne[1].

1. Nous ne donnons pas ici l'immense bibliographie d'Athanase Kircher, qui touche à des questions trop diverses. Le catalogue de sa « *Wunderkammer* » a été rédigé par Ph. Bonnani (*Museum Kircherianum,* Rome, 1709). Y sont énumérés divers objets antiques, des plantes, des animaux marins et terrestres empaillés, des monnaies, des instruments mathématiques, des automates et autres appareils, des miroirs et des « *figures élégantes représentées d'un certain point qui pourtant apparaissent ailleurs confuses* ». Pour les rapports de Kircher avec Descartes, voir A. Baillet, *La Vie de M. Des Cartes,* Paris, 1621, II, p. 284. Pour Kircher égyptologue, hiéroglyphiste et orientaliste, voir J. Baltrušaitis, *Essai sur la légende d'un mythe, La Quête d'Isis, Introduction à l'Égyptomanie,* Paris, 1967, p. 188 et s., p. 203 et s., p. 246 et s.

Traitée par un savant aux ambitions si vastes et si hé-téroclites, la perspective est entraînée dans le vertige de ses synthèses et participe à des systèmes à la fois surnatu-rels et vrais. La question est introduite dans l'*Ars Magna lucis et umbræ*[2] (1646) où les rayons sont étudiés dans leur diversité et leurs applications multiples : cosmomé-trie, astronomie, horographie, scénographie, etc. Par son optique, sa catoptrique, sa gnomonique dont s'occupè-rent aussi beaucoup les milieux cartésiens, l'ouvrage re-flète certains courants scientifiques modernes ; mais, d'autre part, on y retrouve les vieilles doctrines astrolo-giques, les horoscopes, le microcosme et la magie des siècles antérieurs.

Tous les problèmes de la perspective artificielle et natu-relle, avec les redressements et les déformations par des moyens géométriques et mécaniques, sont exposés minutieusement dans la partie traitant des radiations. Mais c'est surtout le procédé automatique et la dépravation des formes qui préoc-cupent Athanase Kircher. L'appareil dont il se réclame d'être l'inventeur[3] est analogue à l'installation de Maignan mais d'une structure plus archaïque. Il se compose d'un cadre sur un pied, tendu d'un voile diaphane comme celui qui « *couvre le visage des nobles femmes* ». Un viseur mobile est ajusté avec des planches de manière que l'on puisse le mettre à une distance et à une hauteur voulues (fig. 55). L'instrument, qualifié de « *mésoptique* », reprend les éléments non pas du portillon dont s'est servi le Minime mais de la fenêtre de Dürer (1514-1525)[4] (fig. 56), en remplaçant le verre par un morceau de tissu. C'est un retour vers l'incunable de tous les outils pers-pecteurs : « *l'intersecteur* » d'Alberti, où l'armature était ten-due d'un « *voile à fils très fins et tissé très lâche de n'importe*

2. A. Kircher, *Ars Magna lucis et umbræ in decem Libros digesta*, Rome, 1646.

3. *Ibid.*, p. 124-128.

4. La fenêtre de Dürer est dessinée déjà dans les croquis de Dresde et de Londres, datés de 1514 et 1515. D'autres variantes de l'appareil, datées de 1525 et 1527, se trou-vent dans son livre de croquis de Dresde. Certains d'entre eux ont été rajoutés à la deuxième édition allemande de son traité paru en 1538. Voir H. Tietze et E. Tietze-Conrat, *Kritisches Verzeichnis des Werkes Albrecht Dürers*, Bâle et Leipzig, 1938, n° 622, 631, 934, 935, 975, 976, ainsi que M. Schuritz, *Die Perspektive in der Kunst Albrecht Dürers*, Francfort-sur-le-Main, 1919. Le croquis de 1514 est reproduit dans R. Bruck, *Das Skizzenbuch von Albrecht Dürer in der Bibliothek zu Dresden*, Strasbourg, 1905, pl. 135 (177b).

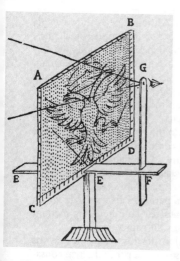

55. *L'Instrument mésoptique,*
d'Athanase Kircher, 1646.

56. *La Fenêtre de Dürer,*
livre de croquis, 1514.
Bibliothèque de Dresde.

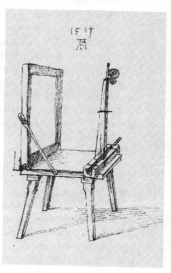

57. Paysage anamorphotique :
*Jardin des instruments de la
Passion.* M. Bettini, 1642.

quelle couleur » [5]. Le traité qui le décrit – *Della Pittura* (1435) – a déjà eu à ce moment cinq éditions[6], et, d'autre part, la même disposition est présentée dans des termes analogues, vers le milieu du XVIᵉ siècle, par Michelangelo Biondo, un chirurgien de Venise[7]. Tout en suivant l'exemple de Maignan, Kircher replonge plus loin encore dans le passé, mais l'appareil va désormais servir à des usages nouveaux.

L'instrument mésoptique est indiqué pour : 1° l'examen des rayons opaques et lumineux ; 2° la mise en perspective de n'importe quel objet, de n'importe quel corps, d'une image ou d'une statue, d'un édifice, d'une ville, d'un site, d'une forêt ou d'une montagne ; 3° le réglage d'horloges et de cadrans solaires. Il est spécialement recommandé pour : 1° la transformation des effigies par la lumière en projetant, comme Barbaro, leurs figures perforées fixées sur le voile ; 2° la transformation des effigies par l'ombre, en y mettant leurs silhouettes découpées dans du papier épais.

La question de la dissipation des formes par les rayons obliques est entièrement reprise dans la partie du livre consacrée à la *Magia parastatica*, ou représentative[8], dont fait déjà état Roger Bacon. On y retrouve tout le programme de la décoration des grandes surfaces d'architecture, des murs, des couloirs et des pavements avec des images rallongées, envisagé par Lomazzo et par Niceron. Mais Kircher va plus loin. Des jardins peuvent être arrangés de manière que, vus d'un certain point, les arbres et les plantes forment des animaux paraissant comme peints dans un tableau. Des villes peuvent également constituer des figures animées. L'instrument de perspective n'est pas un appareil statique, enregistrant les rayons visuels. Il a une force active et il projette autour de lui des mondes qui se défont et se refont comme par enchantement. Tandis que les Minimes français poursuivent méthodiquement leurs expériences dans les limites de la raison, le Jésuite

5. L.-B. Alberti, *De la statue et de la peinture*, trad. C. Popelin, Paris, 1868, p. 140. Pour le *velo Alberti*, voir J. Meder, *Die Handzeichnung, ihre Technik und Entwicklung*, Vienne, 1919, p. 144 et s.

6. Les deux premières éditions, latine (*De Pictura… Leonis Baptistæ Alberti*), et italienne (*La Pittura di Leonbattista Alberti*) datent de 1540 (Bâle) et de 1547 (Venise).

7. Michelangelo Biondo, *Della Nobilissima Pittura*, Venise, 1549, chap. VI, p. 10-12.

8. A. Kircher, *Ars Magna*, p. 703-733.

allemand est emporté par ses spéculations et évolue dans l'irréalité. Même les montagnes et les rochers peuvent être re-
construits en créatures vivantes.

Certes, les jardins avec leurs arbres et leurs fleurs prenant
des formes régulières, où la nature est constamment sertie dans
un réseau de perspective soigneusement calculé, offraient encore à ces aménagements une belle matière et l'artifice pouvait se pratiquer. Descartes, lui-même, en a d'ailleurs déjà parlé
dans un écrit de sa jeunesse (1619-1621)[9] :

> *On peut faire en un jardin des ombres qui représentent di-
> verses figures, telles que les arbres et les autres ;*
> *Item, tailler des palissades de sorte que de certaines perspec-
> tives elles représentent certaines figures...*

Mais même ici les imaginations débordent. Un arrangement anamorphotique, proposé avant Kircher, par Bettini,
un autre Jésuite d'origine bolonaise, donne la mesure de ces
excès. Professeur de sciences et de mathématiques à Parme, il
était également auteur de pièces de théâtre, parmi lesquelles
une « *Tragédie satiro-pastorale* ». Son projet est non moins ex-
travagant. Le dessin qu'il donne dans son recueil d'arcanes
scientifiques, *Apiaria*, publié en 1642[10] montre le *Jardin des
Instruments de la Passion du Christ* (fig. 57). Les pelouses sont
traversées par deux larges chemins entrecroisés et des sentiers
obliques. On y voit, posés sur l'herbe, en face d'une maison-
nette, une colonne couchée de biais et un polyèdre insolite.
De l'une des fenêtres de la maison sort une longue perche
portant une couronne d'épines. Trois fleurs s'épanouissent au
premier plan. Si l'on se place à un point donné, les chemins
deviennent la croix avec deux lances formées par les sentiers,
les fleurs et le solide géométrique se changent en clous et en
tombeaux, la couronne s'inscrit exactement à l'endroit qui lui
est destiné sur le tableau, et la colonne de la Flagellation paraît se redresser. Les grands symboles du christianisme surgissent sur un champ plat. La projection devait se faire à

9. Fragment copié par Leibniz, Ch. Adam et P. Tannery, *op. cit.*, vol. X, p. 215-
216, cité par G. Rodis-Lewis, *op. cit.*, p. 464.
10. M. Bettini, *Apiaria universæ philosophiæ mathematicæ*, Bologne, 1642, *Apiarium* V, p. 32.

l'aide d'un papier découpé avec les ouvertures donnant les emplacements et les contours sommaires de chaque objet, marqués sur le terrain par les rayons optiques. L'installation procède de Barbaro, en ébauchant déjà le cadre mésoptique de Kircher, mais son usage paraît aussi problématique. L'extension du procédé aux villes et aux montagnes, envisagée par ce dernier, n'en est que plus encore une vue de l'esprit. Ce sont des inventions de l'imagerie avec les êtres composés et le paysage zoomorphique répandus depuis le Moyen Age[11] qui en inspirent les sujets.

Parmi les *Bizarreries* de Bracelli (1624), qui travailla à Rome et à Florence jusqu'en 1649, figurent un port et un village apparaissant comme des géants couchés[12] (fig. 58 et 59). L'un est étendu près de la mer. Sa tête est un donjon, son torse, des bâtiments rangés à l'intérieur de l'enceinte qui forme les épaules et les bras, les tours marquant les articulations. La jambe droite est constituée par une jetée, la gauche par deux montagnes. Revêtu d'une forme d'architecture comme d'une armure crénelée, le personnage est un guerrier, une sentinelle, se reposant au bord de l'eau. Sur l'autre planche, les genoux de l'homme, se profilant dans le dessin d'une rue droite, sont repliés, ses mains tendues se cramponnant au sol qui l'engloutit. Une porte monumentale, au fond, paraît une bouche béante. L'artiste a combiné ces fantaisies comme des caprices arcimboldiens avec des corps et des matériaux hétérogènes. Ce même album en donne des variations multiples, conçues comme un divertissement gratuit, sans tenir compte de la façon dont elles se comporteraient dans la nature, tandis qu'un Athanase Kircher, qui les a certainement connues, doit y voir d'abord des projections optiques : la figure humaine surgit en raccourci et uniquement d'un point de vue précis. Voici un cas qui nécessite un instrument comme celui qu'il inventa.

Si son traité ne montre aucune illustration pour ces cités, la recette pour les montagnes anthropomorphes y est suivie d'une histoire et d'une gravure. L'histoire est celle du Mont

---

11. J. Baltrušaitis, *Le Moyen Age fantastique*, Paris, 1955, p. 211-220 et *Le Paysage fantastique au Moyen Age*, L'Œil, 10, 1955, p. 18 et s.

12. *Capricci e Bizzarrie di varie figure di Giovanbatista Braccelli, pittore fiorentino, All' Illmo Sig. Don Pietro Medici*, 1624. Le recueil complet a été publié par A. Brieux, *Braccelli Bizarrie, l'aventure d'un livre* avec un *Propos sur Braccelli* par Tristan Tzara, Paris, 1963.

58. Paysage anamorphotique : *Ville portuaire anthropomorphe.*
J.-B. Bracelli, 1624.

59. Paysage anamorphotique : *Cité anthropomorphe.* J.-B. Bracelli, 1624.

60. Paysage anamorphotique : *« Campus anthropomorphus » du jardin
romain du cardinal Montalti,* c. 1590. Athanase Kircher, 1646.

Athos changé en homme par Dinocrate, un architecte macédonien qui travailla pour Alexandre le Grand. La figure sculptée tenait dans sa main gauche une ville, dans la droite une coupe qui recevait les eaux de tous les fleuves. La fable de Plutarque et de Strabon figure dans la préface du deuxième livre de Vitruve, où Kircher a pris aussi la description des scènes tragique, comique et satirique ainsi que les passages sur les déformations optiques à rectifier des stylobates et des colonnes. Mais la légende est complétée par une explication technique : un colosse dans la montagne n'est autre chose qu'une gigantesque anamorphose, projetée sur un terrain irrégulier à l'aide d'un voile mésoptique.

Mais ce n'est pas le Mont Athos que l'on voit représenté dans le dessin accompagnant la description de ces métamorphoses : pour illustrer les projections dans le paysage, Kircher montre un « *Campus anthropomorphus* », constitué par une colline au bord d'un lac (fig 60)[13]. Au sommet se pressent des maisonnettes. Au milieu est installé un champ de tir. Un bosquet monte, à droite. Au premier plan, en bas, le mur du quai est semi-circulaire. Lorsqu'on retourne le tableau, en prenant pour base le côté gauche, on voit une tête barbue, avec le nez formé par les maisons, l'oreille, par le débarcadère, l'œil, par une cible, les cheveux, par la végétation. C'est la reproduction d'un « *Verkehrbild* » qui apparaît déjà dans une peinture de la fin du XVIe siècle se rattachant au style d'Arcimboldo[14]. On le retrouve ensuite dans le tableau d'un Bâlois, Matthieu Merian (1593-1650)[15], et sur un médaillon du *Wunderschrank* de Hainhofer (1632) qui contenait aussi plusieurs anamorphoses. Le même sujet, « *ain landschafflin auf holz ; wan man es umbkeret ist es ain mansangesicht von Antonio Mozart* », est mentionné par le marchand augsbourgeois sur un panneau acquis avec divers objets à Ulm en 1610[16].

L'origine de cette série est révélée par Gaspar Schott[17], qui a repris, dix ans plus tard, toutes les démonstrations de l'*Ars*

---

13. A. Kircher, *Ars Magna,* fig. p. 709.
14. Cf. G. Hugnet, *Fantastic Art, Dada, Surrealism,* New York, 1946, fig. p. 83.
15. J. Böttiger, *Philipp Hainofer und der Kunstschrank Gustav Adolfs,* Stockholm, 1909, t. IV, pl. 59, fig. 2.
16. *Ibid.,* t. I, p. 33, lettre de Hainhofer à Philippe, duc de Poméranie.
17. G. Schott, *Magia universalis naturæ et artis,* Wurzbourg, 1657, t. I, p. 194, fig. p. 278.

Magna. Elle se rattache à un tableau qui figurait parmi les œuvres les plus précieuses de la galerie du cardinal Montalti et qui montrait non pas une improvisation d'artiste, mais le jardin que le prélat avait tracé au temps de Sixte Quint (1585-1599), à Rome, près des thermes de Dioclétien. Sans doute y avait-il à cette époque une vue qui évoquait des traits humains, comme il arrive dans la réalité, que l'on chercha à mettre en valeur par des aménagements locaux, mais en les précisant d'abord dans la peinture. C'est la méthode classique, recommandant de recouvrir les têtes avec des eaux, des monts et des rochers, utilisée en quelque sorte à rebours, qui suggéra au Jésuite allemand l'idée de l'emploi d'un cadre perspectif pour le parachèvement de l'illusion.

Mais tout ceci n'est qu'un élan de fantaisie. Lorsque Kircher revient vers des mesures intelligibles, il se replie sur les tracés géométriques les plus pratiques : 1° *la costruzione legittima,* pour les calculs de perspectives exactes ; 2° ses formes rallongées et renversées, comme chez Niceron, pour les anamorphoses, en y mettant, au lieu d'une tête, l'aigle germanique[18] (fig. 61). Le schéma du quadrillage se dilatant sur les rayons où les distances sont établies par une diagonale unique provient sans doute de *La Perspective curieuse,* le *Thaumaturgus opticus* n'ayant paru qu'à la même date, en 1646. A l'exception des projections dans de vastes sites, toutes les combinaisons du Père Kircher sont proches des expériences et des recherches de ses collègues français, qui l'ont sans doute conduit sur cette voie. S'il ne fait qu'une allusion rapide aux grandes compositions murales qui existaient pourtant, depuis un certain temps, à Rome dans le couvent de la Trinité-des-Monts, c'est pour dissimuler ses sources[19], la plupart des instruments et des recettes étant présentés dans son ouvrage comme de sa propre invention.

Cette lacune sera comblée par son disciple Gaspar Schott, dont nous venons de faire état. C'était aussi un Jésuite, originaire des mêmes régions, ayant connu son maître à Wurzbourg. Il quitta, comme lui, l'Allemagne pendant les troubles

18. A. Kircher, *op. cit.,* fig. p. 133.

19. Pour le système d'emprunt sans références souvent utilisé par Athanase Kircher, voir J. Baltrušaitis, *La Quête d'Isis,* p. 188 et s., p. 203 et s.

de la guerre de Trente Ans, mais il se réfugia à Palerme et retourna dans son pays, après la paix de Westphalie, pour y continuer l'enseignement de son ancien professeur. Il s'en inspire dans ses écrits, mais en donnant une plus grande place encore à l'élément occulte. Toutes les curiosités de la nature[20] et de la technique[21] sont des manifestations surnaturelles. Les merveilles optiques, mathématiques, physiques et acoustiques appartiennent à des sciences magiques. Sa *Magia universalis,* publiée en quatre volumes, d'abord à Wurzbourg (1657-1659), puis à Bamberg (1674-1677), en constitue un corpus détaillé. C'est presque une cosmogonie qui ressuscite des vieilles croyances et des doctrines d'autrefois.

La magie est divisée en naturelle, artificielle et satanique. Ses origines remontent, conformément à une légende médiévale, à Zoroastre, le premier magicien « licite » de tous les temps. Parmi les magiciens illustres figurent Albert le Grand et Corneille Agrippa. Comme chez Niceron, il est question, à ce propos, des automates : la tête qui parle avec, en plus, des statues animées et une machine que Schott a vue à Nuremberg, une pyramide représentant une ville en réduction peuplée de poupées affairées, ici un petit barbier avec son rasoir, là un artiste peignant sur une tablette. Tout se passe dans le domaine du conte et du jouet, mais ranimé par la foi dans le miracle.

La perspective y est traitée essentiellement comme une magie anamorphotique. La *Magia anamorphotica* constitue un livre tout entier de la *Magia universalis*[22]. C'est là que l'on voit paraître soudainement les mots « *anamorphose* », « *anamorphon* » que l'on ne trouve pas encore chez Athanase Kircher qui excellait pourtant dans un vocabulaire technologique à outrance : en multipliant les termes savants peu accessibles au commun, il côtoyait la poésie d'une langue hermétique. Il semblerait ainsi que le néologisme grec soit introduit par son disciple.

L'ouvrage est un recueil de tous les procédés connus, plus explicite et plus complet que l'*Ars Magna,* dont il reprend les

20. G. Schott, *Physica curiosa, sive mirabilia naturæ et artis,* Nuremberg, 1662.

21. G. Schott, *Joco-seriorum naturæ et artis, sive magia naturalis,* Nuremberg, 1664, et *Technica curiosa, sive mirabilia artis,* Nuremberg, 1664.

22. G. Schott, *Magia universalis,* t. I, Lib. III, *De Magia anamorphotica,* p. 101-169.

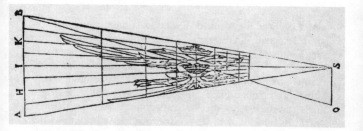

61. Schéma anamorphotique
d'Anathase Kircher, 1646.

62. Schéma anamorphotique
de Gaspar Schott, 1657.

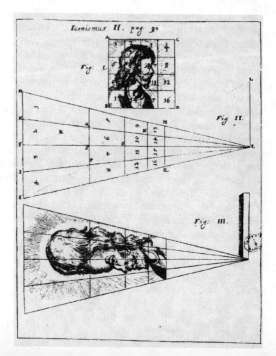

lignes générales et dont il dévoile les sources : Dürer, Niceron, Maignan. Il correspond à une évolution ou plutôt à un
retour aux obsessions visionnaires. L'exposé commence par la
géométrie : *De geometricis imaginum deformationibus ac re-
formationibus in planis rectis,* où l'on retrouve toutes les combinaisons de quadrillages sur les rayons avec une seule diagonale (fig. 62), telles qu'elles sont données dans les derniers
manuels français, avec les précisions sur les « optiques », les
« anoptiques », les « catoptriques ». Les projections géométriques sur les longs murs des galeries sont, elles aussi, restituées à leurs auteurs. La méthode à suivre est celle du *Thaumaturgus opticus.* Puis vient la mécanique : *De mechanica
imaginum deformatione in planis rectis,* où sont montrés successivement le cadre mésoptique kirchérien, le portillon d'Albert Dürer, l'installation d'Emmanuel Maignan[23].

L'appareil du Père Kircher fonctionne de la même façon, en
projetant des ombres, des lumières et des rayons optiques, mais,
dans sa description, on trouve de nouvelles précisions sur la manière de s'en servir[24]. Ainsi pour les jardins, un aide placera des
pierres aux endroits frappés par les rayons visuels qui passent par
les contours troués de la figure fixée sur le voile. On leur substi-
tuera ensuite des fleurs, des herbes, des arbres, des ruisseaux et
des fontaines. Pour le choix du point de vue, une fenêtre du palais est indiquée ; pour le dessin, il faut représenter des hommes,
des aigles et des lions. En ce qui concerne les montagnes et les
rochers, l'image à leur donner serait l'aigle impérial. L'auteur signale à ce sujet non seulement les origines de la colline anthropomorphe romaine, mais aussi le texte d'où Athanase Kircher a
tiré la description du Mont Athos : c'est bien Vitruve, préface
du Livre II. Le disciple est beaucoup plus exact, plus scrupuleux
que le maître. Ses conseils sont également plus rationnels et plus
pratiques. Les compositions moyennes et petites doivent être pro-
jetées de préférence avec un fil que l'on peut ajuster au viseur du
cadre mésoptique, comme dans le portillon de Dürer, qui est,
en fait, le meilleur instrument. Nous ne sommes pas loin de Nuremberg, et il est naturel que le savant allemand, si méticuleux
dans toutes ses références, retrouve le prototype de ces installations créé par son illustre compatriote.

23. *Ibid.,* p. 133, pl. VI, p. 140, pl. VII, p. 142, pl. VIII.
24. *Ibid., Magia parastatica,* p. 122 et s.

Le portillon est soigneusement décrit, d'abord comme un outil de perspective exacte : *De fabrica et usu portulæ opticæ Alberti Dureri*, puis comme un outil déformateur : *De portulæ Dureri usu in deformatione imaginum* (fig. 63). Le dessin s'inspire non pas de la gravure[25] originale, reproduite pourtant encore par Barbaro, mais de sa réplique par Egnatio Danti-Vignole (1583), où l'armature n'est pas fixée mais simplement posée sur la table (fig. 64). Le *due regole della prospettiva pratica* est réédité à Rome en 1648, au moment précis où Schott y séjourne lors de son retour dans sa patrie, et il n'est pas douteux que c'est à cette publication qu'il l'emprunta.

A l'exception des petits crochets aménagés sur les montants pour maintenir les deux fils transversaux, la structure du cadre, du volet et les dispositions des fils sont identiques, mais la manière de s'en servir rompt complètement avec la tradition courante. Il ne s'agit plus seulement d'une mise en perspective correcte. Désormais le portillon devient aussi un instrument magique qui peut servir aux rallongements monstrueux. Il suffit de faire comme Emmanuel Maignan, dont Schott a vu la fresque et dont il recommande l'installation pour la dissipation d'images « *in muris et pavimentis longissimis* » : c'est-à-dire de mettre le sujet non pas sur la surface devant le cadre, mais sur le volet et de le projeter à l'aide d'un fil tendu à l'endroit où les objets sont normalement posés. La *Perspectiva horaria* parue en 1648, deux ans après Kircher, fournit toutes les indications techniques pour de telles projections.

Le procédé que les Minimes ont établi sur la « potence » se trouve enfin restitué à son modèle. Sans doute étaient-ils convaincus, en proposant cet usage à rebours, qu'ils en révolutionnaient le fonctionnement et les données. Lorsque Niceron affirme que l'instrument universel de Cigoli peut faire tout ce qu'il a dit des perspectives obliques il tient à préciser « *à quoi son inventeur n'avoit peut estre pas pensé* ». Cette réflexion vaut certainement pour tous les autres appareils anciens. Pourtant, lorsque Barbaro dévoile pour la première fois, en 1559, certains secrets de perspective, il sous-entend, nous l'avons vu, que

25. *Ibid.*, p. 141.

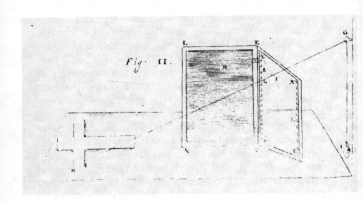

63. *Le Portillon de Dürer* d'après Gaspar Schott, 1657.

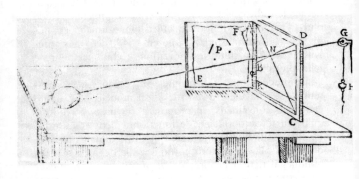

64. *Le Portillon de Dürer* d'après Danti-Vignole, 1583.

les déformations optiques peuvent être obtenues aussi mécaniquement :

> On peut faire la même chose (les figures rallongées) *sans le soleil, sans la lanterne et sans un papier perforé, d'abord avec les règles présentées dans la deuxième partie* (dégradations géométriques), *ensuite avec les instruments dont nous parlerons dans la dernière partie du livre.*

Or c'est précisément le portillon qui y est reproduit d'après le traité de Dürer. Il serait donc surprenant que l'inventeur de cet outil, si conséquent dans ses recherches sur la vision, n'eût pas lui-même envisagé son emploi à contresens dont font état ses interprètes (fig. 65).

Ayant donné d'abord naissance à des contrefaçons qui en ont modifié successivement les arrangements (Danti-Vignole, Wenzel Jamnitzer, Johann Heiden), restauré avec ses éléments fondamentaux par Salomon de Caus (1612)[26] et Accolti (1625)[27], le portillon d'Albert Dürer est rétabli en plein XVIIe siècle dans sa structure originaire et ses fonctions multiples par l'entremise des Cartésiens français à Rome.

Toute une série de formes et de techniques, refaites et repensées ailleurs, sont retransmises à un foyer qui a beaucoup contribué à leur première propagation. Elles y retrouvent un fonds constant et en ressentent profondément l'action. Sans doute l'ouvrage de Gaspar Schott n'est-il qu'une compilation et la présentation de la question dans son dernier état, mais il renoue aussi avec un monde ancien. Plus obsédant et plus catégorique, le caractère surnaturel de ces fantasmes en rejoint les premières conceptions. Et, d'autre part, le regroupement et l'accumulation des singularités dans un ensemble cohérent reprennent la tradition encyclopédique du Moyen Age et de la Renaissance. Les bizarreries optiques revivent dans le contexte des Arts et des Sciences dont toutes les branches – arithmétique, géométrie, physique –, auxquelles la perspective était toujours associée, sont transposées dans un domaine chimérique. La *Magia universalis* se constitue sur l'*Ars Magna*. Elle correspond à une étape de l'histoire de la pen-

---

sée où les doctrines scientifiques vulgarisées sont répandues
avec des fables. L'univers entier devient une « *Wunderkammer* » et son traité, un « *Wunderbuch* »[28].

Et c'est seulement après ce long chemin, réintégrés dans
un domaine spéculatif, leurs procédés et leurs moyens étant
identifiés, que se précisent certains partis d'anamorphoses
primitives. Une très grande œuvre, le tableau des *Ambassadeurs,* de Holbein, ne prend sa pleine signification qu'à la lumière de tous les développements qui s'y rattachent.

28. Pour la place des systèmes anamorphotiques dans l'art et la pensée du maniérisme, voir G. R. Hocke, *Die Welt als Labyrinth,* Hambourg, 1957, p. 128-129.

« LES AMBASSADEURS » DE HOLBEIN

Les Ambassadeurs, de Holbein[1], remontent à 1533, la même année qu'une planche de Schön et que le portrait anamorphotique de Charles Quint. Le tableau a été peint en Angleterre, où l'artiste s'est installé définitivement en 1532. Les deux ambassadeurs français, Jean de Dinteville, seigneur de Polisy (1504-1565), et Georges de Selve, évêque de Lavour (1509-1542), sont représentés grandeur nature devant une table ou plutôt un rayonnage couvert d'un tapis oriental. Derrière eux tombe un rideau de soie. Le pavement est un dallage de marbre incrusté reproduisant la mosaïque du sanctuaire de Westminster, exécutée au temps d'Henri III, en 1268, par des *cosmati* italiens[2]. Dinteville est d'une carrure robuste, accentuée encore par une large veste fourrée, à manches bouffantes. Il porte au cou l'Ordre de Saint-Michel. Le poignard qui pend à son côté indique son âge : il a vingt-neuf ans. De Selve, dont l'âge, vingt-quatre ans, figure sur un livre posé près de lui, est revêtu d'une soutane violette. De la main droite, il tient son gant. Les visages, barbus, sont calmes, impénétrables (fig. 66).

Les objets disposés sur les rayons sont soigneusement choisis. En haut, un globe céleste, des instruments astronomiques, un livre, une horloge solaire ; en bas, le globe ter-

---

1. Mary F. S. Hervey, *Holbein's Ambassadors,* Londres, 1900, voir aussi J. L. Ferrier, *Holbein, Les Ambassadeurs, Anatomie d'un tableau,* Paris, 1977. Le tableau fut rapporté en France par Dinteville. Il y resta, dans sa propriété de Polisy, jusqu'à la vente du château en 1653. J.-B. Lebrun l'acheta en 1787 et le revendit en Angleterre, à un marchand. La National Gallery de Londres en fit l'acquisition en 1890.
2. Voir E. Hutton, *The Cosmati, the Roman Marbleworkers of the XIIth and XIIIth Centuries,* Londres, 1950, pl. 63.

65. *Le Portillon de Dürer*, 1525.

66. Hans Holbein, *Les Ambassadeurs*, 1533.
Londres, National Gallery.

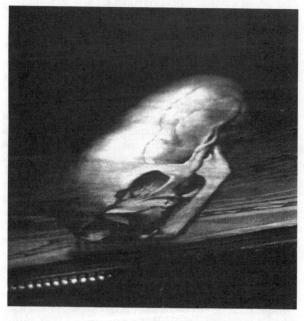

67. Hans Holbein, *Les Ambassadeurs*, détail : le crâne vu
obliquement, Londres, National Gallery.

68. Perspective d'un luth, P. Accolti, 1625.

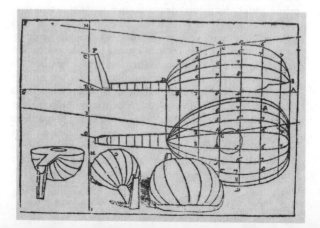

restre, une équerre et un compas, un luth, deux livres – *L'Arith-métique des marchands,* de Petrus Apianus (Ingolstadt, 1527), et, du côté de l'évêque, un érudit et amateur de musique, sym-pathisant pour la Réforme, parlant très bien l'allemand, le *Gesangbüchlein,* de Johann Walter, publié à Wittemberg en 1524, ouvert sur le choral de Luther.

Dans l'angle supérieur, à gauche, un Crucifix d'argent est suspendu au mur, à demi masqué par le rideau. Un singulier objet, pareil à un os de seiche, flotte au-dessus du sol : c'est l'anamorphose d'un crâne qui se redresse lorsqu'on se place tout près, au-dessus, en regardant vers la gauche (fig. 67). L'étui du luth se trouve derrière, à peine visible, retourné contre le sol. Un sens caché et une solennité pèsent lourdement sur toute la scène. Les hommes si dignes, si pénétrés de leur mis-sion et de leur science, la terre, le ciel, les appareils pour me-surer le monde, le Christ, l'ossement énigmatique, chaque chose est d'une réalité si dense qu'elle la dépasse et touche à l'irréel. Les chiffres et les lettres, le dessin des cartes, la trame des tissus sont d'une lisibilité hallucinante. Tout est éton-namment présent et mystérieusement vrai. L'exactitude de chaque contour, de chaque reflet et de chaque ombre est au-delà des moyens matériels. La peinture est tout entière conçue comme un trompe-l'œil.

Les objets ont tous une valeur symbolique et se rappor-tent au quadrivium des arts libéraux : arithmétique, géomé-trie, astronomie, musique. Mais certains d'entre eux sont, en même temps, des thèmes de perspective, souvent décrits dans les traités. Chez Dürer, la sphère est présentée comme un corps régulier. On y retrouve aussi l'horologium, très proche de ce-lui de Holbein, et c'est un luth qui est posé devant le por-tillon, mis dans le même raccourci (fig. 65). Chez Barbaro (1559), en plus de ces trois objets, figurent des instruments astronomiques suivant directement la description de la sphère avec ses projections et ses dégradations optiques. L'as-tronomie – la perspective du ciel, la perspective proprement dite – sont étroitement associées. Le globe céleste se trouve parmi les attributs du frontispice de Jean Cousin (1560). La Perspective personnifiée le tient parfois avec un cube relié à l'œil par des rayons visuels[3]. Chez Salomon de Caus (1612),

3. *Perspectivæ Sintagma in quo varia…,* Amsterdam, 1629, figure du frontispice.

un chapitre est intitulé : « *Pour mettre un lut sur une table en raccourcissement* », et ses dessins sont encore proches des mêmes objets dans le tableau de Londres. Accolti, en 1625, montre lui aussi un luth dans des raccourcissements multiples (fig. 68)[4]. La nature morte montée sur les rayons, entre les deux ambassadeurs, est comme une table des matières d'un manuel d'artiste, et le traitement du crâne, comme une application des procédés anamorphotiques qui y sont souvent enseignés. C'est une étude systématique et une démonstration de perspective sous toutes ses formes et une allégorie des Sciences et des Arts, alliée souvent à ces traités, mais dont les principales dispositions remontent à des cosmogonies scientifiques, représentées en Italie dès le dernier quart du XVe siècle.

Les marqueteries exécutées vers 1480 pour le studiolo de Frédéric de Montefeltre, à Gubbio (Metropolitan Museum of Art de New York), réunissent déjà les mêmes catégories d'objets : le luth et d'autres instruments de musique, le globe céleste, les instruments astronomiques, un sablier et un compas, des livres rangés dans des armoires entrouvertes, comme dans le cabinet d'un savant. C'est là qu'on voit l'une des premières et des plus complètes figurations des attributs scientifiques et l'une des plus subtiles articulations de la pensée qui en domine les arrangements et le choix. Elle signifie l'union des Arts et des Sciences, les relations entre la géométrie – l'espace – et la musique – le temps –, entre l'harmonie des astres et l'harmonie des sons, conformément aux théories de Pythagore et de Platon, remises en vogue par l'humanisme italien[5]. Toutes les sciences et tous les arts découlent d'un même concept de l'harmonie du monde et se complètent. Leur force et leur universalité résident dans cette union. L'idée est illustrée non seulement par la juxtaposition d'emblèmes, mais également par l'art de leur représentation. La connaissance approfondie de toutes les règles de l'optique et de la

---

4. P. Accolti, *Lo Inganno degli occhi, prospettiva pratica*, Florence, 1625, p. 88.

5. E. Winternitz, *Quattrocento Science in the Gubbio Study, The Metropolitan Museum Bulletin*, 1942, p. 104-116. Le frontispice du livre de F. Gafurio (*Angelicum ac divinum opus musice...* Milan, 1496) montre aussi, juxtaposés, un instrument de musique, des tuyaux d'orgue, un sablier, des lignes géométriques et un compas. Pour la cristallisation des perspectives dans les marqueteries, voir A. Chastel, *Marqueterie et perspective au XVe siècle, La Revue des Arts*, septembre 1953, p. 141 et s.

géométrie projective, l'exactitude des raccourcis et des dégradations visuelles font apparaître les objets avec un tel relief que l'on se demande, à première vue, s'il s'agit vraiment d'un tableau à deux dimensions.

Jointe à ces allégories, la perspective, science et art, prend elle aussi, dans son action, une valeur presque symbolique. Elle est d'ailleurs représentée par un emblème, un « *mazzocchio* », négligemment posé, comme oublié dans un coin. Winternitz l'a rapproché de celui que l'on voit dans la *Prospectiva pingendi,* de Piero della Francesca, dédiée à Frédéric, en 1469, et il n'y a aucun doute que tout l'ensemble se rattache au cycle de recherches conduites dans un milieu d'artistes et de savants de l'entourage immédiat du maître.

Toute l'atmosphère des univers spéculatifs qui ont gravité autour des formes de perspectives au cours de leur évolution s'y trouve ainsi associée dès leur début, et c'est le même tableau de vastes synthèses qui reparaît chez Hans Holbein, seulement il ne s'agit plus, cette fois, d'une glorification des connaissances humaines, mais d'une image de Vanité.

Sterling a établi les principales étapes de la constitution du thème[6]. Il apparaît d'abord dans les écoles du Nord et ne comporte qu'un nombre très restreint d'objets : un crâne et une brique ébréchée (Roger van der Weyden, revers du triptyque Braque, musée du Louvre, c. 1450) ; un crâne avec un phylactère (Jean Gossart, revers du diptyque Carondelet, musée du Louvre, 1517) ; un crâne, un livre, une bougie éteinte (Barthel Bruyn l'Ancien, musée Kröller-Müller, 1524). Le rappel de l'inconstance des choses se fait brièvement. La composition prend place généralement à l'intérieur d'une niche et son traitement est en trompe l'œil comme dans les natures mortes scientifiques. L'auteur y voit des souvenirs hellénistiques : un crâne – avec une roue de l'éternité placée sous un fronton – se trouve déjà sur une mosaïque pompéienne, et il explique le choix du procédé par le désir d'intensifier l'effet de la présence physique du signe de la Mort en condensant son réalisme. Une fois de plus, nous retrouvons la convergence du symbolisme et des formes.

---

6. Ch. Sterling, *La Nature morte de l'Antiquité à nos jours, Catalogue de l'Exposition de l'Orangerie des Tuileries,* Paris, 1952, p. 21 et s.

Ces obsessions, encore toutes médiévales, du triomphe de la Mort se propagent maintenant en englobant les éléments les plus divers. Les Arts et les Sciences en feront aussi inévitablement l'objet. L'idée prend corps dans une doctrine philosophique appartenant au même courant, mais son iconographie se fixe en Italie, qui en a déjà multiplié les représentations. Les panneaux de marqueterie de Fra Vincenzo dalle Vacche, dit Vincent de Vérone, exécutés vers 1520-1523 pour San Benedetto Novello de Padoue, reprennent directement la tradition des natures mortes scientifiques, inaugurée un demi-siècle auparavant, mais en les transposant dans un domaine de négation (fig. 69). On y retrouve les mêmes emblèmes astronomiques et musicaux – une sphère céleste et un sextant, un livre d'astrologie ouvert sur la figure géométrique d'un horoscope, un luth, une viole, un archet et un papier à musique, distribués sur deux rayons d'une armoire entrebâillée. Mais ce n'est plus l'apothéose des constructions pythagoriques : deux cierges éteints font allusion à la brièveté de leur lumière, une corde de la viole est arrachée[7]. Le second panneau contient une croix papale, une mitre, des instruments de liturgie, un livre, accompagnés d'un crâne, d'un sablier et d'un vase avec une plante, symbolisant la fuite du temps, comme dans les *Psaumes* (Ps. 103 : « *L'homme, ses jours sont comme l'herbe* ») et dans le *Livre de Job* (chap. XIV : « *L'homme… comme la fleur, il naît et on le coupe* »). A la Vanité des sciences humaines correspond la Vanité des puissances terrestres, laïques et ecclésiastiques, représentées d'ailleurs aussi à Gubbio, mais par des armes. Toutes les valeurs s'écroulent les unes après les autres. Introduit dans des ensembles italiens, le thème du renoncement en modifie profondément le sens et s'enrichit sans se trahir. L'étalage d'orgueil devient une expression d'humilité, l'humilité s'étend à des domaines nouveaux et se précise à travers une classification plus détaillée.

Ce sont les mêmes allégories que l'on voit dans le tableau de Hans Holbein, qui séjourna en Lombardie entre 1517 et 1519. La nature morte des marqueteries y est installée entre

---

7. *Ibid.*, p. 11 et s., n° 6, voir aussi l'ouvrage du même auteur, *La Nature morte de l'Antiquité à nos jours*, Paris, 1952, p. 26-27.

les deux ambassadeurs, avec les attributs groupés aussi sur
deux étages correspondant à deux registres – le ciel, la terre
– comme dans une armoire ou dans une niche. Il s'agit bien
aussi d'une double Vanité, d'une part, une Vanité scientifique, avec un luth à corde sautée, comme chez Vincenzo
dalle Vacche, son étui retourné dans l'ombre, et, d'autre
part, une Vanité des puissances terrestres, représentée ici par
les deux hommes, à la fois savants et dignitaires, la puissance
laïque par Jean de Dinteville, la puissance ecclésiastique par
Georges de Selve, avec le crâne entre eux, dans un troisième
registre souterrain. Décrivant un tableau de Vermeer, Tolnay[8]
a comparé ses personnages aux objets d'une nature morte où
« *la durée est suspendue* » dans les rapports secrets qui s'éta-
blissent entre eux. La composition de Holbein est plus encore dans cet esprit. Les deux figures sont enveloppées du
même silence que la « *still life* » de leurs emblèmes. Mais, à
travers ces formes symboliques marquées par l'Italie, le peintre
rejoint directement les textes et même certaines images anciennes se rattachant aux raisonnements originaires, et, tout
d'abord, à l'*Éloge de la Folie,* d'Érasme de Rotterdam, son
protecteur et son ami.

L'ouvrage fut rédigé en 1509, en Angleterre, dans la maison de Thomas More, auquel le livre est dédié, et qui reprend
la même idée dans l'*Utopie*[9]. Ses premières publications datent de Paris (1511) et de Strasbourg (1512). En 1520, les
Louanges de la Folie paraissent avec l'illustration de *La Nef des
fous,* de Sébastien Brant[10]. Mais, entre-temps, Holbein lui-
même a illustré, avec son frère, le livre sur l'édition bâloise de
1515, avec des dessins marginaux, deux ans avant d'aller en
Italie. Il l'a donc lu alors attentivement. Il l'a sans doute revu
plus tard, chez le chancelier d'Angleterre qui l'abrita pendant
trois ans, de 1526 à 1529.

En s'inspirant de *La Nef des fous,* de Brant (1494), où l'on
voit un astrologue, un géomètre et

    Celui qui la terre mesure

8. Ch. de Tolnay, *L'Atelier de Vermeer, Gazette des Beaux-Arts,* avril 1953, p. 266.
9. Thomas More, *La République d'Utopie,* Lyon, 1559, p. 194-196.
10. Érasme de Rotterdam, *De la Déclamation des louenges de follie,* Paris, 1520.

69. Vincenzo dalle Vacche,
Vanité scientifique et *Vanité
des puissances terrestres,
ecclésiastiques et laïques.*
Marqueterie, 1520-1523.
Paris, musée du Louvre.
Photos Musées nationaux.

70. Ambroise ou Hans Holbein :
L'Astronome. Dessin marginal à
la plume dans Érasme, *Stultitiæ
Laus*, Bâle, 1515.

> *Le ciel climat et tout descrit*
> *Voulant avoir memoire sure*
> *Du monde est instant fat et proscrit*[11].

Érasme développe les réflexions sur la fragilité des connaissances, devançant les allégories italiennes.

> *Plus fous que tous les fous ensemble sont les inventeurs des Sciences et des Arts… N'est-ce pas la soif de la gloire qui a excité les hommes à inventer et à transmettre à la postérité tous ces Arts et toutes ces Sciences que l'on regarde comme quelque chose de si merveilleux ?*

L'exposition des instruments scientifiques, l'allure hautaine des personnages, la mise en scène magique de la peinture de Londres sont proches de ces considérations. L'*Éloge* poursuit :

> *Les philosophes sont respectables par la barbe et le manteau… Quel plaisir pour eux lorsque, dans un délire philosophique, ils créent dans l'univers une quantité innombrable de mondes divers, lorsqu'ils nous donnent la grandeur du soleil, de la lune, des étoiles et des autres globes avec autant d'exactitude que s'ils les eussent mesurés à la toise et au cordeau… lorsqu'ils entassent les uns sur les autres des triangles, des cercles, des carrés et une infinité d'autres figures mathématiques, entrelacées en forme de labyrinthe… et jettent les ténèbres sur les choses les plus claires. Ils ne savent absolument rien et ils se vantent de tout savoir*[12].

Nous retrouvons les globes, les chiffres, les outils à mesurer, entassés auprès des philosophes barbus et somptueusement vêtus, qui apparaissent comme enfermés dans un domaine artificiel et séparé du monde.

C'est une reprise de Brant, mais elle reflète aussi une pensée médiévale, formulée déjà par Hugues de Saint-Victor. Son traité *De Vanitate mundi,* composé dans la première moitié du XIIᵉ siècle, sous forme de dialogue entre l'âme et la

11. Citation d'après S. Brant, *La Nef des Folz du Monde,* Paris, 1497, fᵒ LVIII.
12. Citations d'après Érasme, *Éloge de la Folie,* Bâle, 1780, p. 226, 228, 230.

raison, l'*Interrogans* et le *Docens*, trahit le même mépris des connaissances scientifiques :

> D. – *Que vois-tu ?*
> I. – *Je vois une réunion d'étudiants…, des enfants, des adolescents, des jeunes hommes et des vieillards… J'en vois quelques-uns qui sont plongés dans les calculs. D'autres frappent une corde tendue sur un bois, en tirant des mélodies variées. D'autres expliquent certaines figures de géométrie. D'autres rendent sensibles, à l'aide de certains instruments, le cours et la position des astres et la révolution des cieux…*
> D. – *Cette apparence de vérité te trompe… ce sont les études non de la sagesse, mais de la démence humaine par lesquelles les imprudents et les fous se consacrent aussi inutilement qu'obstinément aux recherches sur la nature des choses*[13]…

Tout le quadrivium défile dans cette présentation comme un symbole de Vanité et de Folie : « *Vanitas est, et vanitas vanitatum.* » Les inventeurs des Sciences et des Arts d'Érasme appartiennent à la lignée des étudiants de Hugues. Leur image fut composée en regard du texte de la *Stultitiæ Laus* tout de suite après sa parution, en 1515, à Bâle. On reconnaît le philosophe avec une barbe et un manteau, ainsi que l'astronome ou plutôt le cosmographe avec une sphère céleste, un globe terrestre, une table d'arithmétique, une lyre et un compas juxtaposés[14] (fig. 70), préfigurant les deux *Ambassadeurs*. Le dessin a été attribué à Ambroise Holbein, le frère de Hans[15], ce qui ne diminue nullement son intérêt pour l'histoire de cette genèse. En multipliant les attributs, en 1533, le peintre a certainement songé à cette allégorie de vaines occupations qui l'avait frappé dans sa jeunesse. Depuis longtemps, l'idée lui était familière et il évoluait dans le milieu qui l'exprima avec le plus de force[16]. Avant son éclosion, le thème avait

---

13. Migne, *Pat. lat.*, 176, col. 709-710.

14. H. A. Schmid, *Erasmi Roterodami Encomium moriæ i.e. Stultitiæ laus, Lob der Torheit Basler Ausgabe von 1515 mit den Randzeichnungen von Hans Holbein d.J. in Faksimile*, Bâle, 1931.

15. W. Hes, *Ambrosius Holbein*, Strasbourg, 1911, pl. XVII, p. 83 et s.

16. Lorsque Holbein partit pour l'Angleterre en 1526, il fut muni de lettres de recommandation d'Érasme pour Thomas More, dont l'*Utopie*, publiée à Bâle en 1518, avait un frontispice signé par Hans et deux gravures d'Ambroise Holbein. Pour la biographie détaillée de l'artiste, voir A. B. Chamberlain, *Hans Holbein the Younger*, Londres, 1913.

cheminé dans sa pensée. Mais il y eut encore un autre livre qui souleva la même question, juste au moment où fut exécuté le double portrait.

La Déclamation sur l'incertitude, vanité et abus des Sciences et des Arts, de Corneille Agrippa[17] – le titre même pourrait lui convenir –, est tout entière un développement nouveau du même sujet.

> *Au lieu de tant magnifier les sciences, ma délibération est de les blasmer et despriser pour la plupart*[18]*...,* écrit le magicien dans la préface,... *car il n'y a rien de plus périlleux que de folier par raison et l'amas des sciences n'est pas félicité...*

Le revirement qui s'est produit entre la figuration des attributs scientifiques dans le studiolo de Frédéric de Montefeltre et les compositions de Fra Vincenzo dalle Vacche et de Holbein est évoqué par ce passage. Au lieu d'être exaltés, les Arts et les Sciences sont présentés sous le signe de la Mort. Les inquiétudes d'un esprit tourmenté du Nord en face de l'humanisme italien s'y manifestent de la même façon, et les éléments de la démonstration y sont repris dans le même ordre. Arithmétique, géométrie, astronomie, musique, tous les concepts pythagoriques de leurs rapports sont tour à tour examinés au long de cent trois chapitres. Il ne s'agit plus d'une attaque fulgurante, mais d'une dissertation passionnée, où interviennent aussi des diatribes contre la noblesse et le clergé, les prélats de l'église et les théologiens et une opposition des pouvoirs divins aux connaissances et aux puissances humaines.

« *L'arithmétique est non moins superstitieuse que vaine* » et la géométrie n'est qu'artifice... En ce qui concerne le ciel,

> *les douze signes et les autres images et figures tant Septentrionales que Méridionales n'y ont point esté portés que par les fables... Et c'est folie de s'amuser à mesurer la terre, car en la mesurant nous outrepassons mesure...*

17. H. C. Agrippa, *De incertitudine et vanitate scientiarum et artium atque excellencia verbi Dei declamatio,* Anvers, 1530.

18. Citations d'après la *Déclamation sur l'incertitude, vanité et abus des sciences et des arts,* Paris, 1582, p. 2, 6, 7, 73, 86, 99, 102, 103, 129, 524.

On dit aussi que toute science se trouve incluse dans la musique et qu'il existe « *un certain chant et harmonie des cieux laquelle toutesfois aucun n'ouit jamais* ». Folie et Vanité sont synonymes. Tout est poussière et illusion. Il n'y a que la puissance divine qui connaisse et domine tout. Seulement, « *le cabinet de vérité est clos et couvert de divers mystères et fermé mesme aux saincts et aux sages* ». Son unique clef est la parole de Dieu.

L'ouvrage a été rédigé à Lyon en 1526 et sa première publication date de 1530, à Anvers, suivie de plusieurs autres à Paris et à Cologne. De 1511 à 1518, Corneille Agrippa se trouve en Italie, où il séjourne à Milan, à Pavie, à Casale Monferrato, à Pise, à Vérone[19]. Il n'est donc pas exclu qu'il y ait rencontré Holbein. Il s'intéresse d'ailleurs à la peinture et à l'optique et il en fait état dans son traité. La perspective y est interprétée comme un système factice et intégrée dans l'ordre hiérarchique des sciences générales. C'est par de vastes spéculations sur les valeurs universelles que l'on y rejoint ses formes spécifiques, analysées du même point de vue. Ses rapports avec les autres branches scientifiques sont nettement définis : l'optique, que l'on appelle aussi la perspective, succède directement à la géométrie et est suivie immédiatement par la cosmimétrie ; elle est ainsi l'une des mesures géométriques du monde. Mais c'est aussi une mystification. Deux importantes définitions sont formulées après cette mise au point : « *La perspective enseigne les raisons des fausses apparences qui se présentent à l'œil* » tandis que la peinture, qui emprunte à l'optique, « *fait apparoistre par fausses mesures ce qui n'est point comme s'il estoit ou autrement qu'il n'est* ». Le texte contient déjà les éléments d'un discours de Descartes, et, d'autre part, il pourrait s'appliquer sans en changer un mot à une anamorphose proprement dite qui n'est qu'une extension paradoxale de la même règle.

Les considérations sur la peinture ne sont pas moins révélatrices. C'est un trompe-l'œil par excellence

ainsi que l'on trouve escrit ès histoires, de la gageure d'entre Zeuxis et Parrhasius où l'un apporta des raisins peincts avec une telle industrie et labeur que les oiseaux cuidans que ce

> *fussent vrays et naturels raisins y accouroyent pour en man-*
> *ger,* tandis que l'autre *mit en place un tableau où estoit peinct*
> *un rideau seulement par lequel son concurrent fut déceu :*
> *car il estoit si bien contrefaict qu'il pensoit que ce ne fust que*
> *le voile et que la peincture fust dessous, de sorte qu'il se*
> *prist à dire tout fier de ce qu'il avoit trompé les oiseaux :*
> *– Découvre ton tableau et nous monstre ce que tu as peinct.*

Si l'un a su tromper les bêtes, l'autre a trompé un maître.
L'histoire est empruntée aux sources antiques, mais elle a trait
à une manière de peindre qui se répand maintenant précisément avec les natures mortes et les sujets qui nous occupent
et dont Sterling a signalé les relations avec des procédés et des
motifs gréco-romains, s'établissant plutôt par l'intermédiaire
des textes que par les œuvres.

Horace Walpole[20] raconte une histoire semblable à propos
de Hans Holbein. Avant de quitter Bâle pour l'Angleterre, en
1526, l'artiste, voulant laisser une preuve de son habileté, pei-
gnit une mouche sur un portrait qu'il venait de terminer et l'en-
voya à son propriétaire. Celui-ci, cherchant à enlever l'insecte
avec une brosse, découvrit la plaisanterie. L'histoire se répandit
et des dispositions furent prises pour retenir le virtuose dans le
pays. Le peintre dut quitter la ville en grand secret, Apocryphe
ou vraie (la mouche était un trompe-l'œil favori des peintres de
natures mortes[21]), l'anecdote concorde avec la même recherche
de formes, mais ces légendes revêtent toute leur signification
dans un traité de Vanité des Arts et des Sciences. La conception
de la peinture, la conception de la perspective, telles qu'elles se
dégagent chez Agrippa, réaffirment la convergence des thèmes
et des techniques dans les tableaux allégoriques des apparences
trompeuses du monde, et, du même coup, elles placent sur le
même plan philosophique tous les problèmes des visions men-
songères. L'anamorphose et le trompe-l'œil se rejoignent dans
un même ordre de principes : la fausse mesure et la réalité tru-
quée. En les juxtaposant dans sa composition, Holbein a certainement senti l'affinité des deux données contraires.

20. H. Walpole, *Anecdotes of Painting in England*, Londres (1762), 1826, vol. I,
p. 119.

21. La fréquence des petites mouches en trompe l'œil dans les peintures des natures mortes du XVIᵉ siècle a été signalée par A. Vassenbergh, *L'Art du portrait en Frise
au XVIᵉ siècle*, Leyde, 1934, p. 52, note 2.

Mais revenons vers la signification exacte de sa peinture. Parmi les Vanités qui toutes traduisent plus ou moins une inquiétude qui a hanté Corneille Agrippa, dans un langage plus réservé et plus serein, celle-ci est particulièrement proche de *La Déclamation*. La conclusion de ses derniers chapitres peut être lue devant le grand tableau, en manière de commentaire ou d'accompagnement :

> *Ce que nous pensons estre science n'est qu'erreur et fausseté… les Arithméticiens et Géomètriens nombrent et mesurent toutes choses, mais l'âme, pour leur regard demeure sans nombre ny mesure. Les Musiciens traictent des sons et des chants, cependant n'entendent les dissonances qui sont dans leurs esprits. Les Astrologues recherchent les astres et discourent par les cieux et présument de deviner ce qui advient parmy le monde à autruy, mais ne se donnent garde de ce qui est près d'eux et leur est présent chaque jour. Les Cosmimètres ont la cognoissance des terres et des mers, enseignent les termes et limites de chaque païs et toutefois ils ne rendent pourtant l'homme meilleur ny plus sage… Celuy qui a appris toutes choses et n'a appris que celles cy, en vain a appris tout ce qu'il a appris. Car en parole de Dieu est la voye, la reigle, le but et le blanc où il faut viser, à qui ne veut errer, ainsi désire attaindre la vérité. Toutes les autres sciences sont subjectes au temps et à l'oblivion et périssables : car toutes ces sciences et arts périront et autres viendront en usage… Seule la science divine n'a point de fin et elle comprend toutes choses. C'est Jésuschrist, la parole et le fils de Dieu le Père et la sapience déifiante, vray précepteur fait homme tel que nous sommes, afin de nous rendre enfans de Dieu ainsi qu'il est, lequel est béni en tous siècles*[22].

C'est cette opposition des vanités humaines et de la vérité de Dieu qui est traduite dans la composition, où il y a non seulement les attributs scientifiques mais également le crucifix. Les sciences périssables sont étalées au premier plan, devant un grand rideau épais. Le rideau, dans l'art du Moyen Age, s'ouvrait généralement sur une révélation ou une vision

22. H. C. Agrippa, *op. cit.*, éd. 1582, p. 528-530 et 540.

sacrée[23]. Ici il est tiré sur les sciences divines : « *le cabinet des vérités est clos et fermé mesme aux saincts et aux sages* ». On le devine derrière. Le pavement de marbre incrusté de l'abbaye de Westminster, si surprenant dans ce tableau, conduit au sanctuaire, et, d'autre part, le Christ apparaissait à demi dans l'angle supérieur pointe comme un rayon de son domaine éblouissant. Il est la cible à atteindre. L'artiste l'a installé, comme un avertissement, dans le coin le plus éloigné, en l'écartant résolument des sciences vaines, et il l'a mis en relation avec le crâne. La Mort et la Résurrection sont opposées sur le même axe, tracé de biais, avec pour base le crâne qui flotte dans le registre inférieur. La solution est ingénieuse car elle permet de préciser un raisonnement complexe sans en confondre les données.

La vision prend place dans l'ombre d'une deuxième vision. Et c'est au dallage italien qui aurait pu paraître insolite que l'on en doit l'évocation. Il s'agit bien du Sanctuaire, du *sacrarium,* de Westminster, c'est-à-dire du lieu de couronnement des souverains anglais. Holbein installe ainsi, sans doute à dessein, sa Vanité dans le même lieu où se déroulent les spectacles grandioses, sur le même sol. On y assiste à une sublimation du sujet et sa pensée va plus loin encore, le même pavement menant directement à la dernière demeure des monarques. Les tombes de cinq rois et de quatre reines ont été installées devant la chaire du couronnement dans la chapelle du Confesseur, constituant le chevet du Sanctuaire[24] en sorte qu'en recevant l'hommage des pairs après son sacre le souverain se trouvait brusquement en face des restes des rois morts. Une haute leçon était incluse dans le cérémonial même de l'intronisation. Le crâne qui flotte, dans le tableau, faisait aussi pendant à ces corps embaumés, gardés dans de superbes tombeaux dont il annonce la destruction inéluctable. Or, les figures géométriques, carrés et cercles de la mosaïque où il projette son ombre, ne seraient autre chose que la représentation ptolémaïque de la durée probable du monde[25]. Les connaissances artistiques y rejoignent naturellement les

23. Ch. de Tolnay, *L'Atelier de Vermeer*, p. 270.

24. Henri III (1207-1272) ; Édouard Ier (1239-1307) ; Édouard III (1312-1377) ; Richard II (1367-1400) ; Henri V (1388-1422). Voir pour ces dispositions *Westminster Abbey Official Guide*, nouvelle édition révisée, Norwich, 1977, p. 35-49.

25. Pour le symbolisme du pavement, voir *ibid.*, p. 35.

sciences du temps, aussi a-t-on identifié dans l'étoile à six pointes, greffée sur la composition, un signe cabalistique de Corneille Agrippa[26]. A chaque instant, nous retrouvons une remarquable concordance.

Un mausolée auguste, la chapelle du Confesseur, est également le Saint des Saints de l'Abbaye, dépositaire du corps de saint Édouard, autour duquel s'opèrent des miracles. Le signe de la Mort y est désigné dans la lumière du Salut qui perce dans le rideau tendu derrière les deux ambassadeurs. L'association du « *cabinet des Vérités* » à un illustre monument chargé de souvenirs en accroît les dimensions. *La Déclamation* sur l'inconstance des connaissances humaines et l'excellence du Verbe divin est récitée dans la solennité d'un cadre historique.

Holbein a-t-il connu ces textes ? Lorsqu'il quitta le continent, en 1532, pour s'installer en Angleterre, le traité avait déjà de nombreuses éditions et provoquait une violente agitation. Le 19 septembre 1531, dans une lettre de Fribourg, où il s'était réfugié depuis 1528, Érasme lui-même écrit à Agrippa :

> *Il n'est question que de toi à propos du nouvel ouvrage que tu as donné de l'incertitude et de la vanité des sciences, de* Vanitate disciplinarum. *Je ne le connais pas encore mais je vais faire en sorte de me le procurer*[27].

Or, c'est précisément l'époque où l'artiste peint un deuxième groupe de ses portraits avec le philosophe vieilli, et il n'y a pas de doute que les deux hommes se sont revus[28]. S'il ne connaissait pas le livre, Érasme a dû le lui signaler.

C'est donc un thème et une nature morte emblématiques mis au point en Italie, complétés et développés par une pensée se rattachant à des courants du Nord qui se retrouvent dans l'œuvre de Holbein. Mais les figures s'ordonnent sur un

---

26. Voir Mary F. S. Hervey, *op. cit.*, p. 225 et s.

27. A. Prost, *op. cit.*, t. II, p. 313.

28. P. Ganz, *Le portrait d'Érasme de Rotterdam de la collection Wildenstein*, Paris, 1913 ; *Les portraits d'Érasme de Rotterdam*, Revue de l'art ancien et moderne, 1932 ; *Die Erasmusbildnisse von Hans Holbein d.J.*, Gedenksschrift zum 400 Todestag des Erasmus von Rotterdam, Bâle, 1936, p. 260 et s. ; *H. Holbein, die Gemälde*, Bâle, 1950, p. 221-222, n° 55-60 du catalogue. Les portraits s'échelonnent entre 1530 et 1532.

schéma indépendant qui, lui aussi, relève d'un fonds voisin mais beaucoup plus ancien, inauguré au Moyen Age avec le « *Dit des trois vifs* », se déchaînant ensuite avec les danses des morts et qui a constamment plané autour des Vanités et des allégories de l'inconstance du monde. L'artiste, frappé par la perte brusque de ses parents et de son frère Ambroise[29], est revenu souvent sur ces visions d'hommes et de squelettes[30]. Un dessin, accompagnant son « *Totentanz* », exécuté à Bâle en 1526, publié pour la première fois à Lyon en 1538, s'inspire directement des « *Wappen des Todes* » de Dürer (1503)[31]. On y voit un couple somptueusement vêtu, de part et d'autre d'un écu marqué d'un crâne. L'écusson est surmonté d'un heaume qui porte un sablier. Les principales dispositions de la peinture de Londres : les personnages des deux côtés, l'horloge rappelant la fuite du temps en haut, la tête de mort en bas, sont identiques (fig. 71). Ce sont ces formes héraldiques qui reparaissent et prennent de nouvelles dimensions neuf ans plus tard.

Les deux ambassadeurs se dressent comme les supports des armes de la Mort, surchargées d'un étalage des Vanités. Combiné comme un blason, le tableau acquiert une noblesse hiératique et enrichit son symbolisme. Il en reflète la tenue légendaire et l'immobilité. Mais la représentation du crâne rejoint encore une autre tradition (fig. 72). Son traitement anamorphotique l'isole en quelque sorte. C'est comme s'il y avait non pas une, mais deux compositions, chacune avec son propre point de vue, juxtaposées dans le même cadre. Même l'ombre qu'il projette n'est pas dans le même sens. Le principe est analogue à celui des polyptyques des images saintes ou des portraits avec une tête de Mort au revers des volets[32]. Si l'attribution par Ganz d'un panneau de Bâle est juste, Holbein lui-même aurait exécuté vers 1517 deux crânes sur l'ex-

29. J. A. Schmoll, *Zum Todesbewusstsein in Holbeins Bildnissen, Kunstchronik*, septembre 1952, p. 239-242.

30. H. Fortoul, *La Danse des Morts dessinée par Holbein*, Paris, s.d. ; A. Götte, *H. Holbeins Totentanz und seine Vorbilder*, Strasbourg, 1897.

31. Th. Frimmel, *Zur Kritik von Dürers Apokalypse und seines Wappens mit dem Todtenkopfe*, Vienne, 1884. Le rapprochement du *Blason de la Mort* et des *Ambassadeurs* de Holbein a été fait déjà par R. N. Wornum, *Some Account of the Life and Works of Hans Holbein*, Londres, 1867, p. 180.

32. *Triptyque Braque*, de Roger van der Weyden, c. 1450, musée du Louvre ; *Diptyque Carondelet*, de Jean Gossart, 1517, musée du Louvre.

71. Hans Holbein : *Le Blason de la mort*, 1525.

72 *Les Ambassadeurs* de Holbein.
Détail : le crâne anamorphotique et son redressement optique.

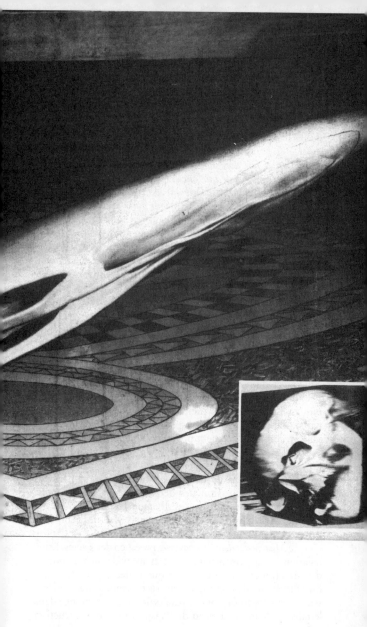

térieur d'un diptyque avec deux jeunes garçons[33]. Le symbole de la Mort y apparaît lorsqu'on referme le volet – dans la figuration des deux ambassadeurs, lorsqu'on se déplace. Le texte de Barbaro disant que

> *maintes fois avec non moins de plaisir que d'émerveillement, on regarde quelques-uns de ces tableaux de perspective dans lesquels, si l'œil qui les regarde n'est pas placé au point déterminé, il apparaît tout autre chose*

se réfère aux mêmes substitutions optiques. Mais ce n'est pas son procédé de projection avec le papier perforé qui a été utilisé dans un ensemble si savamment conçu, de même qu'il n'est pas question de la formule par trop sommaire de Vignole.

Le procédé géométrique basé sur l'angle visuel, dont un croquis du maître nurembourgeois H. R. révèle une forme évoluée dès 1540, ou encore l'un des outils mécaniques qui se sont répandus à partir du portillon de Dürer (1525) seraient plus conformes à la disposition et à l'esprit de l'œuvre. La présence parmi les objets symboliques d'une part d'une équerre et d'un compas, de l'autre de nombreux appareils scientifiques, indiquerait l'emploi de l'un de ces moyens techniques. L'anamorphose prend place dans une peinture qui, par ses dimensions et son dispositif, est destinée à une vaste salle avec un emplacement précis, comme les « optiques », les « anoptiques » et les « catoptriques » chez un Niceron. Tout le programme dont nous avons suivi le développement de l'extension est déjà là, avec ses éléments organiquement unis. En arrangeant la succession des deux images indépendantes, Holbein ne les a pas dissociées. Il a conçu son « *Vexierbild* » comme un théâtre avec changement de scène et de décor, dans un spectacle dramatique.

« *Le Mystère des deux Ambassadeurs* » est en deux actes. L'installation de la peinture dans une maison devait répondre à des prescriptions précises : pour que l'effet de son dispositif fût efficace, il fallait la mettre en bas du mur, au ras ou légèrement au-dessus du sol qui paraissait comme prolongé dans le tableau. Dans le château de Polisy, dont la reconstruction

33. P. Ganz, *Hans Holbein der Jüngere*, p. 211, cat. n° 29, fig. 9.

commença en 1544, elle fut sans doute placée par Dinteville dans une vaste salle, en face d'une porte et près d'une autre sortie, chacune des deux issues correspondant à l'un des deux points de vue. Imaginons une pièce avec une entrée d'un côté, au milieu, et deux portes latérales de l'autre, le cadre installé entre les deux, dans l'axe[34].

Le premier acte se joue lorsque le spectateur entre par la porte principale et se trouve, à une certaine distance, devant les deux seigneurs, apparaissant au fond comme sur une scène. Il est émerveillé par leur allure, par la somptuosité de l'apparat, par la réalité intense de la figuration. Un seul point troublant : l'étrange corps aux pieds des personnages. Le visiteur avance pour voir les choses de près. Le caractère physique et matériel de la vision se trouve encore accru lorsqu'on s'en approche, mais l'objet singulier n'en est que plus indéchiffrable. Déconcerté, le visiteur se retire par la porte de droite, la seule ouverte, et c'est le deuxième acte[35]. En s'engageant dans le salon voisin, il tourne la tête pour jeter un dernier regard sur le tableau, et c'est alors qu'il comprend tout : le rétrécissement visuel fait disparaître complètement la scène et apparaître la figure cachée. Au lieu de la splendeur humaine, il voit le crâne. Les personnages et tout leur attirail scientifique s'évanouissent et à leur place surgit le signe de la Fin. La pièce est terminée.

Appartenant à un vaste cycle iconographique, cette mise en scène optique, prédestinée en quelque sorte à la figuration du thème, a certainement été utilisée par d'autres artistes. On la retrouve longtemps après, montée avec des procédés divers. Lorsque Niceron rapporte dans sa *Perspective curieuse*[36] que « *l'on fait certaines images, lesquelles suivant la diversité de leur aspect représentent deux ou trois choses toutes différentes*, il fait état d'un sujet analogue :

---

34. Ch. Sterling nous signale un grand tableau avec une représentation allégorique de la famille de Dinteville (Metropolitan Museum de New York) qui était destiné à faire pendant aux *Ambassadeurs* de Holbein dans le château de Polisy. Si la disposition générale était absolument symétrique, il devait y avoir deux portes de chaque côté de la salle.

35. Le redressement de l'image du crâne avec miroir cylindrique de verre, proposé par E. R. Samuel (*Death in the Glass, a New View of Holbein's Ambassadors, The Burlington Magazine*, octobre 1963), ne correspond ni à la structure de son anamorphose directe et plane, ni à la nature et aux dispositions générales du tableau, voir *infra, La Catoptrique*.

36. J.-F. Niceron, *La Perspective curieuse*, éd. 1638, p. 50.

> *veues de front, elles représenteront une face humaine et du
> costé droict une teste de mort »* et il ajoute que « *ces images
> se sont rendues si communes et triviales qu'on en veoit par
> tout*[37].

Le procédé est différent :

> *Il n'y a pas d'autre subtilité pour en faire que de couper
> deux images d'une mesme grandeur par petites bandes se-
> lon leur longueur et les disposer sur un mesme fonds, lequel
> peut estre une troisième image d'égale grandeur avec elles…*,

mais il provoque aussi la succession des mêmes spectacles de
la vie et de sa destruction par un changement de position. Le
crâne anamorphotique figure dans d'autres manuels d'artistes. On le retrouve dans le traité de Lucas Brunn, publié
en 1615 à Leipzig, mais qu'on pouvait trouver aussi chez un
libraire de Nuremberg, mentionné en page de titre[38]. L'ouvrage contient une perspective des lettres faisant pendant à la
Perspectiva literaria de Johann Lochner (1567) dont il mentionne le nom dans la préface, à propos d'un appareil automatique. La tête de mort représentée sur un dessin a été rallongée avec un tel instrument[39] (fig. 73). Le commentaire
précise qu'elle est pareille à une pierre oblongue (*ablanged
stein*) ou à un bâtonnet (*stoclein*). À part le sens de l'étirement
en largeur, l'anamorphose du crâne qui flotte aux pieds des
deux ambassadeurs présente sensiblement le même aspect et
fait penser aux mêmes objets.

Chez le Père Du Breuil (1649)[40], c'est une anamorphose
catoptrique, construite autour d'un miroir cylindrique qui dissimule l'image sinistre (fig. 74). Posée sur une console ou sur
une table, celle-ci apparaissait soudain aux hommes qui se re-
gardaient dans la glace convexe, comme un rappel du destin.

---

37. *Ibid,.* p. 50-51.
38. Lucas Brunn, *Praxis perspectivæ. Das ist : von Verzeichnungen ein auszführlicher
Bericht*, Leipzig, 1615, p. 55, pl. 24.
39. L'appareil reproduit sur la planche 14 du livre se compose d'une planche, d'un
cadre, de deux bâtons verticaux et d'une tige mobile. Il est représenté avec les instruments de Dürer et de Jamnitzer par J.-J. Schübler (*Perspectiva, pes-picturæ*, Nuremberg,
1719-1720, fig. 15 et 16) qui l'attribue à Johann Herden.
40. Le P. Du Breuil, *La Perspective pratique*, III, Paris, 1649, Traité VI, *La Catoptrique*, p. 142.

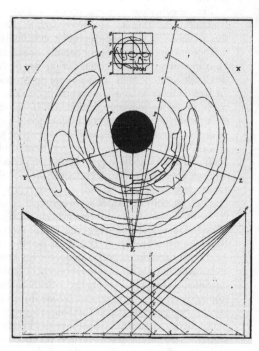

73. Lucas Brunn, *Anamorphose d'un crâne*, 1625.

74. Le P. Du Breuil : *Anamorphose catoptrique d'un crâne*, 1649.

Le drame, représenté dans la peinture, est transposé dans la
vie même et il se joue avec les hôtes de la maison. Ici encore
l'évocation du spectre de la Mort est opérée avec des artifices
optiques. La même obsession prend corps régulièrement
dans les mêmes formes.

Les éléments peuvent être renversés. Dans une peinture
contemporaine anglaise, conservée dans le château de Gripsholm (Suède) [41], le crâne est reproduit au naturel et c'est l'image
de l'homme qui se dilate autour par une série de cernes (fig. 99).
La composition est une version catoptrique de l'anamorphose
de Charles Ier dont nous avons montré un type direct (fig. 20).
La tête de mort se trouve au centre du tableau installé horizontalement. Le souverain décapité en 1649 surgit au-dessus
d'elle, lorsqu'on y pose le miroir cylindrique. Il disparaît lorsque
ce dernier est enlevé en découvrant les traits de son squelette.

Les Vanités proprement dites jouissent d'ailleurs à cette
époque d'une nouvelle vogue. Après une période de raréfac-
tion, au cours de la deuxième moitié du XVIe siècle, c'est de
Hollande qu'on les voit se propager à ce moment dans toute
l'Europe au nord des Alpes. L'université de Leyde devient un
centre important de l'ascétisme calviniste, et, d'autre part, elle
se consacre aux études des textes et des emblèmes. David
Bailly, les frères Steenwijck et d'autres peintres de la ville ont
excellé dans ces visions mélancoliques[42]. En France, le thème
est particulièrement fréquent sous Louis XIII. Les natures mortes
expriment la fragilité de la matière – fleurs fanées, fruits gâtés,
fromages rongés, pain séché – et la fuite du temps – montres,
sabliers, bougies[43] – dans un vocabulaire souvent plus familier,
mais restent chargées de symbolisme. Les instruments de musique, les appareils scientifiques, les mappemondes, les
globes[44], les livres accompagnés de têtes de mort rappellent encore les relations entre les Arts et les Sciences, les sphères et l'harmonie des sons, avec un commentaire désabusé. Le réveil d'un
courant humaniste se produit en plein XVIIe siècle, marqué du

41. *Gripsholm, Ett slott och dess konstskatter, En konstbok fran Nationalmuseum re-
digerad av Boo von Malmborg,* Stockholm, 1956, p. 80-81. L'anamorphose nous a été
signalée par C. Nordenfalk.
42. I. Bergstram, *Holländskt Stillebenmalerei under 1600-talet,* Göteborg, 1947,
chap. IV, *Vanitasstillebenets Mästars,* p. 161-196.
43. Ch. Sterling, *Catalogue,* p. 57-58.
44. Pour la représentation des globes, voir F. de Dainville, *Les amateurs de globes,
Gazette des Beaux-arts,* janvier 1968.

sceau d'un Moyen Age macabre. Sur un tableau de Ferdinand
Bol (c. 1676), auprès d'une nature morte emblématique
(globe, luth, livre, bougie éteinte, etc.), reparaît un philosophe
plongé dans la méditation (fig. 75). Un rideau est suspendu
par-derrière. Le crâne ricane au premier plan. Le thème des *Ambassadeurs* de Holbein se rétablit plus explicite et dépouillé de
son mystère : la Mort n'est pas dissimulée et le rideau ne ferme
pas le « *cabinet des Vérités* ». Il se soulève sur la lumière.

Le jeu d'allégories avec un réalisme suraigu atteint maintenant son paroxysme. Le passager et l'inconstant sont toujours suggérés par des objets étonnamment présents et im-
muables, la destruction de la matière et des idées, par la
puissance toute matérielle de leur évocation. Les procédés de
l'illusion optique, la perspective et le trompe-l'œil contribuent
encore par leur essence à la condensation du sujet poétique.

L'ensemble d'une pensée alliant étroitement des conceptions philosophiques, des procédés techniques de la vision et
des emblèmes revit sur le même plan avec ses ramifications.
Le globe avec le luth que l'on retrouve dans le traité de perspective de Salomon de Caus, en 1612, mis dans les mêmes
raccourcis que chez Dürer, chez Barbaro ou dans les marqueteries, y intervient aussi à titre symbolique (fig. 76). L'auteur qui, par ailleurs, s'est occupé d'horloges solaires (une perspective astronomique) expose lui-même dans son *Institution
harmonique* (1615)[45], les théories de Pythagore et de Platon,
où la musique est entendue comme la science universelle du
monde et comme une harmonie des cieux.

Inversement, les formes et les allégories d'artistes restent
constamment liées à la spéculation des philosophes et des savants. Kepler (1596) [46] qui a repris toutes les idées de la Renaissance sur l'harmonie des sphères et la musique, se sert des
cinq corps réguliers platoniciens de la « *Divina Proportione* »
pour calculer les orbes des planètes. Robert Fludd (1617)[47]
montre l'instrument à corde unique sur lequel se joue la sym-

45. S. de Caus, *Institution harmonique*, Francfort-sur-le-Main, 1615, p. 24.
46. J. Kepler, *Prodromus dissertationum cosmographiarum*, Tubingen, 1596, 2ᵉ éd.,
Francfort, 1622.
47. R. Fludd, *De Macrocosmi historia*, Oppenheim, 1617, Lib. III, fig. p. 90. Les
théories de Fludd ont été attaquées par Kepler (*Harmonices mundi libri V,* Linz, 1619).
Fludd riposta par un ouvrage intitulé *Monochordum mundi sämphoniacum*, Francfort,
1623, où il reproduit une autre figure d'un instrument cosmique à cordes.

phonie cosmique, sensiblement pareil aux luths dans les tableaux de Vanités. Et c'est la même figure qui, dans l'*Harmonie universelle* du Père Mersenne (1636)[48], est la Grande Lyre de l'Univers où les étages du monde sont ordonnés avec leurs éléments dans les diapasons, dans les accords et dans les gammes (fig. 77).

Le dessin fournit la clef de tout un groupe de ces figurations dans la peinture. L'étui du luth, son enveloppe vide, posée à plat dans l'ombre du registre souterrain, derrière le crâne, aux pieds des *Ambassadeurs* de Holbein, ne signifie pas autre chose que le silence de toutes les harmonies et des sciences représentées par l'instrument. Or toutes les sciences peuvent être enseignées par la musique « *sans user d'autre langage que celui d'un luth* ». Il y a une division arithmétique de l'harmonie et une géométrie des sons, sans parler des consonances des astres. L'ouvrage, dont le sujet est d'abord limité, finit par rejoindre toutes les branches du quadrivium, représenté sous le même signe musical dans d'innombrables natures mortes, et il exprime aussi une crainte :

> *Or il est très-aisé de tirer de l'humilité de toutes les sciences, car, sans parler de la physique, dans laquelle les plus excellens esprits avouent franchement qu'ils ne comprennent quasi rien, nous ne sçavons pas commens nous entendons et raisonnons dans la Logique… Si nous considérons les Mathématiques les plus pures, nostre esprit est contraint d'avouer qu'il ne sçait rien à parler dans la rigueur.* Et il conclut : *Nous avons sujet de nous humilier dans nostre ignorance à laquelle nous ne pouvons remédier jusque à ce qu'il plaise à Dieu de nous délivrer de l'obligation que nous avons à la stupidité des sens.*

C'est presque une citation d'Agrippa, dont il y eut plusieurs rééditions en France de 1600 à 1630, qui peut servir aussi de commentaire aux Vanités se multipliant précisément à cette époque.

Rédigée par un Minime du couvent cartésien, cette réflexion prend une valeur particulière en nous laissant entre-

---

48. M. Mersenne, *Harmonie universelle,* Paris, 1636, voir Livre I, p. 43, Livre III, p. 168 et Livre VIII, p. 18. Le dessin du luth cosmique a été emprunté à la *Macrocosmi historia* de R. Fludd.

75. Ferdinand Bol :
*Philosophe en
méditation*, 1676.
Musée du Louvre.

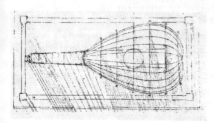

76. Salomon de Caus :
*Le globe céleste et le
luth « mis en
raccourcissement »*,
1612.

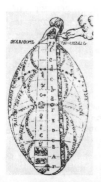

77. « La Grande Lyre de l'Univers », Marin
Mersenne, 1639, d'après Robert Fludd, 1617.

voir comment la conscience des vanités et des folies des sciences humaines conduit directement au doute philosophique. Elle rejoint en cela, en précisant leur caractère, les expériences sur la tromperie dans le domaine de l'optique pure, menées avec persévérance dans le même centre et qui ont illustré la même idée.

Les mêmes systèmes de perspective, les instruments de musique, les sphères astronomiques sont réunis, encore, dans un tableau de l'extrême fin du XVIIᵉ siècle. Les doctrines de Pythagore et de Platon sur l'unité des Arts et des Sciences qui ont si fortement marqué depuis les marqueteries de Gubbio et *Les Ambassadeurs* de Holbein, le thème des natures mortes scientifiques, se réaffirment, en 1698, dans une estampe célèbre de Sébastien Leclerc[49]. En faisant fusionner les deux institutions indépendantes, celle de Colbert fondée en 1666 et celle de Mazarin en 1648, le titre même de la gravure *L'Académie des Sciences et des Arts* se conforme au même principe. Il en existe une représentation peinte sur une toile de plus grandes dimensions (0,95 m x 0,48 m) où de nombreux détails sont plus précis et mieux lisibles, ce qui permet de supposer qu'elle a été exécutée en relation directe avec l'artiste lorrain[50] (fig. 78-79).

On y voit une foule grouillante et affairée dans une vaste cour bordée de galeries et de portiques. Au premier plan un mage en costume oriental, désigné comme un « nécromancien », lit les lignes de la main. Des plantes marines, des squelettes d'homme et de cerf, une carapace de tortue, un héron sont réunis sous le péristyle gauche constituant un cabinet des sciences naturelles. Celui de droite donne sur une bibliothèque intitulée « THEOLOGIA[51] » . Des figures géométriques sont tracées sur le pavé, sur une colonne et sur des pancartes. On identifie aussi le plan du Louvre, des fortifications, une démonstration de mécanique et un recueil de blasons. Un

---

49. Ch. A. Jombert, *Catalogue raisonné de l'œuvre de Sébastien Le Clerc*, Paris, 1774, p. LXII, n° 263, p. 139 et s. ; F. Meaume, *Sébastien Leclerc*, Paris, 1877, p. 243 et s.

50. Collection Bernard Monnier, Paris. Le tableau a figuré dans l'exposition *Le Cabinet de l'amateur*, Orangerie des Tuileries, 1956, *Catalogue* n° 71, p. 21. Contrairement à ce qui est signalé dans la notice, la gravure de Sébastien Leclerc n'est pas en contrepartie, mais on en connaît deux copies qui le sont : par Pacot et par un anonyme.

51. L'inscription n'existe pas dans la peinture.

78. *L'Académie des Arts et des Sciences* : peinture sur toile,
Paris, coll. Bernard Monnier.

79. *L'Académie des Arts et des Sciences* : gravure de Sébastien Leclerc,
1698, Paris, coll. Prouté.

homme assis tient dans ses mains la table des sinus. Des groupes se forment autour de ces panneaux et d'innombrables instruments jonchant le sol, parmi lesquels une vis d'Archimède, un miroir ardent, une lanterne magique et une horloge. Les mouvements des personnages sont savamment scandés et enchaînés.

Le luth et le globe emblématiques toujours associés à ces figurations sont disposés sur deux registres. Trois sphères, dont une à demi voilée, apparaissent devant les marches du portique du Muséum zoologique. Les instruments musicaux, parmi lesquels le luth, se profilent devant la galerie du fond baignée de lumière. Un orchestre joue. La musique qui accompagne le ballet des académiciens vient de loin, comme l'harmonie des mondes planétaires. Un dodécaèdre, le quatrième des corps réguliers souvent mêlés à ces cosmogonies, est également présent, posé dans un amas d'outils astronomiques. Il y a encore une pierre octogonale pareille au « *corps ortogone* » mis en raccourcissement dans le traité de Caus[52]. Nous rejoignons la perspective proprement dite. Celle-là est figurée parmi ces étalages, par quatre représentations, toutes alignées sur « l'avant-scène ». Il y a d'abord, à gauche, le portillon de Dürer, puis, au milieu, deux inventions modernes dioptriques et catoptriques. L'installation dioptrique combine plusieurs images qui, vues par une lunette à facettes polyédriques, se réunissent en une autre différente. Sa recette a été donnée par Niceron qui l'a apprise, en 1635 à Lyon, lors de son voyage vers l'Italie où il a peint, nous l'avons vu, des têtes de Turcs se transformant en un portrait de Ferdinand II grand-duc de Toscane, actuellement dans un musée de Florence[53]. Un miroir cylindrique posé sur une anamorphose circulaire représente les mécanismes catoptriques qui se sont répandus à la même période. Les mêmes instruments sont également juxtaposés sur une planche de Molinet relative au Cabinet de la Bibliothèque Sainte-Geneviève (1692)[54]. La quatrième démonstration de perspec-

---

52. S. de Caus, *La Perspective...*, pl. 44.
53. J.-F. Niceron, *op. cit.*, éd. 1638, p. 100 et s. ; pl. 23, voir *supra*, ch. V note 4.
54. Cl. de Molinet, *Le Cabinet de la Bibliothèque Sainte-Geneviève*, Paris, 1692, pl. 7.

tive, à droite, est une anamorphose directe. Jombert[55] en fait état :

> *une surface plate où est tracée une figure cylindrique qu'un homme regarde ayant l'œil placé au point de vue*

Or cette « figure cylindrique » ne constitue rien d'autre qu'un crâne rallongé en tout point semblable à celui des *Ambassadeurs* de Holbein : la tête de mort est présentée de face et elle s'étire, non pas verticalement comme dans la *Perspective* de Brunn, mais en largeur avec l'une des orbites plus grande que l'autre ; une longue rangée de dents y forme un même soubassement crénelé et l'angle même d'inclinaison est identique (fig. 80). Les ressemblances sont tellement surprenantes que l'on peut se demander si Sébastien Leclerc n'a pas connu le chef-d'œuvre du XVIᵉ siècle.

On sait que la peinture a été apportée, après la vente de Polisy en 1653, par le marquis de Cessac, dans sa maison parisienne, sise rue du Four, proche de la paroisse de Saint-Sulpice. Elle eut une grande renommée, M. de Vic, garde des Sceaux, a dit à son propos que « *c'estoit la plus belle peinture qui fut en France*[56] ». Un autre témoignage, daté de 1654, en parle dans les mêmes termes :

> *l'excellent tableau qui est à présent à Paris, au logis de M. de Sessac… faict de la main d'un Hollandois ; la pièce est estimée la plus riche et mieux travaillée qui soit en France.*

Lorsque Leclerc arrive de Metz en 1665, le tableau était encore là[57]. Avide de tout connaître et de tout apprendre, le jeune artiste, protégé de Le Brun[58], a dû voir le Holbein. De

---

55. Ch. A. Jombert, *op. cit.*, p. 131.

56. Mémoire de Camusat, chanoine de Troyes, Bibliothèque de l'Institut, voir Mary F. S. Hervey, *op. cit.*, p. 20.

57. Lors du second mariage du marquis de Cessac avec Anne-Louise de Broglie qui eut lieu en 1669, le tableau se trouvait encore à Paris mais à une adresse différente. Ses traces se perdent ensuite jusqu'en 1787 (vente Beaujon) mais rien ne prouve qu'il aurait été transporté, entre-temps, par son propriétaire dans le château de Milhars en Languedoc.

58. Voir Ch. A. Jombert, *op. cit.*, p. XXXVII et s., E. Meaune, *op. cit.*, p. 55 et s. ; P. Chenut, *Sébastien Leclerc graveur messin* dans *Guide et catalogue de l'Exposition à l'occasion du IIIᵉ centenaire de la naissance de S. Leclerc, musée de Metz*, Nancy, 1937, p. 8 et s.

sorte que la question se pose de savoir s'il n'en a' pas repris directement des éléments dans son apothéose académique qui évolue dans un même monde d'érudition.

L'élargissement du sujet répond à l'universalité de l'homme qui par nature et par les exigences de son métier touchait à toutes les branches des connaissances. A Metz, Leclerc a travaillé dans le génie. Il a donné des leçons de dessin et de mathématiques au fils de Colbert, futur surintendant des Bâtiments du roi. Reçu par l'Académie des Beaux-Arts en 1672, il fut chargé de l'enseignement de la géométrie et de la perspective[59] et il collabora assidûment en qualité d'illustrateur, avec l'Académie des Sciences. Pour la cosmographie, on lui doit les planches de la *Mesure de la terre* de Picart (1671), pour l'architecture, le *Vitruve* de Perrault (1673). Son frontispice de l'*Histoire naturelle des animaux* (1671) comporte déjà deux globes et un squelette. L'artiste collectionnait les instruments et les machines de toutes espèces : mathématiques, physiques, astronomiques... Son cabinet dont on possède une gravure inachevée (1711) et un dessin[60] est envahi par ces engins.

Ce sont ces éléments accumulés au cours des années qui se regroupent autour des emblèmes consacrés du quadrivium des arts libéraux en y faisant foisonner une multitude d'objets nouveaux. Les personnages qui s'en occupent et qui discutent entre eux rappellent les philosophes de l'*École d'Athènes* mais agités, tendus par la passion. Ce sont des obsédés au regard fixe, tout absorbés dans leurs travaux et dans leurs réflexions, émerveillés par les prodiges des arts et des sciences réunis. Le thème de Vanité s'estompe sans retirer toutefois sa marque. L'anamorphose du crâne et le squelette hissé du côté opposé et désignant, non sans malice, son front de son doigt en sont des symboles spécifiques. Un chantier et un laboratoire bruyants se trouvent à la fin du développement des natures mortes plongées dans le silence, en en gardant des souvenirs précis.

Deux phénomènes ressortent de cette revue d'une longue évolution : une rigoureuse continuité et un enrichissement

---

59. Un *Traité de géométrie* de S. Leclerc a été publié à Paris en 1690.

60. Ch. A. Jombert, n° 310. Le dessin est conservé à la Bibliothèque de l'École des Beaux-Arts, voir Exposition de Metz, *Catalogue*, p. 24.

constant. Tous les systèmes de perspective ont été élaborés en toute indépendance. C'est une doctrine universelle de la vision, mais elle est entourée de fables et de spéculations qui en rénovent sans cesse le contenu. Même dans les formes rationnelles, représentant la vie en profondeur et en relief sur une surface sans troisième dimension, se trouve inclus un raisonnement sur la fiction et la fragilité des apparences. Toutes les combinaisons anamorphotiques qui font surgir et disparaître des figures au moyen de redressements et de dilatations optiques sont une démonstration géométrique de leur fausseté. C'est parfois un simple jeu d'esprit mais il confine aussi à la magie et à un art d'évocation. Des portraits secrets et des images obscènes sont établis à l'aide de ses calculs savants dans la première moitié du XVIe siècle. Il intervient dans des compositions religieuses et symboliques en se mêlant à des cosmogonies scientifiques et au trompe-l'œil. Dans plusieurs groupes, les raffinements de perspectives resteront longtemps liés à une philosophie de l'artifice.

C'est sur le plan des sciences pures que les anamorphoses se propageront ensuite, mais cette science évoluera entre la raison et l'insensé. Une véritable renaissance de formes et de techniques prend place au XVIIe siècle en apportant une abondance de textes et des explications qui jettent une vive lumière sur les concepts originaires. Même les milieux académiques y prêtent la plus grande attention. Mais c'est aussi une extension à des domaines nouveaux. Les figures rallongées sont proposées pour le décor de la maison. Des perspectives coniques, des perspectives pyramidales suscitent d'étranges dispositifs optiques. L'anamorphose peut être faite en marqueterie et en rocaille. On la voit s'étendre sur la longueur entière d'une galerie. Des procédés sont enseignés pour projeter ses formes dans la nature. Des jardins, des villes et des montagnes doivent s'animer par ses effets. On est en pleine aberration.

Pourtant tout se passe sur un vaste fond d'enquête sur la réalité et sur les apparences du monde. Ceux qui s'occupent de ces lois de la vision sont des mathématiciens, des ingénieurs, des astronomes, des musiciens, des philosophes. Ils renouent tous avec la tradition universelle des humanistes, unissant les Arts et les Sciences, en y cherchant tantôt le côté positif, tantôt le côté romanesque. Interprétés par des esprits froids et méthodiques, des constructeurs d'automates, des logiciens, les paradoxes de la perspective dépravée rejoignent une haute pensée du temps. Repris par des rêveurs et des poètes du fantastique, ses procédés, où tout est précision, retrouvent leur veine fabuleuse. Par un étrange destin, ce sont les Cartésiens qui inspirèrent leur développement le plus absurde, en déchiffrant par la rigueur d'un raisonnement lucide tous les secrets de ces déformations, en situant exactement le phénomène. Tous ont néanmoins obscurément compris le singulier, la vanité de leurs combinaisons. L'image des *Ambassadeurs* de Holbein préside aux jeux de l'illusion dans leurs modulations multiples.

DIVERTISSEMENTS
OPTIQUES :
XVIIIᵉ ET XIXᵉ SIÈCLES

L'anamorphose, toutes les pratiques de la perspective difforme survivent aux vastes spéculations, mais dépouillées de
leur nature philosophique et légendaire. Elles se poursuivent
surtout comme une curiosité scientifique. Cette attitude,
mieux adaptée à la plupart de ces compositions, se fait sentir
avant Niceron et finit par dominer. Déjà Mydorge, « le premier mathématicien de France », qui fut lié avec Descartes et
lui fit tailler de différentes façons des verres de lunettes et des
miroirs[1], les considère dans cet esprit. Son ouvrage, intitulé
Récréations mathématiques (1630)[2], reprenant un opuscule du
Père Jésuite Leurechon, paru à Bar-le-Duc, sous le même
titre en 1624[3], décrit le procédé comme un caprice figuratif.
Le *Problème XIX* y est formulé de la façon suivante :

> *Desguiser en sorte une figure, comme une teste, un bras ou
> un corps tout entier, qu'ils n'auront aucune proportion : les
> oreilles paroistront longues comme celles de Midas, le nez
> comme celuy d'un singe et la bouche comme une porte co-
> chère, et, cependant, veue d'un certain poinct, reviendra en
> proportion fort juste.*

1. A. Baillet, *La Vie de M. Des Cartes*, Paris, 1691, p. 320.
2. Cl. Mydorge, *La seconde partie des récréations mathématiques*, Paris, 1630,
p. 32-33.
3. Van Etten (le P. J. Leurechon), *Récréations mathématiques*, Bar-le-Duc, 1624.

Le phénomène est présenté sous ses aspects plaisants. On pouvait penser que le savant donnerait ensuite sa solution géométrique. Comme Barbaro, il la néglige parce que « *trop pénible à comprendre* », et c'est aussi la méthode mécanique , « *avec une chandelle ou soleil* » dont la lumière passe à travers les trous du poncif, qu'il recommande pour ces déformations.

Ces exercices divertissants ont continué, sans doute, en marge des mondes échafaudés par les Minimes français et par les Jésuites allemands, mais ils reprennent surtout dans la période suivante. Après les grands ouvrages d'optique et de sciences occultes, ils se retrouvent chez Ozanam, un autre mathématicien connu, qui les signale non pas dans son *Traité de Perspective* (1693)[4], mais dans son livre intitulé, comme celui de Mydorge, *Récréations...* (1694)[5], en précisant que c'est la place qui leur convient. Le dessin qui représente la projection des formes rallongées par un carton troué montre un œil écarquillé, à la paupière gonflée comme une vessie, à la fois bestial et surhumain. L'image est empruntée aux *Apiaria,* de Bettini (1642)[6], conçus aussi comme un recueil de bizarreries mais encore qualifiées d'arcanes, où elle figure l'anamorphose au miroir cylindrique (fig. 81). L'image déformée se restitue semblable à elle-même lorsqu'elle est regardée par un petit trou fixé sur le point de vue. Elle « *paroitra aussi en son naturel sur un verre* » procédant de l'intersecteur d'Alberti ou de la fenêtre de Dürer préconisé aussi par Bettini pour les anamorphoses directes.

Si les *Récréations* de 1630 omettent le procédé géométrique, il ne peut plus en être ainsi après la parution de tant de manuels qui l'ont abondamment traité, aussi est-il donné maintenant dans sa formule définitive avec une seule diagonale fixant les gradations du quadrillage recomposé sur les rayons (fig. 82).

Le volume qui réunit les paradoxes arithmétiques, géométriques, optiques, physiques, chimiques et mécaniques re-

4. Ch. Ozanam, *Cours de mathématiques*, t. IV, *Traité de perspective pratique*, Paris, 1693.

5 Ch. Ozanam, *Récréations mathématiques et physiques*, Paris, 1694, p. 238 et 241.

6. M. Bettini, *Apiaria…*, Bologne, 1642. *Apiarium* IV et V. *Voir infra*, fig. 131.

80. *L'Académie des Arts et des Sciences.*
Détail : L'anamorphose d'un crâne, coll. Bernard Monnier.

81. Charles Ozanam : *Projection anamorphotique d'un œil,*1694.

82. Charles Ozanam : *Schémas anamorphotiques,*1694.

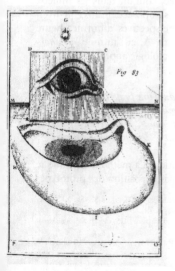

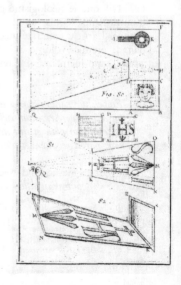

prend directement la tradition des livres de magie comme celui de Schott, mais en les ramenant à la catégorie des connaissances positives. Les monstres, les merveilles, les effets prodigieux, les phénomènes surnaturels deviennent des jeux savants,
des farces et des astuces techniques. Ils se développent
comme un divertissement de science pure et une vulgarisation qui veut instruire en amusant. On est loin des régions
chimériques. Il en subsiste néanmoins une sorte d'étrangeté
et une passion des choses curieuses. L'ouvrage connut un grand
succès et eut plusieurs rééditions de 1725 à 1750.

Les manuels scientifiques allemands de Sturm (1704 et
1714)[7] et de Wolf (1715)[8] présentent ces jeux optiques sur
le même plan technologique. Les *Elementa Matheseos universæ* de Wolf, professeur de mathématiques et de philosophie à l'université de Halle, ont eu une édition française abré-
gée (1747)[9]. La perspective y est divisée en trois parties, la
perspective ordinaire, militaire et curieuse. La dernière déno-
mination traduit le mot « anamorphose », qui semblait encore insolite, par une définition de Niceron.

Ce n'est qu'avec l'*Encyclopédie* de Diderot et d'Alembert
(1751)[10] que le néologisme grec, courant dans les milieux
d'outre-Rhin depuis un siècle, s'impose définitivement en
France. L'article consacré aux perspectives difformes figure
dans le premier volume, à la lettre A, et s'intitule *Anamorphose,* conformément à une terminologie appropriée. Le mot
est expliqué :

> *En peinture, anamorphose se dit d'une projection monstrueuse
> ou d'une représentation défigurée de quelque image qui est
> faite sur un plan et qui néanmoins, à un certain point de
> vue, paroit régulière et faite avec des justes proportions.*

Suivent les méthodes d'exécution. La méthode mécanique
procède « *à coup d'aiguille* » et par exposition des prototypes

---

7. J. Ch. Sturm, *Mathesis juvenilis,* Nuremberg, 1704, p. 68-82, fig. XXVIII et
Mathesis compendiaria, Cobourg, 1714, p. 31, fig. 7.

8. Ch. Wolf, *Elementa matheseos universæ* , II, Halle, 1715, cap. V, *De anamorpho-
sibus seu projectionibus monstrosis,* p. 113-115.

9. Ch. Wolf, *Cours de mathématique,* II, Paris, 1747, p. 83 et s., p. 110-112, pl. V,
fig. 25.

10. *Encyclopédie ou dictionnaire raisonné des sciences et des métiers,* I, Paris, 1751,
p. 404 et s.

à la lumière d'une lampe. Géométriquement le prototype est
étiré sur un réseau qui, lui aussi, reçoit maintenant un nom
savant : *ectype* (de *ek* : hors de et *typos* : empreinte) *craticulaire* (de *craticula* : petit gril). Un revêtement figuratif est également recommandé :

> *Le spectacle sera beaucoup plus agréable si l'image défigurée
> ne représente pas un pur chaos mais quelque autre appa-
> rence ; ainsi l'on a vu une rivière avec des soldats, etc., mar-
> chant sur l'une de ses rives représentés avec un tel artifice
> que quand elles étoient regardées au point S, il sembleroit
> que ce fut le visage d'un satyre…*

Les fresques de Niceron, encore en place, offrent un
exemple excellent de ces visions interchangeables qui ne ces-
sent de surprendre :

> *On voit à Paris, dans le cloître des Minimes de la place
> Royale, deux anamorphoses tracées sur deux des côtés du
> cloître : l'une représente la Madeleine, l'autre S. Jean écri-
> vant son Évangile. Elles sont telles, que quand on les regarde
> directement on ne voit qu'une espèce de paysage, et que quand
> on les regarde d'un certain point de vue, elles représentent
> des figures humaines très distinctes.*

Les vastes compositions qui ont été à l'origine de nombreux développements interviennent aussi dans leur dernière
étape.

L'*Optique miraculeuse* – le *Thaumaturgus opticus* – est mentionnée en relation avec ces fresques mais la partie technique
de l'article se base non pas sur les travaux du Père Minime
mais sur le texte latin de Wolf. On y retrouve les mêmes définitions, les mêmes recettes, la même nomenclature y compris la *craticula* et l'*ectypus*. Le mot « *anamorphose* » que l'on
a évité dans la publication du même ouvrage à Paris, il y a
moins de quatre ans, procède ici évidemment de la même
source. Après une réticence prolongée, les érudits français
adoptent le terme de Schott, par l'entremise d'un professeur
de Halle.

Incorporée dans les manuels scientifiques comme élément
inhérent, l'anamorphose devient aussi chez les artistes un

exercice d'adresse purement formel mais revenant sans cesse sur des combinaisons anciennes. Ainsi Bernard Lamy, un prêtre de l'Oratoire, reprend, dans son *Traité de Perspective* (1701)[11], la « catoptrique » d'une tête d'après Niceron dont il omet de mentionner le nom et une « optique » murale avec la projection d'un quadrillage à l'aide de la bougie, suivies d'une description d'un saint Jean l'Évangéliste revêtu d'un manteau bleu et d'une robe verte, qui se transformeraient en mer et en prairies avec un lac sur les pages blanches de l'Évangile ouvert, et un cours d'eau sur la ceinture. Le paysage serait animé par des navires, des pêcheurs, des quadrupèdes, des oiseaux. La peinture du cloître de la place Royale sert, une fois de plus, de prototype, mais la substitution d'un manteau bleu au manteau écarlate suscite le déploiement d'une nouvelle vue marine. « *Pour rendre ces reproductions plus surprenantes on les fait voir par un trou dans la porte d'entrée, auquel on applique une lunette qui a deux verres.* »

En Italie le schéma géométrique de Niceron figure encore, accompagné d'une formule plus complexe d'Accolti, dans le traité de Galli Bibiena (1732)[12], qui se réfère aussi à Barbaro et à Dürer. Mais les effets anamorphotiques y tiennent relativement peu de place pour un ouvrage de l'un des plus hardis théoriciens de l'illusion en architecture et au théâtre. C'est que le jeu des miroirs, inauguré il y a un siècle environ, se multiplie maintenant partout au détriment des perspectives directes.

Ce sont surtout des scènes galantes, des chasses, des cavaliers montant des chevaux-bassets, pareils au chien de Marolois qui ont été représentés au cours du XVIIIe siècle (fig. 83). Une gravure de John Harris (1686-1739) figure saint Georges et le dragon. Comme dans le portrait de Charles Ier le dessin doit être vu d'en bas où l'on peut lire la légende :

> *Un Georges à cheval dessiné en*
> « *Optique* » : *placez la lettre A près de votre*

11. B. Lamy, *Traité de Perspective*, Paris, 1701, fig. p. 180 et 183.
12. F. Galli Bibiena, *Direzioni della Prospettiva teorica corrispondenti a quelle dell'architettura*, Bologne, 1732, et Venise, 1796, pl. 43 et p. 73-75.

83. Composition anamorphotique : *Cavaliers dans la campagne*,
1720-1760.

84. J.-B. Lavit, anamorphoses articulées sur plusieurs plans,1804.

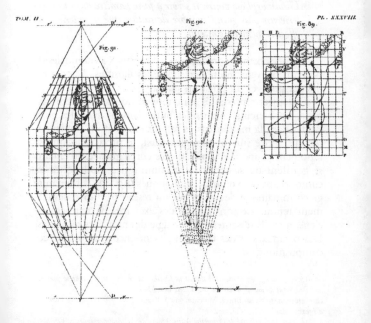

> *Œil et regardez-le comme vous faites*
> *lorsque vous tirez dans une cible*[13].

Les raisonnements métaphysiques sur les lois de la vision
des formes, sur leurs déformations et sur leurs redressements
optiques, que Grégoire Huret considérait, encore en 1670,
comme des questions de première importance, se réduisent à
des drôleries.

Mais un réveil très net d'un fonds ancien ne tardera pas à
se manifester sous différents aspects. Un ouvrage singulier,
paru en 1804, fait brusquement revivre les plus extravagantes
combinaisons. Dans son *Traité de Perspective*, Lavit[14]
consacre aux anamorphoses, dont il reprend naturellement le
nom, une importante partie du *Livre II*. Elles sont prévues
pour des surfaces monumentales et des supports différents,
mur latéral, plancher, plafond, coupole et voûte.

> *L'anamorphose pourrait servir à faire paraître dans une ga-*
> *lerie un plus grand nombre de statues que la galerie peut*
> *effectivement en contenir.*

Les perspectives coniques, les perspectives pyramidales de
Niceron peuvent multiplier encore les illusions. Il y a aussi
des perspectives sur plusieurs plans.

Les sujets représentés sont tous antiques, une tête cas-
quée, un Hercule enfant, des putti dansant avec des guir-
landes dans la main, mais ils se font et se défont impétueuse-
ment. Étiré sur un triangle visuel, le profil classique se
rapproche d'une tête d'oiseau. Les corps gracieux d'enfants
se gonflent ou se rétrécissent comme des mollusques en
contournant des volumes prismatiques (fig. 84). L'humanité
gréco-romaine se désagrège sur un réseau très fin et savamment tendu. Ce sont encore des exercices de mathématiciens, mais ils ressentent la nostalgie des monstres séculaires.
Des paradoxes et des fables surgissent encore autour de ces
compositions.

13. « *A George on Horse-back drawn in Optiks ; place the letter A close to your eye*
and look on it as you do when you fire a peece at a Mark. »
La gravure se trouve au British Museum, voir J. Byam Shaw, *The Perspective Picture,*
a Freak..., Apollo, VI, 1927, p. 211.
14. J.-B. Lavit, *Traité de Perspective*, Paris, 1804, vol. II, *Anamorphoses*, p. 129-198.

Des systèmes philosophiques et des croyances erronées défigurant l'exacte réalité des choses, des cultes étranges et des raisonnements monstrueux ont corrompu le monde à un moment donné et « *c'est pour corriger leurs anamorphoses de la Divinité que Jésus prêcha* ». Les égarements anamorphotiques de l'esprit seraient rectifiés par le point de vue de l'Évangile. Le rapprochement a été trouvé non pas par un théologien en mal de figures rhétoriques mais par Thomas Jefferson[15], un homme d'État de vaste culture, s'intéressant à tout, brillant et clairvoyant, qui a été frappé par ces divertissements optiques alors en vogue en Amérique. Cette vogue est attestée aussi par un poète.

Dans l'une de ses *Histoires extraordinaires, Ligeia,* publiée en 1838, Edgar Poe[16] évoque un vaste décor de même nature rehaussé par des matières et des couleurs rares et sinistres. Il s'agit d'une chambre nuptiale hantée par une amante disparue où la deuxième épouse est morte. La pièce de forme pentagonale était remplie de meubles exotiques, un lit indien et un sarcophage égyptien.

> *Mais c'est dans la tenture de l'appartement, hélas, qu'éclatait la fantaisie capitale… les murs prodigieusement hauts, au-delà même de toute proportion, étaient tendus de haut jusqu'en bas d'une tapisserie lourde et d'une apparence massive… tachetée par intervalles irréguliers de figures arabesques, d'un pied de diamètre environ, qui enlevaient sur le fond leurs dessins d'un noir de jais. Mais ces figures ne participaient du caractère arabesque que quand on les examinait à un seul point de vue. Par un procédé aujourd'hui fort commun, et dont on retrouve la trace dans la plus lointaine antiquité, elles étaient faites de manière à changer d'aspect. Pour une personne qui entrait dans la chambre, elles avaient l'air de simples monstruosités, mais à mesure qu'on avançait ce caractère disparaissait graduellement, et, pas à pas, le visiteur changeant de place se voyait entouré d'une procession continue de formes affreuses, comme celles qui sont*

15. Cité par M. Gardner, *Mathematical Games, The Curious Magic of Anamorphic Art, Scientific American,* janv. 1975, p. 116.

16. Edgar Poe, *Histoires extraordinaires,* traduction de Charles Baudelaire, dans *Œuvres en prose,* texte établi et annoté par Y. G. Le Dantec, Bibliothèque de la Pléiade, NRF, Paris, 1965, p. 251.

nées de la superstition du Nord, ou celles qui se dressent
dans les sommeils coupables des moines...
Telle était la demeure, telle était la chambre nuptiale où je
passai avec la dame de Tremaine les heures impies du pre-
mier mois de notre mariage...

Le point de vue d'où les figures se redressent, fixé à l'entrée de la pièce, comme chez Bernard Lamy et dans les galeries des Minimes parisiens et romains, la dégradation des traits
lorsqu'on le quitte, toute la machine anamorphotique est dé-
finie exactement au cours de la description de cette demeure
maudite. Le caractère « antique » de ses combinaisons correspond aux thèmes de la dernière série, avec Midas, Hercule,
des amours et des satyres, mais les superstitions et les rêveries
coupables relèvent des diableries et tentations du Moyen Age
en train de s'éveiller.

Aucun déguisement, aucun paysage ne recouvre les difformités hideuses déterminées par la transposition d'une représentation sur un ectype craticulaire. Ce sont les formes dilatées
et fluides en mouvement qui fascinent le poète. L'anamorphose des philosophes et des mathématiciens finit par s'intégrer à un délire des sens déréglés. Elle fait partie de ces étranges
visions qui, pour l'auteur lui-même, ont été engendrées par
l'opium et voltigeaient autour de lui comme des ombres.

Le choix des « figures arabesques » de la tenture murale
n'était pas dû à un hasard. Leur fantaisie était même qualifiée de capitale, « hélas », pour l'histoire dont elles constituaient le décor symbolique – « hélas » marquant son côté
aberrant et terrifiant. La projection de l'ombre d'un fantôme
versant les gouttes mortelles couleur de rubis et la substitution dans le suaire de la première amante, ressuscitée avec ses
cheveux noirs lustrés, au corps de l'épouse blonde, prolon-
gent la même fantasmagorie dans la même chambre fantastique. Le conte entier prend place dans un milieu et sur un
fond anamorphotiques à un moment où le système parvient
à son ultime essor.

Depuis un certain temps nous traversons une période complexe où l'on revient vers un passé de plus en plus lointain.   .
De vastes répertoires sont explorés méthodiquement et une
documentation se constitue sur les écoles anciennes.

La *Danse des Morts* de Bâle est reproduite en 1789 (Bâle), celle de Holbein, en 1832 (Munich), *Les Ambassadeurs,* en 1791, dans le premier volume de la *Galerie des peintres,* de Lebrun[17]. Le recueil de gravures sur bois publié par R. Becker en 1808[18] contient une planche de perspective de Schön avec des hommes réduits à des solides géométriques distribués sur le réseau de quadrillage d'une « *costruzione legittima* » (fig. 85). Et c'est de la même année que date la description que nous avons donnée de deux anamorphoses du même artiste, par Bartsch. Nous assistons à un retour vers un état originaire et vers les formes authentiques. Il semble bien que d'autres planches d'optique aient été découvertes en France au cours de cette période.

Des estampes populaires déposées à l'Imprimerie nationale entre 1804 et 1814 s'inspirent directement des œuvres primitives, avec des diableries encore gothiques. L'une d'entre elles montre un paysage aux sillons tourmentés, avec des pierres et des rochers en forme de têtes humaines et animales (fig. 86). Le redressement de la composition fait apparaître une sorcière. Le caractère du trait, nerveux et incisif, l'agitation de la surface des champs et des collines avec les personnages cachés, ainsi que la disposition des figurines grotesques au premier plan, sont proches de l'art de la première moitié du XVIe siècle.

Des images d'une période plus avancée se restituent aussi spontanément à cette époque. Grandville, qui a été cité comme l'un des précurseurs immédiats des visionnaires de notre temps[19], remplit son *Autre Monde* (1843)[20] de nains et de géants aux membres rétrécis et dilatés, de quadrupèdes-bassets, comme dans les perspectives curieuses, sans en reprendre les calculs précis (fig. 87).

Le site anthropomorphe qui serait, d'après Kircher, une projection à l'aide d'un appareil mésoptique, reparaît à la fois

17. J.-B. Lebrun, *Galerie des Portraits flamands, hollandais et allemands,* Paris, 1791, pl. 139, gravée par J.-A. Pierron. Cette reproduction est postérieure à la vente du tableau par J.-B. Lebrun en Angleterre.

18. R. Z. Becker, *Holzschnitte, Gravure en bois,* Gotha, 1808, fig. 59. La figure est reproduite d'après E. Schön, *Unterweysung der Proportion und Stellung der Bossen,* Nuremberg, 1538 ou 1543.

19. L. Garcin, *Grandville, visionnaire, surréaliste, expressionniste, Gazette des Beaux-Arts,* décembre 1948.

20 . J. Grandville, *Un Autre Monde,* Paris, 1842, *Les Grands et les Petits.*

85. Perspective d'Erhard
Schön (1543), reproduite
par R. Backer, 1808.

86. Anamorphose d'une gravure populaire :
Scène de sorcellerie, 1804-1814.

A

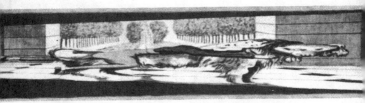

87. Anamorphose et image déformée.
A. - Anamorphose d'une gravure populaire : *Chien dans un jardin*, 1804-181
B. - J.-J. Grandville, *Un autre monde*, 1843.

B

88. Paysage anamorphotique, Cl. Fortier, 1810-1820.

à Nuremberg et à Paris. A Nuremberg (1815)[21], les traits de
la figure sont modifiés. Elle représente Napoléon dont le profil se dissimule dans une falaise et les ruines du grand château du monarque universel, servant de repère aux brigands.
Par contre, le jardin romain avec ses maisonnettes et la montagne constituant une face barbue dans l'*Ars Magna* sont
presque sans changement dans la gravure française. Une série d'estampes vendues chez L. Dubois, vers 1810-1820,
dont quelques-unes signées Cl. Fortier, offrent une fidèle reproduction de la gravure ou d'un tableau arcimboldien (fig. 88).
Le commentaire rappelle la vanité et la constante transmuta-
tion des choses.

> *Le temps qui détruit tout donne à tout l'existence,*
> *Des débris que tu vois j'ai reçu la naissance...*

Il ne s'agit pas de survivance en ligne continue, mais d'un
réveil des sources successives. « *La curieuse maladie du temps,
la manie du gothique* » dont parle Michelet dans la préface
de l'*Histoire de France au XVIᵉ siècle,* écrite en 1855, ne se limite pas au Moyen Age. Le retour se fait vers des régions plus
étendues et vers des formes qui lui ont survécu en continuant
à s'enrichir. Les apports du XVIᵉ et du XVIIᵉ siècle s'y rejoignent souvent et se regroupent dans un ensemble cohérent.

Cette singulière restitution des cycles primitifs au cours
du déclin qui se poursuit depuis le XVIIIᵉ siècle avait aussi ses
prolongements. Longtemps on continuera à fabriquer des
planches à optiques dépravées, avec les images à secret dé-
crites déjà par Barbaro, mais en tombant de plus en plus
dans la trivialité. Pourtant l'effet de ces compositions reste
toujours surprenant. Une collection de lithographies qui por-
tent la marque de la librairie Decugis de Marseille et datent
de 1868[22] (fig. 89 à 91) montre Napoléon III, Napoléon Iᵉʳ,
des musiciens, des lutteurs, des scènes galantes et des obscé-
nités dessinés sans prétention mais d'un relief puissant, aux
masses solides et pleines, étrangement enchevêtrées. Avec ses

---

21. Bibliothèque nationale, coll. de Vinck, t. 75, n° 9804, et coll. Hennin, n° 13785.
22. Bibliothèque nationale, Cabinet des Estarnpes, Tb. mat. 3, la date de 1868 est
donnée par le cachet du Dépôt légal.

volumes ovoïdes, cet art abstrait évoque déjà un Moore. Un procédé élaboré et éprouvé pendant des siècles obtient toujours les mêmes résultats. La technique fait également revivre les sujets : les portraits de souverains et les images scabreuses signées par Schön ont été répandus déjà avant 1540 à Nuremberg par la maison de Stephan Hammer. Un éditeur allemand du XVIe siècle et un libraire français du XIXe siècle lancent un même genre de publications. Dans l'histoire universelle de l'imagerie, cette étonnante reprise confirme la loi de permanence et de réveils périodiques jouant sur une durée illimitée.

Réduite à une curiosité et à un divertissement, restituée ensuite dans le remous du romantisme populaire, l'anamorphose finit par se vulgariser dans une illustration à bon marché, sans se dénaturer. Elle y conserve sa force et continue à refléter l'émerveillement qui a touché jadis un si grand nombre de milieux. Des critiques d'art contemporains en ont été frappés et ils ont immédiatement songé à des écoles récentes, Sans doute l'anamorphose a-t-elle aussi pris part à l'ébranlement des formes qui ouvre la voie à toutes les diversions. Mais cette similitude n'est qu'apparente. Les songes géométriques et fantastiques de notre temps naissent dans un ordre ou dans un désordre spontanés. Ils rejoignent pourtant souvent par leur esprit des cycles antérieurs. Quand Lipchitz achetait ses deux anamorphoses, il y voyait le même complexe de l'abstraction et de la vie qu'il recherchait dans son domaine, par des moyens à lui. Il a sans doute été frappé aussi par la singularité et le mystère qui ont toujours séduit les hommes et qui ont puissamment contribué au rayonnement de ces prodiges. N'est-ce pas là dès 1925 un signe de renouveau ?

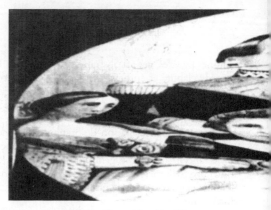

89. Anamorphose tardive : *Napoléon III*,
chez Decugis, Marseille, 1868.

90. Anamorphose tardive : *Napoléon Ier*,
chez Decugis, Marseille, 1868.

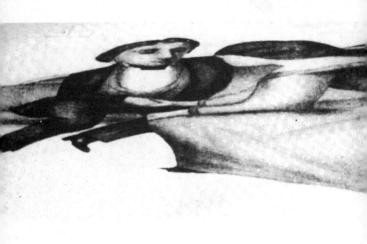

91. Anamorphoses tardives : *Couple sur un canapé et musicien*, chez Decugis, Marseille, 1868.

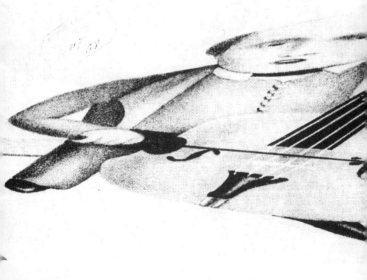

92. Anamorphoses cylindriques, E. Beck, *L'Afrique et l'Amérique*, 1740. Paris, musée des Arts décoratifs. Photos L. Sully-Jaulmes.

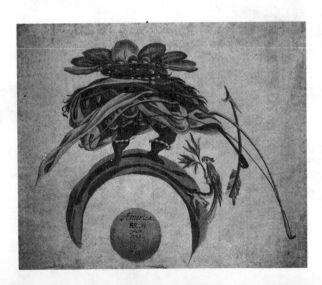

ANAMORPHOSES
À MIROIR

Parmi les anamorphoses anciennes redécouvertes au cours du XVIIIe siècle, il y avait non seulement *Les Ambassadeurs* de Holbein mais aussi le portrait rallongé d'Édouard VI (fig. 11) faisant alors partie des collections de Somerset House[1]. Horace Walpole (1762)[2] fut frappé par le tableau comme l'avait été Hentzner, le voyageur allemand qui vint en Angleterre au temps de Shakespeare en 1598. Il venait d'ailleurs d'en publier l'*Itinerarium* (1757)[3]. Pourtant son interprétation du mécanisme optique de la composition n'est pas la même. Le redressement s'y opérait non pas par une vision oblique mais par la réflexion dans un miroir cylindrique.

L'erreur est due à un nouveau système en vogue, où les anamorphoses directes sont remplacées par des anamorphoses catoptriques. Un texte contemporain, l'*Encyclopédie* de Diderot (1751)[4], en définit le principe avec une concision particulière :

> *Comme les miroirs cylindriques et pyramidaux ont la propriété de rendre difformes les choses qu'on leur expose et que*

1. La première esquisse des chapitres sur la catoptrique a été donnée dans notre article, *L'Anamorphose à miroir à la lumière des découvertes nouvelles, La Revue des Arts*, 1956, p. 85-98.

2. H. Walpole, *Anecdotes of Painting in England* (1762), Londres, 1826, vol. I, p. 228.

3. P. Hentzner, *A Journey into England in the Year MDXCVIII*, éd. H. Walpole, Strawberry Hill, 1751, p. 32. Voir chap. II, note 9.

4. *Encyclopédie ou dictionnaire raisonné...* I, p. 405. Nous avons montré dans le chapitre précédent que l'article en question se base sur un texte de Ch. Wolf (1715).

*par conséquent ils peuvent faire paroitre naturels les objets
difformes, on donne aussi, dans l'optique, des moyens de
tracer sur le papier des objets difformes qui étant vus par ces
sortes de miroirs, paroissent de leur figure naturelle.*

Le procédé consiste à disloquer l'image autour d'un miroir en forme de cylindre ou de cône, de manière qu'elle s'y
refasse, grâce aux lois des angles d'incidence, sur une surface
convexe rétrécissant et redressant les courbes. Le fonctionnement est plus précis et plus puissant, plus surprenant aussi
que dans ses formes primitives puisque le sujet est vu de face
et en même temps que sa figure déformée, tandis que dans
les perspectives directes il faut changer de position. C'est
comme le jeu d'un automate faisant surgir des tableaux directement d'un enchevêtrement confus, ce qui exclut le déguisement d'une image en une autre.

Louis Dimier fut l'un des premiers, en 1925[5], à signaler ces
amusements d'optique, des eaux-fortes coloriées du XVIIIe siècle
représentant en perspective cylindrique des scènes champêtres,
des paysans, des cavaliers et un vaisseau battant pavillon hollandais. On en retrouve depuis dans d'innombrables collections.
Le Musée des Arts décoratifs de Paris possède des gouaches datées (1740), signées par un monogrammiste EB. AH. E Beck[6],
reproduisant les continents (l'Europe, l'Afrique, l'Amérique)
personnifiés. Ce sont des figures pittoresques chargées d'atours
et d'attributs correspondants qui, déchiquetées sur le papier, se
restituent dans les reflets du miroir convexe (fig. 92). Des gravures coloriées allemandes du XVIIIe siècle, montrant Pyrame et
Thisbé, des cavaliers et des lutteurs, se trouvent au musée de
Philadelphie[7]. Avec leurs allongements baroques où le grotesque
se mêle à un maniérisme affecté, elles se rattachent à un même
groupe. De belles anamorphoses coniques, eaux-fortes coloriées de J.G. Hertel (seconde moitié du XVIIIe siècle) sont conservées au Musée technique de Helsinger (Danemark) et au musée des Sciences naturelles de Leyde, une série de J.M. Burucker

5. L. Dimier, *La Perspective des peintres et les amusements d'optique dans l'ancienne
école de peinture, Bulletin de la Société de l'Histoire de l'Art français,* 1925, p. 14 et s.
6. Voir F. Brulliot, *Dictionnaire des Monogrammes,* III, Munich, 1832, p. 49,
n° 315 et G. K. Nagler, *Neues allgemeines Künstler-Lexikon,* I, Munich, 1835, p. 222.
Ces dessins nous ont été signalés par J. Wilhelm.
7. Communiqué par K. Mc Nulty.

(1763-1808) à Zutphan, aux Pays-Bas, et à Paris[8]. Nous n'avons pas à allonger cette liste.

La richesse de certains fonds récemment recensés révèlent une remarquable extension de ces pratiques. Gouaches, dessins, gravures, lithographies anamorphotiques y sont accumulés en très grand nombre. Le Conservatoire des Arts et Métiers en compte plus de quatre cents, l'Institut parisien de documentation pédagogique près de deux cents. Ils sont, pour la plupart, tardifs, fin du XVIIIᵉ-milieu du XIXᵉ siècle. Tout en reprenant les arrangements classiques et même des thèmes anciens : des portraits secrets de rois, des scènes scatologiques et érotiques, saint François, le Christ en croix, des scènes de sorcellerie et des grotesques (fig. 94). On y retrouve jusqu'au signe de la Mort, squelette ou crâne, qui a toujours été présent dans le répertoire de ces jeux d'illusion (fig. 95).

Ce sont surtout des œuvres populaires exécutées en grandes séries[9]. D'une facture rude, aux traits grossis et énergiques, aux couleurs contrastées, les compositions s'inscrivent résolument, avec une force particulière, dans le canevas des cercles concentriques, une grille sans doute préfabriquée pour un format déterminé. On est loin des fascinations raffinées mais la brutalité même de leurs effets frappe la curiosité de milieux différents. On les vendait, ces jeux divertissants, avec un miroir et un assortiment de planches comme de nos jours des appareils de projection « lanternes magiques » avec leurs diapositives. Le commerce s'est répandu au cours du XIXᵉ siècle. Le Cabinet des Estampes de la Bibliothèque nationale possède un lot d'anamorphoses tardives dont une série lithographique, publiée à partir de 1840 par Victor Sies, avec l'annonce que « *tous les ans l'éditeur fera paraître de nouveaux sujets pour ce genre de miroir* » et que « *tout contrefacteur de ces dessins sera poursuivi par la loi* ».

Nous assistons à la dégradation d'un art vidé de son mystère en conservant toutefois le côté surprenant qui règle la puissance de ses effets. Banalisées, réduites à un article bon marché, les formes insignes se perdent progressivement dans les débordements qu'elles ont fait naître.

8. Voir le *Catalogue* de l'exposition *Anamorphoses*, Rijksmuseum, Amsterdam, et musée des arts Décoratifs, Paris, 1975-1976, n. p. Section *Estampes et Dessins*.
9. Voir pour cette dernière phase populaire la notice d'Olivier Lépine pour le *Supplément* à l'édition hollandaise, *ibid*.

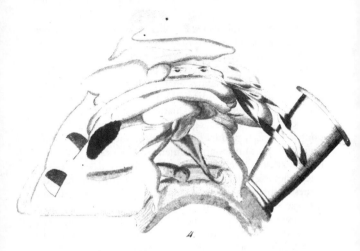

93. Anamorphose cylindrique : *Lutteurs.* Gravure coloriée,
Allemagne (?), XVIIIe siècle, musée de Philadelphie.

94. Anamorphose cylindrique : *Singe accroupi.* Gouache
populaire, fin du, XVIIIe siècle, I.N.R.P., Musée national de
l'Éducation. Photo du musée.

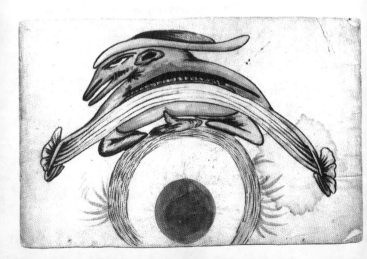

C'étaient à l'origine de merveilleux objets qui passionnaient les amateurs éclairés. Les inventaires des collections et des musées anciens en font souvent état. « *Des cylindres de métal poli qui réduisent à des justes proportions des traits indifférem- ment tracés* » figurent, entre autres, dans le Cabinet Grollier de Servières de Lyon[10] qui a été visité à deux reprises, en 1658, par Louis XIV[11]. Le musée Settala de Milan comptait deux anamorphoses cylindriques en 1664[12]. Des portraits secrets de Frédéric III (1648-1670) et de la reine de Danemark et de Norvège sont signalés à Copenhague (1696)[13]. On sait aussi qu'Olaus Worm, un médecin de la même ville, possé- dait des miroirs coniques et cylindriques dès 1655[14]. Pour les cônes, les images optiques étaient peintes à l'intérieur des boîtes rondes qui enfermaient le miroir. Des moines, des vierges nues et des squelettes en constituaient les sujets. On y voyait aussi le cardinal de Richelieu dont la présence indique une origine française de l'ensemble. Enfin une plaque circulaire de cuivre avec un personnage barbu qui se dilate autour du miroir cy- lindrique est conservée encore à Uppsala, dans le « *Kunst- schrank* », le cabinet de Gustave-Adolphe. Un inventaire de 1698 décrit un tableau anamorphotique à l'huile de la même dimension, tandis que Hainhofer, l'amateur d'art et le mar- chand augsbourgeois qui a livré le meuble en 1632, raconte qu'il a acheté, en 1629 à Dresde, des miroirs qui « *reflétaient des visages rares en perspective*[15] ». Si l'œuvre s'y rapporte, elle serait parmi les plus anciennes qui nous soient parvenues. Le caractère de la composition dénote d'ailleurs, par sa rigueur, un certain archaïsme (fig. 96).

Une *Crucifixion* hollandaise[16] (fig. 97), datée par les indices matériels d'avant 1640, appartiendrait aussi à l'une de ces

10. N. Grollier de Servières, *Description du Cabinet…*, Lyon, 1719, p. 22.

11. E. Bonnaffé, *Dictionnaire des amateurs français du XVIIᵉ siècle*, Paris, 1884, p. 291.

12. P. M. Terzago, *Museum Septalianum*, Tortone, 1664, p. 5.

13. O. Jacobaeus, *Museum regium…*, Copenhague, 1696, p. 67.

14. O. Worm, *Museum Wormianum…*, Leyde, 1655, p. 354.

15. J. Böttiger, *Philipp Hainhofer und der Kunstschrank Gustav-Adolfs in Upsala*, Stockholm, 1909, t. I, p. 32, t. II, p. 54-55, t. IV, pl. XLIX.

16. En possession de R. Korteweg, Naarden (Hollande). La photographie exécu- tée par le Rijksmuseum à Amsterdam en 1955 nous a été communiquée, avec tous les renseignements, par A. van Schendel.

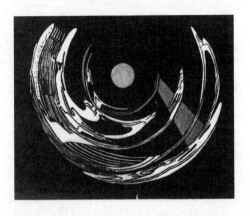

95. Anamorphose cylindrique : *La Mort*. Gouache populaire,
fin du XVIIIe siècle, musée des Techniques, C.N.A.M., Paris.
Photo du musée.

96. Anamorphose cylindrique : *Personnage barbu*. Peinture sur
cuivre, Allemagne, c. 1630. Cabinet de Gustave-Adolphe,
université d'Uppsala.

97. Anamorphose cylindrique : *Crucifixion*. Peinture sur bois,
École hollandaise, c. 1640. Amsterdam, Coll. Elffers.

98. Anamorphose cylindrique : *Érection de la Croix*.
École flamande, deuxième moitié du XVIIᵉ siècle. Rouen, musée
des Beaux-Arts, donation H. et S. Baderou. Photo Ellebé.

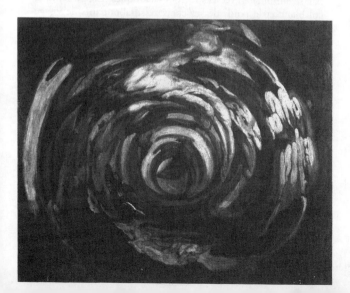

premières périodes. Toutefois, l'image y est déjà frappée par
un géométrisme suraigu et se disloque en trois bandeaux
concentriques pareils à des croissants lunaires. La scène du
Calvaire qui apparaît dans le cylindre jaillit d'un triple tourbillon, comme par miracle.

Deux compositions flamandes, l'une de la collection Rheims
(Paris), l'autre de la collection Baderou (Rouen), donnent une
version plus dynamique du thème. Elles représentent l'*Érection
de la Croix* d'après Rubens (retable de la cathédrale d'Anvers,
1610-1611) avec, en plus, deux anges de part et d'autre. Les figures n'émergent plus d'une rotation linéaire. C'est comme une
explosion, une trombe de couleurs et de taches engloutissant les
images et les formes. L'un de ces tableaux techniquement identiques présente une particularité. Celui de Rouen (fig. 98)
contient un second sujet plus surprenant et plus secret encore.
Si l'on contourne le cylindre, on y voit surgir avec stupéfaction,
derrière le Calvaire, un couple érotique, sans doute ne s'agit-il
pas d'une plaisanterie grossière ou d'un blasphème mais d'une
opposition délibérée du sacrifice et du péché. Les deux peintures sont du milieu de la seconde moitié du XVIIe siècle[17].

L'anamorphose anglaise de Charles Ier (fig. 99) contraste
par sa simplicité avec ces formes chaotiques. Écrasé entre le
col blanc et le poids de ses cheveux surabondants, le visage
du souverain est inquiétant, crispé. La robe noire avec le
crâne au milieu est celle d'un supplicié. Mais les couleurs superposées en courbes par larges plans révèlent un véritable
peintre. Un second portrait, celui de Charles II, le fils du précédent (fig. 100), qui se trouve au revers de la même planche,
reprend la même composition avec une robe rouge vif bordée d'hermine, le globe terrestre remplaçant la tête du mort,
et une lourde masse de cheveux. Somptuosité et faste succèdent à la couleur sinistre. 1660, la date limite de ces tableaux,
est fixée par l'accession au trône de Charles II.

Par un curieux concours de circonstances, nous retrouvons une même composition aux Pays-Bas : même emboîte-
ment de compartiments circulaires, mêmes proportions avec
une même face étirée dans un encadrement épais de cheveux

17. L'anamorphose de la collection Rheims est reproduite dans le *Catalogue* de l'exposition Amsterdam-Paris, n° 14, pl. 55. Nous devons la reproduction de l'anamorphose de Rouen à l'obligeance de Mlle Olga Popovitch.

99. Anamorphose cylindrique :
Portrait de Charles Ier.
École anglaise, après 1660.
Château de Gripsholm, Suède.

100. Anamorphose cylindrique :
Portrait de Charles II.
École anglaise, après 1660.
Château de Gripsholm, Suède.

A   B

101. A. - Anamorphose
cylindrique : *Portrait de
Descartes.* Pays-Bas,
Coll. Bischops, Leyde.
B. - F. Hals : *Portrait
de Descartes.* Musée du
Louvre. Photo Giraudon.

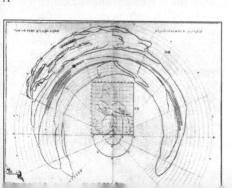

102. J.-F. Niceron :
*Anamorphose cylindrique
de saint François
d'Assise, 1638.*

et de linge (fig. 101A)[18]. Toutefois, il ne s'agit pas d'un souverain anglais mais de Descartes. L'anamorphose a dû être exécutée à Haarlem d'après un portrait de Frans Hals (fig. 101B).

La ressemblance des deux compositions, anglaise et hollandaise, pour le moins inattendue, ne pourrait s'expliquer que par l'identité des sources. Or, nous savons que Descartes, qui a gardé des relations suivies avec le Minime parisien, a reçu *La Perspective curieuse* à Utrecht, dès sa première publication. Il le mentionne dans sa lettre à Mersenne datée du 30 avril 1639. On y trouve non seulement les théories et les pratiques, mais également une image type de l'anamorphose cylindrique, une grande figure en double page sur laquelle nous reviendrons (fig. 102). En l'occurrence, c'est un portrait – l'image de saint François de Paule – dont le visage, les yeux, le nez, la bouche et même la chevelure abondante se trouvent sensiblement à la même place dans le sillon des courbes que sur le portrait tournoyant du philosophe. Sans aucun doute, son auteur s'était servi du même schéma en le prenant en contrepartie.

Le peintre anglais l'utilisa de son côté directement avec la silhouette penchée dans le même sens, probablement d'après le *Thaumaturgus opticus* (1646), version latine du traité prévue pour une plus large diffusion à l'étranger.

C'est la figure d'illustration unique d'un grand ouvrage novateur spécialisé dans la question qui se retrouve sous les traits des rois, d'un grand esprit, d'un saint, attestant la présence du facteur parisien dans des foyers indépendants. Celui-ci se manifeste par une modération et un dosage équilibré du figuré et de l'abstrait, contrastant avec les explosions anamorphotiques de la première série flamande.

Le procédé est modulé par la diversification de ces rapports. Chez Glaser (1596-1673), l'image n'est pas anéantie dans le vertige circulaire mais elle n'a pas non plus le même poids. L'artiste bâlois, dont nous avons montré une planche à perspective directe datée de 1639 (fig. 17), s'était spécialisé ensuite dans les anamorphoses catoptriques. Un portrait de Wettstein († 1666), le bourgmestre de la ville, une femme avec un fou et une allégorie de la Charité sont conservés au Musée historique de Bâle[19]. Le visage aplati du magistrat est encore par-

18. Le tableau nous a été signalé par son propriétaire M. H. Bisshops de Leyde.

19. *Catalogue* de l'exposition Amsterdam-Paris, n. p. 4, 5 et 6, Musée historique de Bâle.

faitement reconnaissable tandis que sa longue barbe, qui, divisée en deux, coule majestueusement autour du cylindre, se perd dans le tracé des courbes. Si elle tombait verticalement, elle atteindrait les pieds du personnage (fig. 103). La tête lunaire de la femme fait face au masque ichtyomorphe du fou, montrant les dents, au-dessus d'un tournoiement bizarre aux couleurs vives. Les figures se redressent parfaitement dans le cylindre (fig. 104). Un jeu malin de l'illisible et du lisible ménage dans ces compositions des effets de surprise.

Dans le portrait du souverain de Copenhague, signalé par Jacobeus (actuellement au Musée national), l'image de Frédéric III et de la reine du Danemark et de Norvège est engloutie dans les remous de l'illisible (fig. 105). Gert Dittmers[20], le peintre hambourgeois qui l'a exécuté en 1656, fait éclater toutes les mesures de Niceron. – Il ne s'agit pas, dans tous ces cas, d'évolution, d'un passage successif du simple au complexe, du modéré à l'excessif, mais d'expériences et de recherches conduites dans différents milieux au cours d'une même période – milieu seconde moitié du XVIIe siècle. Elles nous révèlent une remarquable précision technique et les ressources inépuisables d'un art en pleine éclosion et qui ne cesse de s'enrichir.

On en retrouve de magnifiques exemples plus récents dans les musées et les collections particulières[21]. Le musée des Sciences naturelles de Leyde en possède un fonds remarquable, dont un panneau d'anamorphoses cylindriques représentant un sanglier défendant son petit contre un chien, signé Hen. Kettle, actif vers 1770 (fig. 106). Un ensemble important, exécuté sans doute dans un même atelier des Pays-Bas après 1730, a été acquis à Amsterdam par un antiquaire de New York[22].

20. P. Eller, *Konigele portraetmalerei i Danemark, 1630-82*, Copenhague, 1970, p. 238.
21. Science Museum de Londres, Bayerisches Museum de Munich, Galleria Nazionale dell'Arte Antica de Rome, coll. Charles Ratton, coll. Jacques Dupont, entre autres.
22. Les dix peintures dont nous avons les photographies de R. Schiff ont été acquises en 1939 à Amsterdam par H. Tannenbaum. Elles ont été vendues chez Sotheby de New York en 1973 à Apolloni, un antiquaire romain qui les a dispersées parmi plusieurs amateurs. Dans le *Catalogue* de l'exposition Amsterdam-Paris (nos 24-26), la série est attribuée à Henri Kettle dont l'art contraste pourtant par sa sobriété avec le luxe exubérant et la complexité de ces compositions. L'identité du sujet (le sanglier), d'ailleurs courant, ne suffit pas pour attribuer le tableau important (68 cm x 69 cm) de Tannenbaum avec la perspective aux formes savamment éparpillées dans tous les sens, au même artiste qui a signé la modeste anamorphose cylindrique (37 cm x 48 cm) d'une grande simplicité et parfaitement lisible de Leyde (voir fig. 29 et 49 du *Catalogue* et notre fig. 104).

103. Anamorphose cylindrique : J.-H. Glaser.
Portrait de J.-R. Wettstein († 1666), maire de Bâle.
Musée historique de Bâle. Photo du musée.

104. Anamorphose cylindrique : J.-H. Glaser. *Une femme et un fou*. Musée historique de Bâle. Photo du musée.

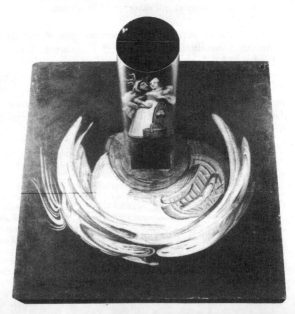

105. Anamorphose cylindrique, Gerb Dittmers,
Double Portrait de Frédéric III et de la reine de Danemark, 1656.
Musée national de Copenhague. Photo Lennart Larsen.

106. H. Kettle, Anamorphose cylindrique : *Scène de chasse avec
un sanglier,* Pays-Bas, c. 1770, musée de Leyde.

C'est une série de dix anamorphoses dont cinq prévues pour le cylindre, cinq pour le cône, avec deux scènes mytho-logiques (*Vénus et Adonis, l'Amour et Psyché*), deux scènes de musique, deux femmes aux oiseaux, une paysanne sur un âne et trois tableaux d'animaux, des sangliers, des aigles et un singe.

Dans la perspective cylindrique, la figure – sauf quelques exceptions – ne contourne pas complètement le cercle, le mi-roir, posé verticalement au centre ne reflétant l'image que d'un côté. Celle-ci ne s'étire pas en hauteur. Elle se dilate et se dé-plie, comme un éventail, en largeur. Mais les effets de ces dé-formations sont toujours aussi étonnants. La femme avec un oiseau dans une cage se ramollit comme de la cire (fig. 107). Sa tête se penche, ses traits se liquéfient et coulent avec len-teur et grâce. Dénaturés de la même façon, les musiciens com-posent un panache bouillonnant (fig. 108). Les quadrupèdes deviennent des mollusques. Psyché couchée s'arc-boute (fig, 109). Ses membres pâles s'étirent en s'affinant comme dans un délire. Une rotation désosse son corps. Les arbres fuient sous le rideau, leurs feuilles traçant des stries comme dans la fenêtre d'un rapide.

Dans les perspectives coniques construites autour d'un miroir entier qui les redresse lorsqu'on le regarde par la pointe, les dispositions sont plus extravagantes encore. Il y a plus qu'une dilatation circulaire. Le centre de la composition se reportant sur la périphérie, l'anamorphose s'ouvre comme une fleur en déchiquetant l'image. Le monde éclate avant de se refaire. Les têtes, les membres se détachent des corps et se re-tournent. Ainsi la femme qui tient un oiseau par un fil se dé-compose en trois morceaux (fig. 110). Deux bras indépen-dants jaillissent de part et d'autre de deux amas d'étoffes. Le visage est renversé et fluide. Il devient en haut une traînée lu-mineuse, prolongée par un halo bordé de boucles et de roses. Une lourde draperie s'enfle autour du cercle, indiquant la base du cône. Éclairée sur un fond sombre la vision semble apparaître dans la nuit[23]. C'est presque un tableau cosmogo-nique avec des signes mystérieux tournant à l'intérieur des

---

23. Une anamorphose identique se trouve au musée des Sciences naturelles de Leyde. Ce qui semble confirmer qu'un même modèle pouvait servir à de nombreuses repro-ductions.

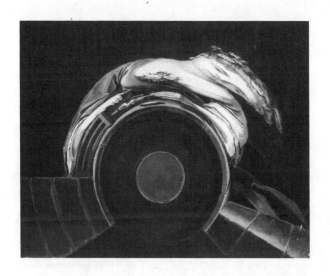

107. Anamorphose cylindrique : *Femme avec un oiseau en cage.*
Pays-Bas, XVIIIᵉ siècle, Anc. Coll. H. Tannenbaum.

108. Anamorphose cylindrique : *Joueur de luth et une femme avec un cahier de musique.* Pays-Bas, XVIIIᵉ siècle,
Anc. Coll. H. Tannenbaum.

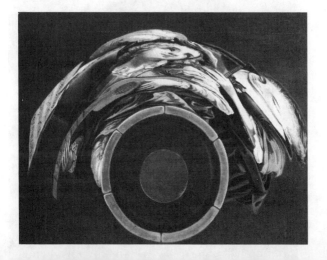

109. Anamorphose cylindrique : *Amour et Psyché*.
Pays-Bas, XVIIIᵉ siècle, Anc. Coll. H. Tannenbaum.

110. Anamorphose cylindrique : *Femme à l'oiseau*.
Pays-Bas, XVIIIᵉ siècle, Anc. Coll. H. Tannenbaum.

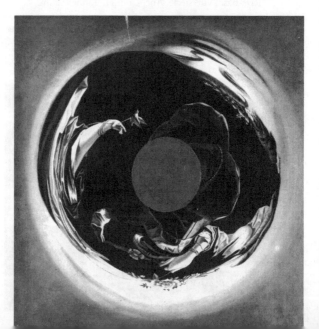

sphères. Si l'on conçoit l'opération en sens inverse, le miroir projette l'aberration des formes naturelles. Les visionnaires de tous les temps devaient aimer ces transfigurations qui en révèlent le fantastique. Le redressement au miroir, où l'on voit les formes exactes renaître d'un chaos, a d'ailleurs, lui aussi, cet élément surnaturel. Elles reparaissent non plus sur une surface unie mais dans une profondeur sans fin qui se découvre en même temps, et dans le chatoiement de reflets métalliques. L'image s'anime. Elle bouge, elle change au moindre déplacement des yeux. Elle évolue dans le domaine de féerie où toutes les choses deviennent à la fois inaccessibles et présentes.

Les sujets de ces anamorphoses sont empruntés à différents tableaux dont quelques-uns peuvent être identifiés. Ainsi la scène avec un homme jouant de la flûte devant une dame assise dans un jardin, entre une femme et un jeune nègre (fig. 111), reproduit une peinture de Lancret (*Par une tendre chansonnette*) [fig. 112][24], qui a souvent été gravée, entre autres par Ch. N. Cochin et G. F. Schmitt[25]. L'ensemble de ces œuvres ne peut donc pas se situer avant 1730, bien qu'elles reprennent aussi des modèles plus anciens. On y retrouve des groupes d'animaliers du XVIIe siècle, comme Paul de Vos, Jan Fyt, etc., souvent représentés dans ces compositions. Le singe avec un panier renversé relève de Frans Snyders[26]. *Vénus et Adonis* sont de Vouet (fig. 113). L'original, provenant de la collection Crozat, est conservé actuellement à l'Ermitage de Leningrad. Des répliques en étaient faites sur un panneau de l'Hôtel de Bullion et dans des tapisseries. Deux gravures de Dorigny, gendre de l'artiste, le reproduisent en 1638 (fig. 114)

24. G. Wildenstein, *Lancret*, Paris, 1924, p. 92, n° 328, actuellement au Fitzwilliam Museum de Cambridge. L'érudition de Charles Sterling nous a beaucoup aidés dans nos recherches d'identification.

25. E. Bocher, *Catalogue raisonné des estampes…*, IV, *Nicolas Lancret*, Paris, 1877, p. 44-45, n° 58.

26. Voir W. Bernt, *Die Niederländischen Maler des 17. Jahrh.*, Munich, 1948, n° 766. Le même singe se retrouve dans un autre tableau de F. Snyders, cf. J. Bouchot-Saupique, *La Peinture flamande du XVIIe siècle au musée du Louvre*, Bruxelles, 1947, pl. XXXIII.

27. A.-P.-F. Robert Dumesnil, *Le Peintre-Graveur français*, IV, Paris, 1883, p. 273, n° 61 ; L. Demonts, *Décoration peinte par Simon Vouet pour Claude de Buillon*, Bulletin de la Société de l'Art français, 1913, p. 69 ; M. Fenaille, *État général des Tapisseries de la Manufacture des Gobelins, 1600-1662*, Paris, 1923, 337-338.

111. Anamorphose cylindrique : *Par une tendre chansonnette.*
Pays-Bas, XVIIIᵉ siècle, Anc. Coll. H. Tannenbaum.

112. Nicolas Lancret : *Par une tendre chansonnette,* c. 1730.
Cambridge, Fitzwilliam Museum.

113. Anamorphose conique avec le miroir en place restituant l'image au centre : *Vénus et Adonis,* d'après Simon Vouet. Pays-Bas, XVIIIe siècle, Anc. Coll. H. Tannenbaum.

114. Simon Vouet : *Vénus et Adonis,* gravé par Dorigny, 1638.

115. Simon Vouet : *Miroir anamorphotique avec un éléphant,* gravé par Joan Tröschel, c. 1625.

et 1643[27]. La scène avec, à droite, la déesse assise s'opposant au départ de son amant pour la chasse, à gauche, deux chiens et un amour[28], s'inscrit dans un ovale qui, dans l'anamorphose conique, devient un médaillon circulaire. Recomposées autour du miroir, les belles figures classiques prennent un aspect monstrueux. Le buste du jeune héros, coupé en deux, pend, la tête en bas. Ses jambes gonflées sont retournées, les pieds en l'air. Le bâton se plie en arc. Les bras de Vénus se transforment en boyaux. C'est un étrange tourbillon d'éléments épars et de débris anatomiques informes qui se redressent et se ressoudent exactement dans les reflets du cône dont la pointe est marquée par une agrafe du vêtement d'Adonis.

L'intérêt de cette peinture ne réside pas seulement dans le retour en plein XVIIIe siècle à des modèles anciens. Elle nous ramène directement vers un artiste de premier plan qui semble avoir été étroitement associé à la propagation de cet art.

L'une des premières images du mécanisme catoptrique connues porte en effet sa signature. C'est une gravure où l'on voit un grand cylindre sur une table, avec l'anamorphose d'un éléphant recouvert d'un tapis à franges (fig. 115). Des satyres se pressent autour de lui. Les uns montrent du doigt le dessin déformé, les autres font des gestes de surprise en apercevant le quadrupède dans le miroir. La scène se passe dans un jardin, avec, au fond, de longues tonnelles et des cyprès. Elle se déroule comme la présentation d'une merveille inconnue. Un phylactère porte l'inscription : FORMAT ET ILLUSTRAT[29]. La planche est signée de deux noms : *Simon Vouet in.* et *Joan Tröschel sc.,* qui la situent à l'endroit et au moment où elle a été exécutée. Les deux artistes n'ont pu se retrouver qu'à Rome où Joan Tröschel (1585-1628), graveur de Nuremberg, arrive en 1624 et où Simon Vouet séjourne jusqu'en 1627.

---

28. Dans l'original, il y a quatre lévriers, dans la gravure de Dorigny, deux, dans une réplique de 1641, un seul.

29. G. K. Nagler, *Künstler-Lexikon*, XIX, Munich, 1848, p. 120, n° 20, avec l'interprétation suivante : « *Plusieurs satyres autour d'une table, dans un jardin, regardent un éléphant dans un récipient de verre et son ombre agrandie.* »

LA CATOPTRIQUE,
GÉOMÉTRIE
ET PRESTIDIGITATION

La gravure de Simon Vouet se trouve en tête de la série illustrant le fonctionnement de l'appareil et enseignant les procédés de ces compositions. Le premier ouvrage sur la question ne date que de 1630. On le doit à Vaulezard qui précise lui-même dans sa préface qu'« *aucun auteur n'en avoit jusqu'à présent escrit* » et qui présente les anamorphoses catoptriques comme une trouvaille récente. Un miroir cylindrique où, à l'image de l'éléphant, se substitue le portrait de Louis XIII, y est représenté en page de titre (fig. 116). En 1637, paraît le *Cours mathématique* d'Hérigone, en 1638, *La Perspective curieuse* de Niceron. Le jeune Minime du centre cartésien de la place Royale, qui a beaucoup contribué au développement de cet art, l'a pratiqué de longue date. Son portrait anamorphotique de Jacques d'Auzoles, « prince des chronologistes » (fig. 117), exécuté en 1631, lorsqu'il n'était âgé que de dix-huit ans, est l'un des plus anciens dessins que nous puissions dater avec exactitude[1].

Or à son retour à Paris (en 1627) où il était appelé par Louis XIII, Vouet s'est particulièrement lié précisément avec ce groupe de religieux, spécialisés sous l'impulsion du Père Mersenne dans toutes les branches de la perspective y compris la catoptrique. Le couvent avait de lui une *Sainte Mar-*

---

1. Reproduit dans Jacques d'Auzoles, *Le Mercure charitable*, Paris, 1638, p. 73. Voir chap. IV, note 3.

guerite et un *Saint François de Paule ressuscitant un enfant*. Neuf
morceaux sur les lambris avec l'histoire du saint patron de
l'ordre avaient été exécutés d'après ses cartons[2]. L'artiste sui-
vait de près les travaux de Niceron, qui le cite comme une
autorité dans l'application des règles de l'optique à la peinture et pour l'ouvrage duquel il a même fait un frontispice[3]
(fig. 118), où l'on retrouve son miroir romain avec la même
base et le même couvercle faisant voir cette fois-ci le Louis XIII
de Vaulezard. Le saint François de Paule qui représente dans
le traité une anamorphose cylindrique (fig. 102) était probablement l'une de ses œuvres se trouvant dans la maison religieuse[4]. L'anamorphose conique avec *Vénus et Adonis* dont
nous avons une réplique postérieure devait donc avoir été
conçue à cette époque par un artiste en relation avec le
maître. Elle réaffirme avec éclat le rôle du premier peintre du
roi dans la propagation de tous ces artifices qui rénovèrent
brusquement une tradition antique constituée sur les mêmes
formes et dans le même esprit de sortilèges scientifiques.

De tout temps le miroir avait une qualité surnaturelle. Déjà
le Moyen Age en célébrait les pouvoirs et les vertus :

> *Au livre des Regars prouver,*
> *Lors pourra les causes trouver*
> *E les forces des miroers*
> *Qui tant ont merveilleus poers...*

2. A. N. Dézallier d'Argenville, *Abrégé de la vie des plus fameux peintres*, IV, Paris,
1762, p. 17.
3. Le frontispice de Vouet gravé par K. Audran a été fait pour la deuxième édition
de l'ouvrage de Niceron, *Thaumaturgus opticus*, Paris, 1646.
4. Le modèle de Niceron a été reproduit par une gravure de J. Lenfant, classée au
Cabinet des Estampes de la Bibliothèque nationale dans le recueil Vouet (DA 8,
pl. 62). La même composition a été reprise dans une peinture de la Galleria Nazionale
dell' Arte Antica de Rome où elle fait partie d'une série de quatre tableaux, tous du
même format (50 x 67 cm) et certainement d'une même origine, comprenant le portrait de Louis XIII, pareil à celui de Vaulezard (1630) et du frontispice de Niceron
(1646), un Louis XIII en prière et un couple enlacé et une entremetteuse. L'ensemble
a été attribué à Niceron lui-même qui l'aurait exécuté lors de son premier séjour à
Rome en 1635 (*Catalogue* de l'exposition Amsterdam-Paris, n°s 7-10 et notes 53, 54),
c'est-à-dire avant la publication de son traité en 1638. Deux remarques doivent être
faites à ce propos : 1) le modèle de l'anamorphose de saint François de Paule par Vouet
se trouvait à Paris et non à Rome ; 2) la représentation d'une scène érotique n'est pas
conforme à l'esprit du Minime qui ne s'est jamais permis des fantaisies de cette nature.

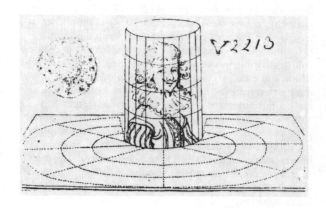

116. *Miroir anamorphotique avec Louis XIII* : I.-L. Vaulezard, 1630.

117. J.-F. Niceron :
*Portrait anamorphotique
de Jacques d'Auzoles*, 1631.

118. Simon Vouet :
*Miroir anamorphotique
avec Louis XIII,*
gravé par K. Audran, 1646.

lit-on dans Le *Roman de la Rose* (1265-1280)[5] qui parle lon-
guement du livre où Alhazen (993-1038) a compilé les catoptriques d'Euclide[6], de Ptolémée, de Héron d'Alexandrie[7].
Le cylindre et le cône figurent avec la sphère et la contre-
courbe parmi leurs quatre types fondamentaux. Et c'est Vitellion qui en a précisé, dès 1270, les modes d'emploi, où
il n'y a rien d'anamorphotique. Ils serviraient, pour lui, selon un raisonnement faussé, à projeter des figures dans le
vide : « *L'image reflétée apparaît dans l'air et hors du miroir
et ne peut pas se voir autrement.* » Ce seraient des instruments évocateurs des spectres et des morts. Les demi-cy-
lindres accolés en ont la propriété déformatrice : « *Il est possible de combiner le concave et le convexe où l'on voit une grande
diversité d'images[8].* » Ici aussi, nous sommes loin de la tech-
nicité moderne.

Le XVIᵉ siècle ne fait encore que renchérir sur ce fonds
médiéval stabilisé. En décrivant les impostures des miroirs
qui font paraître des fantômes et qui changent constamment
les apparences des objets, Corneille Agrippa (1527)[9] se rapporte toujours à Vitellion. C'est par les miroirs cylindriques
qui

> trompent les yeux de l'homme en lui faisant croire qu'il voit
> dans l'air les âmes des morts qui cependant sont des enfants
> ou des statues dissimulés ailleurs

que Jean Pena (1577)[10] explique plusieurs apparitions de dé-
funts et de génies, relatées dans l'histoire profane et dans
l'histoire sainte, tandis que Giambattista della Porta (1561 et

5. E. Langlois, *Roman de la Rose*, Paris, 1922, t. IV, vers 18041-18045. Voir aussi
G. Paré, *Les Idées et les Lettres au XIIIᵉ siècle*, Montréal, 1947, p. 254 et s.

6. Jean Pena, *Euclidis optica et catoptrica*, Paris, 1557.

7. L. Nix et W. Schmidt, *Herons von Alexandria Mechanik und Katoptrik*, Teubner
128, Leipzig, 1900.

8. Voir F. Risner, *Vitellonis Thuringopoloni opticæ libri X*, Bâle, 1572, Lib. VII, 60
et Lib. IX, 25. Voir *ibid.*, *Opticæ Thesaurus Alhazeni libri VII*. Pour le cylindre projetant des figures dans l'air, Vitellion propose des miroirs convexes, ce qui a été considéré
comme une erreur. Ce sont des miroirs concaves qui ont été préconisés pour ces évocations par ses commentateurs et interprètes.

9. H. C. Agrippa, *De incertitudine et vanitate scientiarum et artium*, Anvers, 1530,
et *Déclamation sur l'incertitude, vanité et abus des sciences et des arts*, Paris, 1582,
chap. XXVI, p. 107.

10. J. Pena, *op. cit.*, voir *Préface*, fol. cc et s.

1589)[11] se penche, en physiognomoniste[12] surtout, sur les dépravations des miroirs demi-cylindriques qui enlaidissent votre visage à mesure que vous vous rapprochez de leur surface et qui finissent par le changer en tête de cheval.

Jusqu'au début du XVIIe siècle, le cylindre et le cône sont des outils fantasmagoriques et tératologiques par excellence. Toutes les figures qui s'y soumettent prennent des aspects terribles et affreux[13]. L'opération contraire utilisant les lois de la réflexion, non pas pour déformer les images naturelles mais pour en redresser les formes dénaturées, n'a jamais été mentionnée auparavant. Mais le système nouveau se greffe sur les mêmes types fondamentaux et il relève du même domaine illusoire où les fantômes ne sont plus rejetés à l'extérieur du miroir mais naissent au sein de ses reflets profonds. La tradition magique de Vitellion survit d'ailleurs, parallèlement, avec ses opérations maléfiques chez Athanase Kircher (fig. 119) et Gaspar Schott.

Inauguré après 1615[14], le développement d'anamorphoses catoptriques passe par trois phases : tâtonnements dans l'ignorance de certaines règles jusqu'en 1630 ; études systématiques du phénomène optique par des mathématiciens échafaudant des constructions complexes peu accessibles aux artistes ; établissement, depuis 1638, des procédés pratiques en connaissance parfaite des données, ce qui

11. G.-B. della Porta, *Magia naturalis*, Anvers, 1561 et *Magie naturelle mise en quatre livres*, Rouen, 1680, Livre IV ; voir le même ouvrage en vingt livres, *Magia naturalis*, Naples, 1589, Lib. XVII, cap. IX.

12. Pour G.-B. della Porta physiognomoniste, voir J. Baltrušaitis, *Aberrations*, Paris, 1983. Pour le miroir déformateur et le miroir générateur de spectres, voir J. Baltrušaitis, *Le Miroir, révélation, science-fiction et fallacies*, Paris, 1978, chap. IX et X.

13. Voir F. Maurolico, *Photismi de lumine et umbra*, Venise, 1575, p. 30 ; R. Mirami, *Compendiosa introduttione alla prima parte della scienza degli specchi*, Ferrare, 1582 ; voir *Introduction*, n. p.

14. S. de Caus (*La Perspective avec la raison des ombres et miroirs*, Londres, 1612) ; qui a pourtant poussé loin ses théories anamorphotiques et dont l'érudition ne peut être mise en doute, n'a pas encore pensé à cette utilisation du miroir qu'il fait cependant intervenir comme un outil de perspective correcte. S. Marolois (*Perspective contenant la théorie et pratique d'icelle*, La Haye, 1614) ne donne, lui aussi, que l'anamorphose directe. En 1630 encore, l'année de la publication de Vaulezard, Mydorge qui fait pourtant état d'une anamorphose directe (voir chap. VIII, note 2) ne présente conformément à Leurichon (1624) les « *miroirs bosses ou convexes, columnaires ou pyramidaux* » que comme des outils déformateurs par excellence (*Examen du Livre des récréations mathématiques*, Paris, 1630, p. 199 et s.).

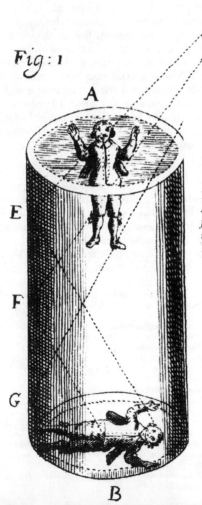

Fig : 1

A

E

F

G

B

119. Athanase Kircher :
*Miroir cylindrique
faisant paraître
une image dans l'air*,
1646.

ressort tout au moins des textes et des explications dans les ouvrages techniques.

« *Ceux qui les premeirs ont fait ces figures pour le miroir,* dit Vaulezard (1630)[15], *ne l'ont pas fait correctement* » et il se charge des calculs nécessaires. Le système se base sur les rayons incidents qui frappent le miroir, et les rayons réfléchis qui partent du même point d'intersection vers l'œil sous le même angle. Il en résulte des compositions rayonnantes avec de violentes déformations où le carré devient un large segment de cercle, où les segments de cercle s'agrandissent progressivement en sorte qu'« *un nez, un bras, une jambe, le corps deviennent comme un filet* ».

Vaulezard est le premier à en préciser géométriquement le mécanisme. Sa figure d'illustration pour le cylindre (fig. 120) comprend un cercle – le miroir ABC – et un triangle BTC – la pyramide visuelle. La corde BC correspond à la base du panneau virtuel qui coupe verticalement le cylindre parallèlement à son axe et sur lequel la ligne TD, tirée du point principal (T), tombe perpendiculairement. La corde DC est divisée comme le côté du panneau quadrillé en six parties égales – BH, HE, ED... « *La figure ou portrait proposé* », le prototype doit être formé d'abord sur ce plan avec une graticulation (fig. 121), puis projeté sur le panneau horizontal par des rayons qui semblent traverser un miroir transparent.

Cela se fait, comme pour une anamorphose directe plane, à partir de deux points : le point principal T et le point de vue V, qui s'y élève sur la hauteur voulue. TV est parallèle à AZ, le côté du cylindre. Sur le dessin, les verticales sont présentées horizontalement.

Dans la figure obtenue par cette opération, les lignes TB(ω)... THo... représentent les montantes du quadrillage prototype. Les rayons venant de V marquent leurs intersections avec les transversales. Nous avons là un arrangement classique avec la *costruzione legittima*. C'est cette anamorphose directe qui doit être transposée maintenant dans le système catoptrique, en repérant pour chaque rayon réfléchi son rayon incident. Pour les montantes (Fλ), les rayons requis (FR) sont établis par un triangle isocèle (FNO, FR étant le

15. I.-L. Sr. de Vaulezard, *Perspective cylindrique et conique*, Paris, 1630.

prolongement de son côté OF), tandis que les points de leur intersection avec les transversales qui en commandent la position s'obtiennent par la distance qui les sépare de la circonférence du miroir, les rayons incidents RF, QG ayant la même longueur que les rayons réfléchis Fλ, Gυ. Pour paraître droite et horizontale dans le miroir, la courbe d'une grille anamorphotique doit passer par les points P, Q, R, S... Une multiplication des divisions donnerait une plus grande précision de ce parcours. Le dessin est bien articulé mais difficile à lire.

La perspective conique ne soulève pas les mêmes problèmes (fig. 122). Il n'y a ni transversales ni montantes nécessitant des calculs compliqués mais uniquement des cercles et des diamètres avec l'image virtuelle placée à la base même du cône. Ce sont des cercles concentriques qui se répandent autour du prototype, pareils aux vagues après la chute d'une pierre dans l'eau, dont il ne reste qu'à établir l'élargissement progressif. Sa projection se fait directement avec le point de vue (E), fixé à la hauteur voulue au-dessus de la pointe A du miroir et le point principal F dont l'axe AG (EG = GF) prolonge un côté supposé (CA) du cône. Les rayons incidents (OA, NA...) des rayons réfléchis (AE, YE) seront établis par les intersections des deux faisceaux sur la superficie CA du miroir dans A, Y, X, Z. Il ne reste qu'à dessiner au compas les cercles concentriques ayant OB, NB, etc., pour semi-diamètre.

Si la composition d'une grille conique est simplifiée par rapport au cylindre, il n'en est pas de même pour la transposition du prototype. C'est que pour être vue correctement sur la surface d'un cône, l'image doit être disloquée et renversée dans toutes les directions, de sorte que ses plus petites portions (BK, KI...) au centre remplissent intégralement les registres circulaires les plus éloignés et les plus grands (ON, NM) et inversement. Il en résulte un éclatement et un anéantissement total de la figure dont la restitution, quand l'œil se place en E, est d'autant plus inattendue.

Théoriquement exacte et pratiquement réalisable, la perspective conique de Vaulezard était reprise par la suite sans modifications, comme un modèle classique. Ce sont les anamorphoses cylindriques, avec leur problème de la courbe, qui furent l'objet des préoccupations et des recherches d'une solution pratique.

Hérigone (1637)[16] construit le même schéma que Vaulezard en simplifiant l'opération (fig. 123). Le trapèze (HPMN) du carré quadrillé du prototype (HPLQ), représenté dans le cylindre (λBAG), est projeté directement du point suboculaire (D). sans précision sur la hauteur de l'œil. Le niveau de l'horizontale supérieure est fixé par l'entrecroisement de son rayon latéral (DP) dans M avec la verticale (ωM) représentant un des côtés du miroir.

Pour la transposition de la figure iconographique dans le réseau des réflexions catoptriques, les rayons incidents sont repérés sans triangulation par recoupement des angles égaux (<λBE = < OBD, < BOφ = < ROD), tandis que les points d'intersection avec les transversales sont établis par la distance de réflexion depuis la circonférence du cylindre (SB = BH, EB = BN, φO = Oα…). On reconnaît les solutions de Vaulezard mais Hérigone va plus loin en reproduisant l'ensemble des registres circulaires que l'on pourrait obtenir par ce moyen. Le schéma n'est pas absolument exact. Ayant été tracé au compas son centre se situe sur l'axe DC, légèrement au-dessus du point R, loin du centre du cylindre. Un arrangement s'y trouve préconisé par un mathématicien au détriment d'une précision absolue.

En reprenant ces investigations, Niceron[17] suivra les deux voies : expérimentale et théorique. Dans sa *Proposition IV,* le Frère Minime revient vers Vaulezard avec une surenchère de précision (fig. 124). La base du miroir (EDGF), l'axe visuel (AB), les deux rayons tangents (BDV et BEX), le point de vue fixé sur une horizontale (BZ) et le côté du cylindre (FY) restent à leur place. Mais le système comprend maintenant quelques innovations techniques.

Les divisions (1, 2, 3, 4, 5, 6, 7) du carré-prototype dont le côté (AABB) égale la dimension du diamètre (DE) sont reportées intégralement sur le côté (FY) du miroir à la hauteur voulue de leur reflet. Et les rayons partant de Z qui passent par ces points vont non pas vers une transversale (MP chez Vaulezard, NM chez Hérigone) mais sur la verticale de l'axe (BA) où ils pointent leur projection (r, s, t, u, x, y, z). Celle-ci est reportée sur les rayons incidents (Qd, Rh…) à une lon-

16. P. Hérigone, *Cinquième et dernier tome du cours mathématique,* Paris, 1637, p. 216.
17. J.-F. Niceron, *La Perspective curieuse,* Paris, 1638, Livre III.

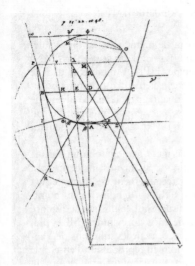

page.
20
Trauersalles

BC, ou A D lesquelles seront appelées montantes; à cause qu'elles paroissent ainsi que les costés du miroir cylindrique. Pareillement la hauteur D A, ou CB, sera divisée en cant de parties egalea qu'il viendra à plaisir, comme en K,L,M,N,O, tirant aussi des lignes par les poincts de chacune division, paralleles à BA, ou CD, lesquelles seront dites transuersalles pour autant qu'elles coupét le cilindre en travaers, & toutes ces lignes diuiserone la figure en plusieurs quartés egaux. En apres il faut trouuer en la superficie du cilindre les lignes faites par les intersections de

120. I.-L. Vaulezard, *Géométrie de l'anamorphose cylindrique,* 1630. Photo Flammarion.

121. I.-L. Vaulezard, *Anamorphose cylindrique. Graticulation du prototype,* 1630. Photo Flammarion.

122. I.-L. Vaulezard, *Géométrie de l'anamorphose conique,* 1630. Photo Flammarion.

123. P. Hérigone, *Géométrie de l'anamorphose cylindrique,* 1637. Photo Flammarion.

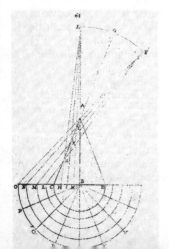

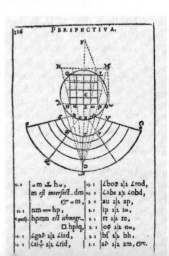

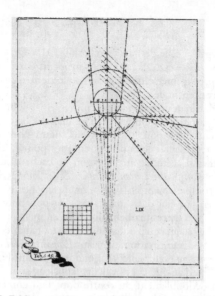

124. J.-F. Niceron, *Géométrie de l'anamorphose cylindrique, Proposition IV,* 1638. Photo Flammarion.

125. J.-F. Niceron, *Géométrie de l'anamorphose conique,* 1638. Photo Flammarion.

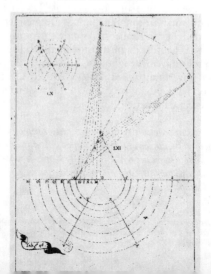

gueur égale à celle des rayons réfléchis (Q1 = Qr, Q7 = Qz ;
R1 = Rr, R7 = Rz…). Les rayons incidents eux-mêmes sont
établis par des intersections des arcs de cercle avec un deuxième
cercle concentrique (MNO)[18].

Le dessin tout parsemé de chiffres et de lettres sur des
rayons partant vers l'infini, bien au-delà des besoins, est in-
compréhensible pour un peintre d'autant plus qu'on n'y
trouve représentée aucune des courbes pour la définition
desquelles il a été monté. Niceron ne cache d'ailleurs pas
qu'« *il y a difficulté à bien tracer ces lignes courbes* ». Il y re-
nonce complètement et laisse sa figure inachevée.

S'il en fait état dans son traité, c'est pour montrer qu'il
n'ignore rien de ces mathématiques et, en même temps, leur
vanité. Le schéma qu'il utilise lui-même est radicalement simplifié et sa démonstration, dans la « *Proposition III* », est faite
sur une image exemplaire, et, notamment, saint François de
Paule (fig. 126-127). Les calculs laborieux sont remplacés
par un dédoublement du centre dont l'un commande les
rayons des montantes, l'autre les rouages des transversales.
Le premier (E) est celui du cylindre (FGHI). Le second se
trouve aux trois quarts du semi-diamètre EI. La grille anamorphotique peut être établie ensuite automatiquement.
Les douze rayons partant comme dans une perspective conique du même centre sont tirés à la règle. Les cercles concentriques, quatorze en tout, au compas ; le premier au niveau
où l'on voudrait voir l'apparition du prototype sur le cylindre,
le second à la hauteur d'une division du quadrillage, les autres
élargis progressivement à vue ou au compas de proportion
avec une ouverture passant de 20 à 21, etc. C'est une sim-
plification hardie. Niceron convient que tout n'est pas absolument exact dans cette géométrie.

> *Cette construction semble estre faite sans observation des
> angles d'incidence et de réflexion et sans distance et hauteur
> de l'œil déterminées ; aussi ne prétends-je pas qu'elle soit
> dans une parfaite démonstration de toutes les maximes de
> la Catoptrique.*

18. Le déplacement des points d'incidence QRST de la circonférence sur l'axe du
miroir, préconisé par Niceron, ne correspond pas à la démonstration graphique de la
figure d'illustration.

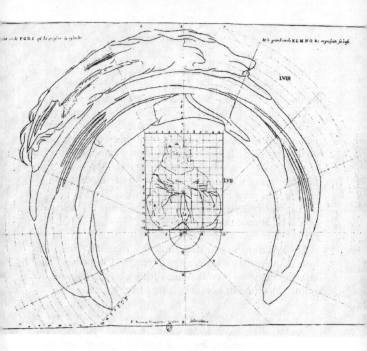

le cercle **VGHI** est la section du cylindre

et le grand cercle **KLMNO** &c represente sa base

LVIII

LVII

F. Iacobus Franciscus Nicerón Π delineabat

126. J.-F. Niceron, *Anamorphose cylindrique de saint François de Paule, Proposition III*, 1638.

127. Simon Vouet,
*Saint François
de Paule,*
gravé par J. Lenfant.

Mais elle est parfaitement intelligible, facile à faire et elle produit aussi un bel effet. Ceux qui en ont vu dans la Bibliothèque de la place Royale ont été pleinement satisfaits.

Un certain jeu des éléments n'est d'ailleurs pas exclu même dans les plus savantes compositions. Leur précision mathématique est impossible pour la transposition d'une petite portion carrée de la figure sur un registre curviligne dix ou vingt fois plus long. Il y a toujours une transgression et un flottement. Loin de compromettre le système, ces approximations ne font qu'en accroître les moyens.

Pour les compositions coniques Niceron a fidèlement suivi la géométrie de Vaulezard (fig. 125).

Les anamorphoses catoptriques peuvent être installées partout, même dans le décor architectural. On peut les faire en marqueterie ou en mosaïque, sur les planchers autour des miroirs en forme de colonnes incorporées à l'édifice[19].

> Ce sera une nouvelle merveille, quand après avoir veu le corps de ces colomnes esclatant de lumière par leur beau poly et sans aucune image ou peinture, à mesure qu'on s'en approchera, on verra s'eslever dedans petit à petit les images ou représentations [...] on pourroit commodément construire de ces figures au haut de l'ornement d'une cheminée qui auroit à chasque costé une colomne ou miroir cylindrique qui entreroit dans l'ordre de son Architecture et qui serviroit encore à réunir et à reflechir les especes de ces figures qu'on dresseroit à propos.

Des miroirs coniques peuvent être suspendus à des plafonds et dans des grottes ouvragées de rocailles,

> de sorte que quiconque se rencontreroit directement sous la pointe du miroir, en regardant en haut, y verra une image bien proportionnée naistre d'une confusion des traits et de couleurs mises comme à l'avanture et sans dessein.

Le frontispice du *Thaumaturgus opticus* (1646) en montre un, accroché à la voûte d'un arc de triomphe.

19. J.-F. Niceron, *op. cit.*, p. 93 et 97.

Ces grandes compositions permettent une multiplication des éléments. Le lieu de la réflexion se modifiant avec le déplacement du point de vue, plusieurs images peuvent être peintes autour du même cylindre. Des réseaux qui s'emboîtent et qui contiennent chacun une représentation indépendante projettent successivement, à mesure que l'on avance, des figures différentes.

> *Et de cette façon on peut faire 6, 7, 8 pourtraits differens qui sembleront à celuy qui s'en approche peu à peu, monter l'un après l'autre dans le miroir et s'esvanoir par le haut.*

L'homme qui s'attend à se voir lui-même dans la surface polie se trouve en face d'un défilé de visages étrangers. Niceron donne même l'adresse d'un artisan spécialisé dans ces installations :

> *Monsieur Seigneur au faubourg S. Germain a qui j'ai donné des modeles et que j'estime un des bons ouvriers que nous avons à Paris pour le present pour faire de ces miroirs de metal de toute sorte.*

L'article ne semble pas encore être courant dans le commerce. En combinant ses mises en scène dans un esprit de prestidigitation et de théâtre, le Père Minime sentait profondément la poésie de ces machinations optiques. En fait la *Perspective curieuse* n'était pour lui pas autre chose que la *Magie artificielle des effets merveilleux*, comme il l'annonce dans son sous-titre. Aux sèches spéculations et aux calculs arides se superpose un domaine enchanté.

La Perspective pratique d'un religieux de la Compagnie de Jésus (le Père Du Breuil, 1649)[20], qui succéda au livre de Niceron en devançant ses dernières éditions (1652, 1663), montre ces installations à l'intérieur des cabinets et des salons (fig. 128), des miroirs en forme de colonnes avec des bases, des chapiteaux et des figures fixées sur le plafond et un cylindre sur une table. Il y a aussi des précisions sur les sujets :

20. Le P. Du Breuil, *La Perspective pratique*, III, Paris, 1649, fig. p. 218.

128. Le P. Du Breuil :
Cabinet des anamorphoses catoptriques, 1649.

*Les objets pourraient estre de Nostre Seigneur d'un costé et
de Nostre Dame de l'autre : ou du Roy et de la Royne ou
du Maistre et de la Dame du logis.*

Pour le schéma de la composition (fig. 129), Du Breuil
maintient l'usage du compas en rectifiant toutefois certaines
inexactitudes de Niceron. Les rayons tangents (EK, EL), la
base (BC) du prototype se trouvent légèrement au-dessous
du centre et les graduations des cercles sont calculées sur une
figure de l'élévation du miroir séparée (*bn, dg*). Il y a deux
points de vue (*o* et *F*) pour deux distances, l'une (*de*) plus
courte jusqu'au devant (*dg*), l'autre (*be*) jusqu'au côté (*bn*) du
cylindre. Obtenues avec cette double projection, les divisions
progressives *h, i, k, l, m*, d'une part, *p, q, r, s, t*, de l'autre,
sont reportées sur les rayons correspondants, ED, pour les premières, (E) BK et (E) CL pour les secondes.

Or, trois points (*mtt, lss, krr…*) situés sur les trois axes suf-
fisent pour obtenir le centre de leur cercle en se servant d'un
procédé courant à l'aide du compas. Ce ne sont pas des
cercles concentriques, mais le glissement des centres se fait,
comme chez Niceron, sur le même axe. L'ensemble est monté
avec une opération séparée pour chaque registre et il fonctionne correctement.

*Ces cercles estans regardés par le trou de la lunette parois-
sent sur le cylindre comme les transversantes du prototype 5,
6, 7, 8, 9.*

Pour les perpendiculaires, les rayons incidents peuvent
être établis soit en divisant les grandes portions du cercle
ELK en autant de parties, soit avec un procédé complexe
jouant avec le compas (fig. 130).

Quels que soient ses arrangements perfectionnés, Du Breuil ad-
met qu'il ne parvient toujours pas à une incontestable perfection

*car dans l'extrême exactitude, ce ne seroit pas un cercle par-
fait a raison qu'on ne trouveroit la portion de devant le Cylindre un peu plus serrée que celle de derrière.*

L'établissement de la ligne courbe se heurte toujours aux
mêmes difficultés. Et c'est en transgressant les règles bien

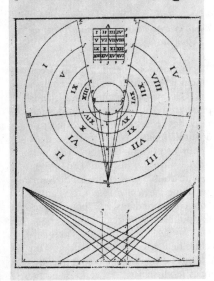

129. Le P. Du Breuil :
*Géométrie de l'anamorphose
cylindrique, Pratique XII,*
1649. Photo Flammarion.

130. Le P. Du Breuil :
*Géométrie de l'anamorphose
cylindrique, Pratique XIII,*

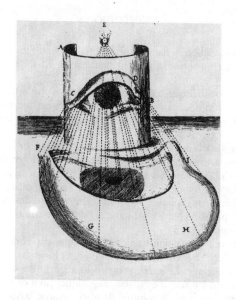

131. M. Bettini : *L'Œil du cardinal Colonna,*
anamorphose à miroir cylindrique, 1642.

132. M. Bettini : anamorphose conique, 1642.

connues, élaborées dans l'abstraction, que l'on retrouve, depuis Niceron, un arrangement pratique.

Niceron marque une étape dans cette évolution, mais la
propagation des anamorphoses catoptriques est due, avec Du
Breuil, à une école des Jésuites parmi lesquels Bettini, Kircher et Schott.

Les *Apiaria* de Bettini (1642)[21] sont en retard sur la science
du temps, en proposant, pour le cylindre, une simple projection à la lumière, dans l'ignorance totale du mécanisme catoptrique. L'image de l'œil, monstrueusement dilaté, qui a
été reprise par Ozanam pour une anamorphose directe, vaut
moins par son côté technique que par l'explication qui l'accompagne (fig. 131).

Cet œil a une signification. C'est celui du cardinal Colonna dont l'accession à toutes les dignités fut présagée par la
science optique. Le jeu de mots (colonne cylindre-Colonna)
donne lieu à toute une exégèse allégorique. L'œil de Colonna
se reformant dans la colonne de glace incarne la vue lucide
du prélat tandis que la restitution de son image défigurée, qui
s'y opère, correspond au redressement et au salut des âmes
égarées par le péché au sein de l'église bolonaise.

L'anamorphose conique avec le miroir présenté par le côté
et non par la pointe, hors du foyer de réflexion (fig. 132), a
fait aussi l'objet de ces interprétations. On la retrouve, telle
quelle, dans une figuration allégorique de la Peinture et de la
Poésie que Tesauro (encore un Jésuite) a mise au frontispice
de son *Cannocchiale aristotelico* (Turin, 1654)[22]. Les figures y
sont assises l'une en face de l'autre (fig. 133)[23]. La Poésie scrute
le soleil tacheté avec une lunette galiléenne. La Peinture a devant elle un chevalet où elle achève le tableau représentant le
cône de Bettini, dressé dans un paysage montagneux. Elle y
inscrit elle-même au pinceau, sur le plateau horizontal, des
signes cabalistiques indéchiffrables. C'est la devise *Omnis in
unum* qui se découpe, parfaitement lisible sur la surface conique. *Omnis,* tout, toutes choses, le monde entier dans son

21. M. Bettini, *Apiaria universæ philosophiæ mathematicæ*, Bologne, 1642, *Apiarium* V, fig. p. 5 et 7.
22. M. A. Rigoni, *Il cannochiale e l'idea* dans *Communita* n° 179, avril 1978,
p. 337 et s.
23. A. Kircher, *Ars Magna lucis et umbræ*, Rome, 1646, p. 134-136.

133. Allégorie
de la Poésie
et de la Peinture.
Frontispice de Tesaure,
Turin, 1654.

134. Athanase Kircher :
anamorphose
cylindrique, 1646.

EGREGIO INSPERSOS REPREHENDIT CORPORE NÆVOS. Horatius

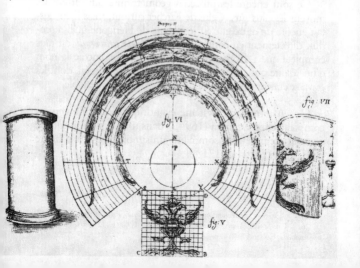

chaos, ses divisions et ses énigmes, y reparaît dans l'harmonie et la clarté *in unum*, le miroir étincelant symbolisant un
ordre supérieur. C'est la devise de l'Académie des Solitaires
de Turin dont Tesauro faisait partie qui y est illustrée ana-
morphotiquement. Elle a été reprise avec le même miroir dans
le blason du prince Maurice de Savoie.

Avec leur fond de merveilleux, les *Apiaria* de Bettini ont
fait sentir la poésie de ces machines spéculaires mais c'est Kircher (1646) qui, avec son *Ars Magna,* en a assuré la diffusion,
accompagnée de quelques rectifications techniques. On y retrouve l'anamorphose cylindrique à la chandelle de son
confrère bolonais, mais également Niceron (Du Breuil n'a
pas encore paru) avec un schéma simplifié sans élargissement
progressif des cercles concentriques qui suivent exactement
les divisions horizontales équidistantes de la graticulation. Leur
centre est marqué par une lettre (P). L'œil de Colonna et
saint François de Paule sont remplacés, dans les deux cas, par
l'aigle bicéphale (fig. 134).

En reprenant les principales combinaisons connues dans
son recueil encyclopédique, Gaspar Schott (1657)[24] ne
manque pas de signaler l'inconvénient des projections à la
chandelle qui devraient être faites avec un papier très épais et
dans une *camera oscura.*

Ce sont encore les procédés géométriques qui offrent les
moyens les plus sûrs. Celui de Kircher surtout, mais il en existait encore un autre et c'est le schéma de Hérigone qu'il reproduit directement en contrepartie. La *Magia universalis* est plus
complète que l'*Ars magna,* mais il lui manque encore le nom
d'un Jésuite qui aurait dû y figurer, le Père Du Breuil, dont les
travaux étaient pourtant d'une importance incontestable.

On en retrouve le système cylindrique dans une version
complexe chez Ozanam (1694)[25] dans une version simplifiée
avec un commentaire sommaire, un simple renvoi à la figure
chez Sturm (1704 et 1718)[26].

24. G. Schott, *Magia universalis naturæ et artis,* t. I, Wurzbourg, 1657, *De ana-morphosi catoptrica,* p. 152-169.
25. Ch. Ozanam, *Récréations mathématiques et physiques,* Paris, 1694, vol. I, p. 247.
26. J. Ch. Sturm, *Mathesis Juvenilis,* Nuremberg, 1704, p. 127 et s, et *Mathesis compendiaria,* Cobourg, 1714, p. 33 et s.

Il ne s'agit plus d'ouvrages spécialisés mais de recueils généraux, des manuels scientifiques abrégés, récréations mathématiques et optiques où les recettes d'anamorphoses catoptriques sont reproduites parmi tant d'autres comme des curiosités techniques. Elles reparaissent dans les traités de Ch. Wolf (1715 et 1747)[27], dans les *Leçons élémentaires d'optique* de l'abbé de la Caille (1756)[28]. Fernando Galli Bibiena (1799)[29] les introduit dans son architecture comme un caprice baroque.

Des machines spéciales sont combinées pour ces compositions. Leur inventeur est Jacob Leupold, membre de l'Académie de Berlin, spécialisé dans le perfectionnement et la fabrication des instruments scientifiques, sur lesquels il publia sept livres importants. Ce sont des appareils à roues de diverses dimensions, manœuvrés avec des câbles qui se rallongent dans les mêmes proportions que les déformations anamorphotiques. Il y en a un pour le cylindre, un autre pour le cône. Les deux machines ont été présentées, en 1712, dans les *Acta Eruditorum* de Leipzig et firent l'objet, vers 1715, d'une petite publication à part : *Anamorphosis mecanica nova,* rapidement épuisée. On les retrouve, ensuite, dans un recueil posthume paru en 1739[30].

Leibniz s'intéressa à ces divertissements optiques en tant que mathématicien et philosophe et il en parle dans l'un de ses essais :

> ... *lorsqu'on dit que ce tableau doit faire voir un portrait on aura raison de dire qu'il est confus, parce qu'on ne saurait dire si c'est celui d'un homme, d'un singe ou d'un poisson, cependant il se peut que lorsqu'on le regarde dans un miroir cylindrique, la confusion disparoisse et que l'on voie que c'est un Jules César*[31].

27. Ch. Wolf, *Elementa matheseos universæ*, Halle, 1715, p. 183 et s.
28. Abbé de la Caille, *Leçons élémentaires d'optique*, Paris, 1756, p. 56 et s.
29. F. Galli Bibiena, *Direzioni della Prospettiva teorica correspondanti a quella dell' architettura*, Bologne, 1732, p. 90-91.
30. J. Leupold dans *Acta Eruditorum anno MDCCXII* Leipzig, 1712, p. 273-274 et 367-368, et *Theatri machinarum supplementum*, Leipzig, 1739, cap. VII, §§ 89-96, pl. XVII et XVIII.
31. G. W. Leibniz, *Nouveaux Essais*, Livre II, chap.XXIX, § 8, éd. Raspe. Le passage a été cité par M. V.-David, *Le Débat sur les écritures et l'hiéroglyphe aux XVIIe et XVIIIe siècles*, Paris, 1965, *Appendice 1, Le symbolisme des anamorphoses*, p. 141-142.

Nous rejoignons la période de la plus large propagation. Les anamorphoses que l'on montrait auparavant dans des foyers d'études scientifiques, des cabinets de curiosités, des *Wunderkammern* ou dans des demeures seigneuriales comme des chefs-d'œuvre à secret, deviennent maintenant des jouets populaires sans perdre rien de leur fascination magique. On en fabrique à tous les prix, dans toute l'Europe.

Avec ses avantages pratiques et l'automatisation de son effet, l'anamorphose catoptrique prend, dans une certaine mesure, la relève de l'anamorphose directe.

Mais, entre-temps, les Jésuites les ont portées jusqu'en Chine. En décrivant diverses installations du couvent de Pékin où il y avait des automates, des instruments astronomiques, des chambres obscures et des lanternes à projection, le Père du Halde (1735)[32] mentionne aussi plusieurs anamorphoses : le passage mérite d'être reproduit intégralement :

> *Le P. Grimaldi donna un autre spectacle des merveilles de l'Optique dans les jardins des Jésuites de Péking qui étonna fort tous les Grands de l'Empire. Il fit sur les quatre murailles quatre figures humaines, chacune de la longueur de la muraille qui étoit de cinquante pieds. Comme il avoit parfaitement gardé les règles de l'Optique, on n'y voyoit de front que des Montagnes, des Forests, des Chasses et autres choses de cette nature. Mais d'un certain point on y apercevoit la figure d'un homme bien fait, et bien proportionné. L'Empereur honora la Maison des Jésuites de sa présence et considéra ces figures fort long-tems et avec admiration. Les grands et les principaux Mandarins qui y venoient en foule étoient dans la même surprise. Mais ce qui les frappoit davantage, c'étoit de voir des figures si régulières et si exactes sur des murailles très irrégulières et entre-coupées de plusieurs portes et de fenestres.*
>
> *Il seroit trop long de rapporter toutes les figures tracées confusément, et que l'on voyoit distinctement d'un certain point ou que l'on redressoit avec des miroirs coniques, cylindriques, pyramidaux et d'autres prodiges de l'Optique que le P. Grimaldi présentoit aux plus beaux esprits de la*

32. Le P. J.-B. du Halde, *Description géographique, historique, chronologique, politique et physique de la Chine*, Paris, 1735, t. III, p. 268-269.

*Chine et qui attiroient également leur surprise et leur ad-
miration.*

Parmi ceux-ci se retrouvait

> *un tube avec un verre polygone qui par ses différentes faces
> ramassoit en une seule image plusieures parties de différens
> objets ; en sorte qu'au lieu d'un paysage, des bois, des trou-
> peaux et de cent autres choses représentées par le Tableau on
> voyait distinctement un visage humain, un homme et
> quelque autre figure fort exacte.*

On reconnaît l'appareil dioptrique dont Niceron apprit le
fonctionnement à Lyon en 1635. Avec l'encombrement des
instruments scientifiques de toute espèce, la maison et le jardin de la Mission de Pékin évoquent *L'Académie des Sciences
et des Arts* de Sébastien Leclerc.

La description traduit le texte latin de Ferdinand Verbiest
(1687)[33], Jésuite belge qui hérita d'Adam Schall la présidence
du Tribunal d'Astronomie et des Mathématiques. Quant à
l'auteur de ces anamorphoses, le Père Grimaldi[34], d'origine
piémontaise, il vint en Chine en 1669, participa à une mission en Moscovie auprès de Pierre le Grand, en 1686, qu'il
prolongea par un séjour en Occident et mourut à Pékin en
1712. C'était un savant renommé, en relations avec Leibniz[35].

Quel singulier destin que ce déploiement de perspectives
anamorphotiques dans un couvent à l'autre bout du monde !
Montées entre 1669 et 1685 par les Jésuites pékinois, elles
prennent directement la suite des jeux optiques des Frères Minimes parisiens et romains y compris les vastes peintures murales dans les cloîtres. Le Père Grimaldi succède à Niceron.

La présence de ces installations insolites dans un foyer de
missionnaires au sein d'un peuple exotique est due au fait

---

33. F. Verbiest, *Astronomia Europæa sub imperatore Tartaro sinico Cam Hy,* Dillin-
gen, 1687, p. 75-77. Le P. H. Bosmans (*Documents relatifs à Ferdinand Verbiest,* Bruges,
1912) fait état d'une lettre de Verbiest au sujet d'anamorphoses datée du 20 août 1670.

34. Pour les missionnaires en Chine en général, voir le P. L. Pfister, *Notes biogra-
phiques et bibliographiques sur les Jésuites de l'ancienne Mission de la Chine,* Shanghai,
1932.

35. Voir L. Davillé, *Leibniz historien,* Paris, 1909, p. 88.

que l'on croyait que la meilleure voie d'accès auprès de l'Empereur K'ang-hi (1654-1722) et de ses sujets était l'astronomie et les mathématiques :

> *Les Jésuites voyant comment la protection de ce grand Prince étoit nécessaire à la propagation de l'Évangile*, écrit à ce propos le Père du Halde, *n'oublièrent rien pour picquer sa curiosité et contenter le goût naturel qu'il avoit pour les Sciences. Ils lui donnèrent d'abord la connaissance de l'optique...*

Aussi ce sont surtout des érudits, des astronomes, des physiciens et des mathématiciens que l'on sélectionnait pour la Chine. Pékin devint un centre scientifique important avec une *Wunderkammer*. Sans doute les expériences et les démonstrations qui s'y faisaient ont-elles été conduites dans cet esprit de conquête intellectuelle et dans le cadre d'une mission civilisatrice. Maniée par les Jésuites, l'anamorphose devient, en quelque sorte, un instrument de conversion au christianisme. Mais il y avait aussi la nostalgie d'hommes perdus dans un pays lointain, se réfugiant dans leurs études familières, les poursuivant sur un terrain nouveau. Il s'y produit d'ailleurs des rencontres et des conformations pour le moins inattendues. C'est que la Chine avait sa propre tradition d'anamorphoses catoptriques.

PRESTIDIGITATION
CHINOISE

Nous connaissons un certain nombre d'anamorphoses chinoises[1] (fig. 135 à 137) dont l'uniformité des éléments indique une production en grande série. On y voit des couples d'amoureux, des sujets érotiques, une femme dans un rocher spongieux (fig. 138), un éléphant portant un homme, des cavaliers et un guerrier avec un sabre dans chaque main.

De même qu'en Occident, les dimensions et l'emplacement du miroir sont indiqués par un cercle. Celui-ci se change parfois en une boule, posée devant les figures dilatées, qui en rehausse le caractère énigmatique.

Ce sont des anamorphoses cylindriques, mais dessinées directement, sans aucune aide d'une trame linéaire, toujours si nettement accusée sur la circonférence et le moyeu de la composition : ni quadrillage ni transposition calculée des traits délimités par un carré, dans un segment de cercle, mais seule la virtuosité de la main. Sans doute, l'artiste dessinait-il en regardant dans le miroir, avec l'image à reproduire à côté. La figure y surgissait semblable à elle-même, au fur et à mesure

---

1. Les anamorphoses chinoises dont nous faisons état appartiennent à l'ancienne collection de Georges Salles (six anamorphoses achetées à Pékin en 1924), à M. Ch. Ratton (quatre anamorphoses dont une de la série Salles) et à M. M. Manoukian (trois anamorphoses appartenant à une série de huit acquises en 1929 chez Vignier par M. Kelekian). La série Salles est peinte sur soie, les deux autres sur papier. Les dimensions sont approximativement les mêmes (35 cm x 30 cm), de sorte que le même miroir de 4 cm environ de diamètre peut servir dans tous les cas.

que le travail avançait. L'Extrême-Orient a toujours su saisir les choses sur le vif et il avait le sens de l'astuce. La méthode donne des combinaisons plus souples où le sujet n'est jamais complètement dénaturé ce qui correspond au premier stade en Occident. La présence de tableaux identiques (le couple d'amoureux, la femme dans le rocher) dans différentes collections confirme le recours systématique à des modèles préétablis.

Ces surprenantes figurations anamorphotiques seraient-elles une réplique chinoise des catoptriques de Grimaldi et de son groupe d'opticiens et de mécaniciens ? *A priori* les textes des Pères Verbiest et du Halde ne devraient pas laisser le moindre doute à ce sujet s'ils ne mentionnaient aussi des machines hydrauliques et pneumatiques dont les Célestes faisaient, avec les automates, leur propre gloire séculaire. Il s'agissait de chars et de bateaux sur roues. Or Semedo[2], un Jésuite portugais, en a vu d'autres, à Pékin même, vers 1630, et notamment dans des cortèges funéraires dont il décrit le déroulement :

> *Les Machines marchent devant, qui sont des grandes effigies d'hommes et de Chevaux, d'Éléphans, de Lyons, de Tigres... suivent d'autres Machines à sçavoir des Chariots de Triomphes, pyramides et autres choses semblables... Ces Machines sont suivies d'une grande multitude de peuple...*

Il semblerait que ce n'est pas à l'Occident qu'il reviendrait ici de donner une leçon.

En ce qui concerne la peinture, on sait combien les Chinois étaient rebelles aux apports de l'Europe. L'enseignement de la perspective donné par le Père Buglio, venu en Chine en 1639, avec trois tableaux qu'il a offerts à l'empereur, est resté théorique. Un essai de son application dans un ouvrage classique sur le tissage et sur l'agriculture par Tsiao Ping-Tcheng (1696)[3], qui travailla avec les Jésuites au Tribunal d'Astronomie, fut également sans suite. Enfin, Wou-li qui vint à Rome en 1681 n'y a

2. A. Semedo, *Relatione della grande monarchia della China*, Rome, 1643, et *Histoire universelle de la Chine*, Paris, 1645, p. 107-108.
3. O. Franke, *Keng tschi t'u, Ackerbau und Seidengewinnung in China*, Hambourg, 1913, p. 80-81.

135. Anamorphose chinoise : *Couple d'amoureux*. Peinture sur papier, période Wan-Li (1573-1619). Coll. N. Manoukian.

136. Anamorphose chinoise : *Cavalier*. Peinture sur soie, période Wan-Li (1573-1619). Anc. Coll. G. Salles.

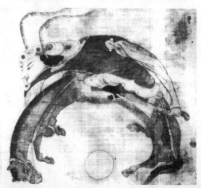

137. Anamorphose chinoise : *Guerrier à cheval*. Peinture sur soie, période Wan-Li (1573-1619). Anc. Coll. G. Salles.

rien appris pour son art. Par la nature de sa vision, l'Extrême-Orient vit en dehors des perspectives linéaires. Les éléments occidentaux n'y apparaissent, à cette époque, que dans des représentations chrétiennes ou des figurations d'Européens, où ils revêtent un accent exotique[4].

Or les anamorphoses qui nous sont parvenues n'ont pas un trait commun avec ces groupes et leurs sujets sont très loin d'une inspiration jésuite. Quant au mécanisme catoptrique, les miroirs avaient eu, en Chine, depuis toujours, un prestige légendaire et ils servaient à toutes les fins. Il y en avait de toute espèce, doués de propriétés multiples : des miroirs prophétiques, des miroirs parlants, des miroirs faisant danser et chanter des oiseaux, des miroirs rendant visibles les formes imperceptibles des esprits. Le feu pur du soleil se captait avec des miroirs ronds, l'eau pure de la lune avec des miroirs carrés. La nuit, les hommes se protégeaient contre les forces du mal avec des miroirs en forme de boule qu'ils suspendaient au-dessus du lit[5]. Au cours de fouilles dans le Turkestan chinois, un miroir a été découvert qui lorsqu'on l'agite produit un son, tandis que les « miroirs magiques » qui nous sont également connus projettent sur un écran les figures sculptées sur leur revers. Des textes en font mention dès le milieu du IXe siècle et une explication du « *miroir qui laisse pénétrer la lumière* » par le dessin en cuivre plus brillant a été donnée par Wou-k'ieou yen (mort en 1311)[6]. On a trouvé depuis que le secret réside dans la structure de la surface réflé-

4. Pour les apports européens à l'art chinois, voir F. Hirth, *Uber fremde Einflüsse in der chinesische Kunst*, Munich, 1896, p. 45 et s. ; B. Laufer, *Christian Art in China, Mitteilungen des Seminar für Orientalische Sprachen*, XIII, 1910, p. 100-118 ; P. Pelliot, *La peinture et la gravure en Chine au temps de Matthieu Ricci*, *T'oung pao*, XX, 1920-1921, p. 1-18 et *Les influences européennes sur l'art chinois au XVIIe et au XVIIIe siècle*, conférence faite au musée Guimet, le 20 février 1927, Paris, 1948 ; R. L. Hobson, *The Later Ceramic Wares of China*, Londres, 1925, chap. X, *European Influences*, p. 97-103 ; H. Bernard, *L'art chrétien en Chine au temps du P. M Ricci, Revue d'Histoire des Missions*, XII, 1935, p. 199-225 ; S. Schüller, *P. Matteo Ricci und die christliche Kunst in China, Katholischen Missionen*, 1936, p. 3-8 ; J. Jennes, *L'art chrétien en Chine au début du XVIIe siècle*, *T'oung pao*, XXX, 1937, p. 129-133.

5. F. Hirth, *Chinese Metallic Mirrors*, New York, 1906 (reprinted from the Boas Memorial Volume). Voir aussi la notice de P. Pelliot, *T'oung pao*, XX, 1920-1921, p. 142-156.

6. Le texte a été publié par St. Julien (*Notice sur les miroirs magiques des Chinois et leur fabrication, Comptes rendus des séances de l'Académie des Sciences*, XXIV, 1847, p. 2 et s.) qui l'attribue à Wou Tseu-hing, identifié par P. Pelliot (*T'oung pao*, XX, p. 1-13) à Wou-k'ieou yen.

chissante concave, avec des parties plates correspondant aux ornements du dos[7]. Il existait aussi, au Japon, un miroir qui, regardé obliquement, présentait l'image d'un dieu bouddhique. Le dessin (anamorphotique ?) aurait été exécuté avec une pâte qui ne se voyait pas de face, mais uniquement de biais, même après le polissage du métal[8]. Par la diversité de leurs aspects, par la singularité de leurs énigmes et la saveur de leurs fables, ces miroirs faisant paraître l'invisible surpassent de loin les quatre types fondamentaux de l'Occident. De sorte que l'on peut se demander si, en voyant les anamorphoses catoptriques de Grimaldi, les mandarins et l'empereur ont été réellement surpris. Pour les machines mouvantes leur intérêt devait se limiter à des détails techniques.

De même que pour les automates, ce sont les missionnaires qui semblent avoir été d'abord frappés par l'abondance et la qualité des miroirs dans le pays. « *Les mirouers sont fort estimez en la Chine* », signale le Père Jarric dans son rapport sur un voyage à Pékin en 1600[9]. A son retour d'Extrême-Orient, en 1665, le Père Grueber raconte que :

> *leurs miroirs* (des Chinois) *sont tous de bonne estoffe et comme ils sont forts experts sur l'art de fondre ou jeter les métaux, ils font de fort beaux miroirs concaves, lesquels on a fort bon marché*[10].

Les miroirs sont mentionnés même à propos de la prestidigitation. Une relation des ambassadeurs hollandais envoyés à Pékin en 1655 décrit certaines de ces représentations populaires :

> *La Chine est remplie de basteleurs et de joueurs de farces. On y en voit aucuns qui divertissent les spectateurs avec des*

7. M. Govi, *Les miroirs magiques des Chinois, Annales de Chimie et de Physique*, vol. 20, 1880, p. 99-100 ; A. Bertin, *Étude sur les miroirs magiques, ibid.*, vol. 22, 1881, p. 472-513 ; H. Dember, *Ostasiatische Zauberspiegel, Ostasiatische Zeitschrift*, N. F., IX, 1933, p. 203-207.

8. W. E. Ayrton et J. Perry, *Sur les miroirs magiques du Japon, Annales de Chimie et de Physique*, vol. 20, 1880, p. 120.

9. Le P. Pierre du Jarric, Tolosain, *Histoire des choses mémorables advenues tant ez Indes Orientales que autres païs de la découverte des Portugais*, t. III, Bordeaux, 1613, p. 964.

10. *Relation de divers voyages curieux*, IV, Paris, 1672, *Voyage à la Chine des P. P. Grueber et d'Orville*, p. 16.

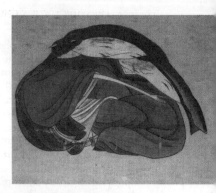

138. Anamorphoses chinoises
Ci-dessus : *Couple d'amoureux*, peinture sur papier ;
ci-contre : *Femme dan. un rocher spongieux*, peinture sur soie.
Période Wan-Li (1573 1619). Paris,
Coll. Charles Ratton.
Photos Flammarion.

139. Anamorphose chinoise : *Guerrier avec un sabre dans chaque main*. Peinture sur papier. Période Wan-Li (1573-1619).
Coll. N. Manoukian.

rats ou des souris qu'ils font danser au son d'une gamme... Les autres jouent de la gibecière, font entrer un filet par le coin de l'œil et le tirent dehors par le nez, font paroistre les spectateurs avec les testes d'asnes, font voir des brins de paille transmués en dragons et mille autres subtilités et singeries qui passeroient auprès de beaucoup de monde pour des sorcelleries... Et de vray, les plus fins sont surpris d'étonnemens quand ils voyent de certaines actions qui semblent excéder le pouvoir de la Nature par ce que les causes n'en sont connues qu'aux Physiciens.

L'auteur explique ensuite certains de ces tours et il conclut :

Voilà comment la plupart des actions des Basteleurs et des opérations de la Magie naturelle sont réputées des sorcelleries par ceux qui ne les pénètrent pas. Que si vous adjoustez icy toutes celles qui se font par beaucoup des artifices, et, entr'autres par le moyen des miroirs et d'autres inventions de l'Optique, vous vous étonnerez moins du grand nombre de Magiciens que le vulgaire croit estre dans le monde[11].

Aucune combinaison anamorphotique n'est spécifiée dans cette mention, en termes généraux des « *artifices au moyen de miroirs* » comme il n'y a pas non plus de précisions sur tout autre subterfuge optique utilisé au cours de ces divertissements.

Il serait toutefois surprenant que les prestidigitateurs chinois n'aient pas eu recours à ces pratiques connues et parfaitement conformes au caractère de leurs spectacles.

Il reste maintenant à savoir si le facteur chinois a pu vraiment jouer dans la constitution des anamorphoses catoptriques en Europe et quelles auraient pu être les voies de son action. Trois faits doivent être relevés en relation avec l'ensemble des problèmes :

1° Pour que l'anamorphose directe soit complétée, en Occident, par l'anamorphose catoptrique, il a fallu attendre plus

11. J. Nieuhoff, *L'Ambassade de la Compagnie Orientale des Provinces-Unies vers l'Empereur de Chine*, Leyde, 1665, seconde partie, *Description de l'empire de la Chine*, p. 33-34.

d'un siècle, ce qui correspond à un moment où les rapports avec la Chine sont renoués par l'entremise des missionnaires et des savants qui se sont particulièrement intéressés à l'optique.

2° L'anamorphose catoptrique s'y constitue non pas par extension et par transposition des perspectives géométriques évoluées, en possession de tous leurs raffinements, dans le domaine de la réflexion, mais indépendamment et sous une forme archaïque.

3° L'une des premières anamorphoses cylindriques actuellement connues représente un éléphant, emblème d'Asie par excellence.

Faut-il en conclure que les anamorphoses catoptriques sont un orientalisme greffé avec retard sur des structures occidentales et refondues avec leurs éléments ? Les données formelles et historiques convergent, si surprenant que cela puisse paraître, dans ce sens. Toutes les anamorphoses chinoises en notre possession remontent à l'époque Ming. L'armure du soldat avec les sabres que l'on voit sur l'une de ses compositions est bien de ce temps (fig. 139). Les épaulières à écailles métalliques garnies de fourrure descendant jusqu'aux coudes et les tassettes du même type qui protègent le devant des cuisses, enfin l'étoffe nouée autour du cou et couvrant les épaules sont analogues à l'accoutrement des statuettes de guerriers s'échelonnant de 1500 jusqu'au début du XVIIe siècle[12]. Dans la plupart des cas, elles représentent Kouan Yu, le héros militaire des Trois Royaumes, canonisé au XIIe siècle et qui devint en 1594 le dieu de la Guerre, sous le titre de Kouan-ti. Une porcelaine du XVIe siècle[13] le montre vêtu d'une façon particulièrement proche de la figure anamorphotique. On y retrouve jusqu'à la bande passant de biais sur la poitrine. Et, d'autre part, les couples licencieux relèvent directement d'un cycle éro-

12. Voir E. Gorer et J. F. Blacker, *Chinese Porcelain and Hard Stones*, Londres, 1911, vol. I, pl. 66, 67, 81 et 92 ; R. Schmidt, *Chinesiche Keramik von der Han-Zeit bis zum XIX. Jahrh.*, Francfort-sur-le-Main, 1924, pl. 78 ; R. L. Hobson, *The George Eumorphopolous Collection, Catalogue of the Chinese, Corean and Persian Pottery and Porcelain*, vol. IV. *The Ming Dynasty*, Londres, 1927, pl. LXXIII, D. 349, pl. LXXIV, D. 350.

13. Victoria and Albert Museum, R. L. Hobson et A. L. Hetherington, *The Art of Chinese Potter*, Londres, 1923, pl. CXXXI et S. Jenyns, *Ming Pottery and Porcelain*, Londres, 1953, fig. 114 B.

tique qui se développe en Chine dans les limites précises des règnes de Longch'ing (1567-1572) et de Wan-li (1573-1619) et qui cesse complètement avec l'installation des T'sing en 1644[14]. Les pieds des femmes, enserrés dans des rubans, leurs sous-vêtements, « *mo-hioung* », couvrant les seins, sont identiques. La dame dans le rocher spongieux figure aussi dans l'une de ces illustrations. L'imagerie avait une version à secret dont le traitement et les détails correspondent exactement à la même période[15]. Une date où ces anamorphoses étaient non seulement en faveur en Chine, mais aussi répandues loin de ses frontières, nous est d'ailleurs donnée avec beaucoup d'exactitude.

Un singulier concours de circonstances a fait en sorte que c'est en Occident que nous trouvons cette précision. L'éléphant qui y timbre un incunable du système n'est pas seulement un symbole de l'Orient. Avec son harnachement et son tapis, son arrangement devant le miroir, il reproduit l'une des compositions dont nous faisons précisément état (fig. 140 et 142). La planche a été gravée, on s'en souvient, vers 1625 à Rome, mais le sujet provient d'ailleurs et il est plus ancien. Vouet arrivait en Italie non pas de Paris mais de Constantinople où il s'est rendu, en 1611, avec la suite de Charles Harlay de Sancy, ambassadeur auprès de la Sublime Porte. Son séjour dans la cité ouverte aux grands marchés d'Orient et d'Extrême-Orient dura un an environ, jusqu'à son départ pour Venise. La tradition rapporte qu'il assista à une audience d'Ahmed Ier dont il aurait même fait un portrait[16]. Or le sérail avait un pavillon spécial pour les collections chinoises construit sous Soliman II le Magnifique (1520-1566) par l'architecte Sinan et rebâti après un incendie en 1574[17]. L'artiste avait aussi de nombreuses occasions de découvrir ces dispositifs à surprise dont il a pu faire des dessins ou même se pro-

---

14. R. H. van Gulik, *Erotic Colour Prints of the Ming Period*, Tokyo, 1951.

15. Nous devons à V. Elisseeff, qui a bien voulu s'intéresser à cette recherche, des suggestions précieuses et l'aide la plus amicale.

16. A. Félibien, *Entretiens sur les vies et sur les ouvrages des plus excellens peintres*, Trévoux, 1725, t. III, p. 392, voir aussi Y. Picart, *La vie et l'œuvre de Simon Vouet*, I, *Les jeunes années et le séjour en Italie*, Paris, 1958, p. 11.

17. B. Miller, *Beyond the Sublime Porte, the Grand Seraglio of Stamboul*, New Haven, 1931, p. 106.

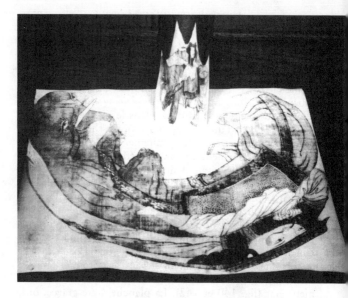

140. Anamorphose chinoise : *Éléphant monté par un personnage*.
Peinture sur soie, période Wan-Li (1573-1619). Anc. Coll. G. Salles.

141. Anamorphose de Simon Vouet (détail) : *Éléphant*,
gravé par Joan Tröschel, c. 1625.

curer des spécimens[18]. L'anamorphose cylindrique qu'il montre exposée dans un jardin romain est Ming et elle relève d'un fonds qui ne date pas de ce début du siècle. Il est possible que la figure, elle-même étalée sur la table, ait été reproduite directement d'après une pièce authentique rapportée, mais non sa réflexion dans le cylindre (fig. 141). Celle-ci prend place, en effet, dans un panneau coupé en haut par une horizontale qui normalement se décompose en trois courbes elliptiques correspondant chacune à un côté du tableau. L'image doit surgir comme sur une scène théâtrale surmontée d'un rideau festonné et non pas dans une vitrine rectangulaire. Il semblerait ainsi qu'il n'y avait pas encore à Rome de miroirs cylindriques qui auraient pu permettre à l'artiste de reproduire exactement à la fois l'anamorphose et son reflet.

Il n'est peut-être pas sans intérêt de faire intervenir ici la description par Mlle de Scudéry d'un autre palais constantinopolitain, celui d'Ibrahim Bassa, le héros de son roman (1641)[19], où s'amassait « *tout ce que la Perse, la Chine et le Japon peuvent avoir de rare et de riche* ». Il y avait des globes, des cartes, des instruments mathématiques, des astrolabes.

> *Mais comme Ibrahim ne se contentoit pas des choses nécessaires et qu'il vouloit encor les agréables il y avoit quantité de ces peintures qui par des raisons d'optique font de si belles et de charmantes illusions. Il avoit, donc, pour cet effet des Cilindres de diverses grandeurs.*

Sans doute, le récit est-il romancé mais il contient des éléments précis et nous pouvons nous demander quelles ont pu être les sources de la description d'une demeure orientale remplie d'anamorphoses catoptriques. Établi à Paris depuis

---

18. Contrairement aux collections européennes constituées par un afflux massif de porcelaines K'ang-hi, ce sont les porcelaines Ming du XVIe siècle qui prédominent dans les collections des sultans turcs. On les comptait par milliers. Voir E. Zimmermann, *Die Porzellanschätze des Kaiserlichen Schatzhauses und des Museums zu Konstantinopel, Der Cicerone,* III, 1911, p. 496-503, *Die Porzellanschätze des alten Serai, Ostasiatische Zeitschrift,* N. F., IV, 1927-1928, p. 134-150 et *Altchinesische Porzellane im alten Serai,* Berlin, 1930. Voir aussi R. L. Hobson, *Chinese Porcelain at Constantinople,* suivi de remarques de Sir P. David, dans les *Transactions of the Oriental Society,* 1933-1934, p. 18.

19. Madeleine de Scudéry, *Ibrahim ou l'illustre Bassa,* Paris, 1641, p. 422.

142. Anamorphose chinoise :
*Éléphant monté par un
personnage.* Peinture sur soie,
période Wan-Li (1573-1616).
Anc. Coll. G. Salles.

1627, où Mlle de Scudéry arrive en 1630, Simon Vouet se trouve parmi les hommes susceptibles de fournir des renseignements pittoresques sur la Turquie à un auteur réunissant une documentation pour la couleur locale de son roman. Et d'autre part, nul mieux que lui, qui a été émerveillé par ces objets, n'aurait pu en faire valoir la préciosité exotique.

Quoi qu'il en soit, le dessin de l'éléphant dans le miroir demeure capital pour l'histoire de leur transmission de Chine sur le Bosphore et du Bosphore à toute l'Europe. Exécutée en Italie par un Allemand, d'après le tableau d'un Français en relation avec un groupe de savants préoccupé précisément par ces problèmes, la plus ancienne image que nous ayons d'un cylindre spéculaire marque une croisée de chemins qui mènent vers les foyers de sa plus grande propagation, alimentés aussi par des afflux directs.

Introduit sur un terrain propice et au moment d'une vogue croissante de ces divertissements optiques, l'anamorphose à miroir se répandit en Occident avec une fulgurante rapidité et s'intégra si complètement à ses combinaisons qu'il ne pouvait être question d'une origine étrangère. Moyen plus sûr et plus spectaculaire, elle a fini par éclipser les perspectives directes se dégradant au cours du XVIIIᵉ siècle, de sorte qu'Horace Walpole, lui-même, a fait la confusion entre les deux techniques.

Ce sont ces formes perfectionnées, montées sur des réseaux complexes mises au point en connaissance de toutes les règles de la réflexion qui ont été montrées, vers 1675-1680, dans le couvent scientifique de Pékin. Pour leur établissement, les Jésuites de la mission se sont probablement basés sur les ouvrages de leurs confrères, Du Breuil, Kircher ou Schott, sans soupçonner qu'il s'agissait de chinoiseries ayant charmé leurs précurseurs il y a plus d'un demi-siècle. Les Chinois qui assistaient à la démonstration de Grimaldi devaient la regarder avec malice en opposant dans leur esprit la rectitude mathématique aux ruses et aux subtilités de la prestidigitation et en cherchant à mesurer la différence de leurs effets.

Peu importe, du reste, ces variations. Quel que soit le mode de fabrication des anamorphoses catoptriques, on les voit se propager et se refaire partout sous le même signe. En Chine, où le surnaturel et la réalité sont confondus, et en Europe, où la science est révélée alors comme une merveille, ces mécanismes à surprise répondent au besoin de singulier, de surprenant, d'impossible. Ce sont des jouets mécaniques qui ont ravi les hommes, qui les ont divertis et qui les ont fait méditer sur les lois de la nature et sur les artifices qui les dominent. Par les opérations brutales, décomposant et déformant la vie pour l'intégrer au monde de l'illusion, ils démontraient aussi, sous forme de paradoxe, les pouvoirs de la peinture et en ont fait sentir l'essence féerique.

RÉSURGENCES
ET RENOUVEAUX

Et les anamorphoses du XXᵉ siècle, les anamorphoses d'aujourd'hui ? Y a-t-il continuité, oubli, reprise, extension d'un système qui traverse imperturbablement les quatre siècles précédents ? Réduite à un jouet divertissant, l'anamorphose se trouve mêlée depuis un certain temps à un commerce spécialisé dans ces objets de plus en plus curieux : lanternes magiques, stéréoscopes, praxinoscopes, stroboscopes. Et elle se perd dans l'abondance du choix offert à un public de plus en plus exigeant. L'éclipse a duré quelques décennies autour de 1900. Deux notes d'érudition de 1925 et 1927 (Dimier et Show[1]) ont été les premières à soulever l'ensemble des problèmes. Mais le réveil plus général de l'intérêt pour les anamorphoses ne s'est produit que dans les années 30, sous l'impulsion des surréalistes et d'amateurs d'art. Les anamorphoses, parmi lesquelles les panneaux du XVIᵉ siècle de Lipchitz, figurent à l'exposition « *Fantastic Art, Dada, Surrealism* », organisée par Alfred Barr au Museum of Modern Art de New York en 1936[2]. En 1937, Tristan Tzara reproduit une planche de Schön en tête de son illustration du *Fantastique comme déformation du temps*[3]. En 1939, Herbert Tannenbaum

---

1. L. Dimier, *La perspective des peintres et les amusements d'optique dans l'ancienne école de peinture*, Communication de la séance du 9 janvier 1925, *Bulletin de la Société de l'Histoire de l'Art français*, 1925, p. 10-14 ; J. B. Show, *The Perspective Picture : A Freak of German Sixteenth-Century Art, Apollo*, VI, 1927, 208-214.

2. G. Hugnet, *Fantastic Art, Dada, Surrealism*, New York, 1936, fig. p. 77.

3. *Cahiers d'Art*, 1937, p. 195 et s.

achète à Amsterdam dix anamorphoses catoptriques du XVIIIe siècle qui ont fait sensation. En 1965, l'anamorphose figure naturellement dans une exposition *Quelques ancêtres du surréalisme* de la Bibliothèque nationale[4]. Entre-temps, la connaissance du sujet était accrue. En procédant à nos investigations, nous n'étions pas seuls. Des érudits, des conservateurs de musées (H. Schwartz, J. Wilhelm, M. Nulce, H. Haug, M. Gardner entre autres) y ont contribué de leur côté. Enfin, une grande exposition centrée sur nos recherches, *Anamorphoses,* à Amsterdam (Rijksmuseum) et à Paris (musée des Arts décoratifs), organisée en 1975-1976 par Arthur van Schendel et François Mathey, a réuni une somme impressionnante de matériaux. Son succès fut incontestable et il s'est étendu bien au-delà des spécialistes et des amateurs éclairés.

En 1976-1977, l'exposition a été accueillie par plusieurs grands musées des États-Unis. Ses matériaux ont été largement utilisés par A *Museum of Fun,* exposition itinérante au Japon, organisée par le journal *Ashahi Shimbum,* en 1970-1980. Parmi diverses manifestations organisées autour du même sujet, notons entre autres les expositions de Rochester (1975), de Pontoise (1977-1978) et de Bologne (1978)[5].

Un phénomène curieux s'était produit parallèlement à tous ces développements. Le mot « *anamorphose* », mot hermétique et rare, commence à se répandre.

On le voit utilisé dans des domaines nouveaux, ainsi des titres littéraires et autres cas inattendus :

ANAMORPHOSE (recueil de poèmes) de Frances de Dalmatie, Paris, Seghers, 1957.

ANAMORPHOSE, avec, sur la bande, PERSPECTIVES CURIEUSES ET RÉFLEXIONS DÉPLACÉES (recueil d'écrits) de Jean-Claude Hémery, Paris, Denoël, L.N.,1970.

---

4. *Quelques ancêtres du surréalisme. Catalogue de l'exposition de la Bibliothèque nationale,* Paris, 1965, p. 70-80.

5. L'exposition de Rochester, *Curious Deceptions in Art and Play,* janvier-avril 1975, a été organisée par Lillian Silver ; celle du musée de Pontoise, *Cent vues d'optique et curiosités, de l'anamorphose à l'Op' Art* (décembre 1977-janvier 1978), présentée par Véronique Léry. A Bologne, les anamorphoses ont été présentées dans le cadre de l'exposition *L'altro occhio di Polifemo* (mars-avril 1978) par Giorgio Marcon et Attilia-Scarlini.

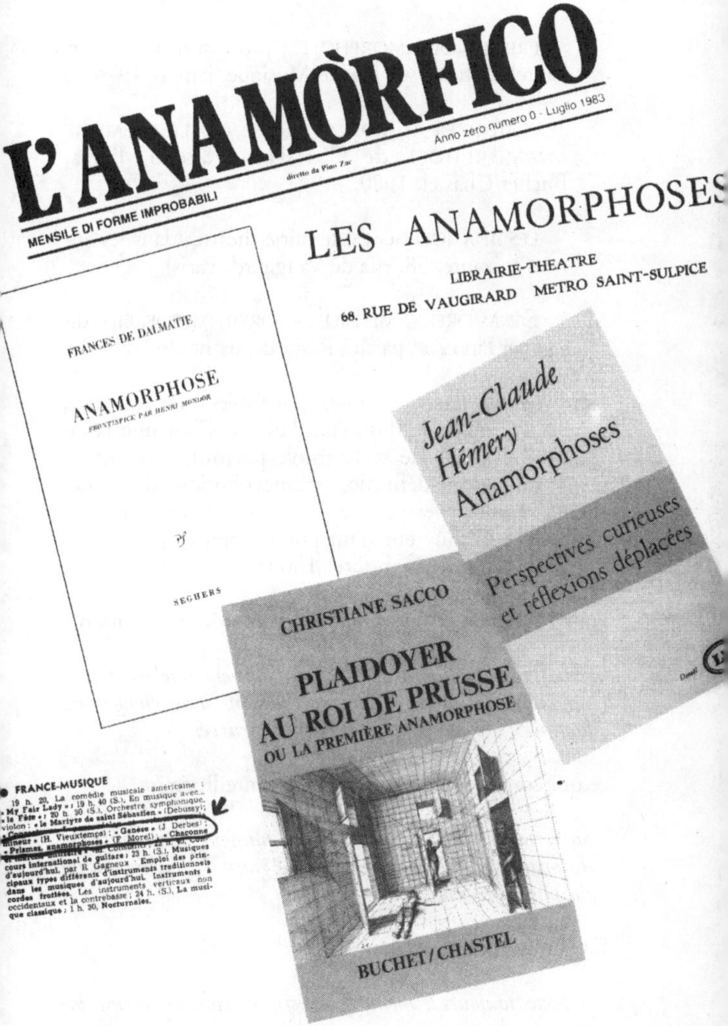

143. Affiche et titres.

PRISMES, ANAMORPHOSES, pièce musicale de F. Morel, diffusée sur France-Musique, janvier 1974.

PLAIDOYER AU ROI DE PRUSSE OU LA PREMIÈRE ANAMORPHOSE de Christiane Sacco, Paris, Buchet/Chastel, 1980.

LES ANAMORPHOSES, librairie-théâtre (dans les années soixante, 68, rue de Vaugirard, Paris).

L'ANAMÒRFICO MENSILE DI FORME IMPROBABILI, dirigé par Pino Zac, paraît à Rome depuis novembre 1983.

Nous voyons, dans ces reprises spontanées du même mot, le signe d'une mode et d'un état d'esprit. C'est une fascination. L'anamorphose se retrouve partout. Frances de Dalmatie donne une définition anamorphotique de la poésie même, avec ses perspectives perdues dans l'infini et ses images qui se découvrent d'un point secret et précis correspondant à l'œil du poète. L'amour serait lui aussi comme une anamorphose.

Pour Hémery, l'anamorphose est, d'abord, déformation :

malaise, tout d'abord. Un lacis de courbes enmêlées, étirées. On entrevoit, soumis à d'étranges torsions, à des élongations forcenées, des corps flasques, confus, incurvés

ce qui correspond à un tout autre genre littéraire

où certains textes, manifestement, naissent par réfraction, distorsion, analyse combinatoire ou gratuite, fragmentation du plus conventionnel des récits.

L'auteur conclut :

ce texte, toujours le même que j'écris, le seul que j'écrirai jamais [...] est une non-œuvre qui m'étonne, m'échappe, me dément, qui, pour finir, me trahira plus que je n'aimerais.

Chez Sacco, « *anamorphose* » signifie une évasion conditionnée par un retour. Il y a dans son récit une fille, le corps

de sa mère morte gisant dans la même pièce, son oncle au-
dehors.

> *Émilie se trouve donc située pour y demeurer sans bouger à*
> *un point de vue d'où la réalité qui apparaît déformée, les*
> *formes prises par cette réalité étant propulsées et projetées hors*
> *d'elles-mêmes [...] de manière qu'Émilie, qui lorsqu'elle veut*
> *sortir d'ici n'avance pas d'un pas sans que ce soit comme il*
> *plaît à un roi qu'elle ne connaît pas.*

Il s'agirait ici moins d'un procédé formel d'un arrangement
de texte que de la vision anamorphotique d'une expérience
vécue.

La musique anamorphotique doit être naturellement faite
d'une succession de rythmes ralentis et saccadés.

Ces identifications dans des domaines différents ont été
faites de leur côté, nous le verrons, par les chercheurs et par
les théoriciens de notre temps. Les anciennes formes retrou-
vées inspirent, font réfléchir les modernes. Redécouvertes à
une époque où les courants de la pensée abstraite, figurative
et visionnaire, s'affrontent avec passion, elles trouvent un terrain particulièrement propice à une nouvelle éclosion.

C'est une anamorphose de l'oreille qui a été placée à l'entrée de l'exposition « *l'oreille oubliée* », au Centre Georges-
Pompidou en 1982[6] (fig. 144). L'exposition, elle-même consacrée aux environnements sonores de l'homme, n'ayant aucun
rapport avec une telle représentation sur un panneau d'environ cinq mètres, ainsi que sur la carte d'invitation, ne pouvait se justifier que par des besoins publicitaires. L'anamorphose surprend, agresse, attire l'attention. Et c'est l'un de ses
dessins anciens, l'oreille allongée d'Accolti (fig. 42) que l'on
voit reproduire à cette fin.

Le sujet même rejoint ici une tradition ancienne, mais les
sujets se renouvellent sans cesse avec le temps. C'est le dernier modèle d'une grande marque française d'autos (la Peu-

---

6. L'exposition (octobre 1982) a été organisée par le Centre de Création Indus-
trielle (C.C.I.).

geot 205 GTI) que l'on a reproduit pour une campagne publicitaire à l'occasion de son lancement en 1984, au moyen
d'une anamorphose cylindrique (fig. 145). Le panneau a été
conçu par Noël Blotti, en sorte que la voiture surgit comme
un fantôme, prêt à foncer des profondeurs du miroir sur ceux
qui la regardent en face. Huit mille installations catoptriques
ont été distribuées en guise d'affiches aux points de vente. Les
deux systèmes d'anamorphoses, directe et catoptrique, se trouvent maintenant utilisés comme un moyen puissant pour fixer
l'attention d'un vaste public. C'est une consécration spectaculaire du procédé se refaisant laborieusement sur divers plans,
dans les dernières décennies.

Des anamorphoses planes ont été présentées à l'exposition
d'Amsterdam-Paris : profils portraits de Markus Raetz, compositions catoptriques de Hans Hamngren ; compositions avec
l'ordinateur électronique de Michel Parré et de Manfred Mohr,
une série de très jolis objets exécutés à l'École Camondo, sous
la direction de Laurent Monod[7].

Les peintres sont intéressés par ces manipulations optiques.
Ljuba raconte comment il s'y est progressivement initié. En
1959, il a été frappé par une reproduction du crâne de Holbein, un corps abstrait dans un trompe-l'œil. Il en a été troublé, avec le sentiment obscur des choses cachées, sans en
chercher, pendant un certain temps, la clef du mécanisme. Le
choc se produisit à l'exposition des Arts décoratifs de Paris.
L'artiste en parle dans ses notes :

> Cette découverte d'anamorphose m'a amené à contempler les
> œuvres des maîtres anciens d'un autre point de vue et au-
> tomatiquement cette approche de la peinture m'a ouvert des
> voies nouvelles. Aux heures du soir, au moment où le jour
> s'éteint, quand la lumière laisse la place à la demi-obscu-
> rité, j'ai commencé la découverte de formes bizarres, des ob-
> jets inattendus, dans les coins inachevés, obscurs de mon ta-
> bleau. En nettoyant mes pinceaux, fatigué par une journée
> de travail dans mon atelier, en regardant mon propre ta-
> bleau de côté, tout devient abstrait à cause de l'angle de
> mon regard, j'ai cru à cet instant que quelqu'un me contemple

---

7. *Catalogue* de l'exposition Amsterdam-Paris, n°s 115 et 116. L'exposition de Bologne (1978) comportait aussi une section *Anamorfosi oggi*.

144. Anamorphose publicitaire : « *L'oreille oubliée* ». Exposition au Centre Georges-Pompidou, 1982. Carte d'invitation.

145. Anamorphose publicitaire, Noël Blotti, *La Peugeot 205 G.T.I.*, 1984. Photo Flammarion.

de ce tourbillon abstrait. Chaque tache, chaque objet abs-
trait était le point de mes recherches et j'essayais de le trans-
former en corps, en visage. Ainsi a commencé mon retour
vers l'anamorphose visible.

Nous avons là un témoignage direct sur l'une des voies
conduisant à ces reprises.

L'anamorphose d'une femme aux formes molles et dilatées
apparaissant comme une motte de glaise devant une autre
femme au visage provocant, d'une maigreur agressive (*Ingrid,*
1975) [fig. 146], une même opposition des corps superposés
(*Paysage,* 1976) [fig. 147], mêlée de corps se confondant en
un polype avec des excroissances et des boursouflures anamorphotiques (*Écho humain,* 1975) de Ljuba[8] ne relèvent
pas d'une construction géométrique. Ils sortent directement
des ombres du tableau sursaturé d'énigmes, un jeu de l'étiré
et du réel dans un environnement de crânes, d'objets, de
plantes insolites ; « *Anamorphose de la bête* », précise le titre
d'un article dans un recueil de textes sur l'artiste.

C'est également l'anamorphose première, associée à de
grands noms, lourde de pensée et de mystère qui a séduit
Trémois[9]. Il y est venu par un détour chinois : l'anamorphose
cylindrique à sujet érotique de l'ancienne collection Georges
Salles, acquise en 1971, l'a ramené vers le fonds de la Renaissance qu'il fait revivre sous le signe de Dürer avec un *Psy-*
chodrame en 7 tableaux (1981-1982). On y voit le crâne de
Holbein surgir non pas devant les deux ambassadeurs, mais
entre le maître nurembourgeois et le rhinocéros, cadeau du
roi de Portugal à Léon X qui a fait alors sensation. L'image
se trouve sur l'une des faces du dodécaèdre de la *Mélancolie*
du même artiste reproduit à côté. Tout le tableau (*Dürer II*)
s'inscrit dans cette composition avec Dürer lui-même substi-
tué à la figure plongée dans la méditation, non pas sur le
corps régulier (la divine proportion), en retrait, mais sur son
portrait anamorphosé (le signe du Désordre) [fig. 148].

---

8. *Ljuba,* recueil de textes sur l'artiste, Paris, Belfond, 1978, fig. p. 38 et 84.
9. Voir *Trémois à la Monnaie de Paris,* catalogue de l'exposition 25 janvier-28 avril
1984.

146. Ljuba, *Ingrid*, 1975.
Photo Marion-Valentine.

147 Ljuba, *Paysage*
(détail), 1982. Photo
Marion-Valentine.

148. Trémois, *Dürer II*, 1982.

149. Trémois, *Dürer VI*, 1982.

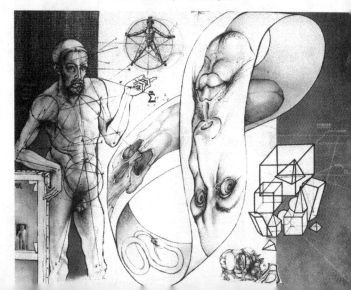

La même scénographie, Dürer en face de son anamorphose avec un crâne anamorphotique apparaissant sur un ruban plié en huit, le signe de l'infini, se trouve représentée sur un deuxième tableau de la série (*Dürer VI*). On y retrouve le petit rhinocéros (la bête difforme) et un amas de polyèdres (l'informatique) [fig. 149]. Ce sont des confrontations dramatiques de l'ordonné et du désordonné, des certitudes et des incertitudes des proportions divines et des contours de la vie qui se produisent devant un Dürer ravagé par l'angoisse.

Trémois se complaît dans ces considérations qui répondraient aux inquiétudes « modernes » et il se pose la question

> *Dürer fut-il le DÉSORDONNÉ pour tenter de retrouver l'ORDRE et aurait-il recours aujourd'hui à l'ORDINATEUR ?*
> *Mais de quel ordre s'agit-il ?*

Redécouverte comme une vision directe et spontanée ou comme une vision raisonnée, l'anamorphose se rétablit aussi comme une modernisation optique par excellence avec ses innombrables extensions.

Les grandes compositions commencent à paraître. Michel Parré qui travaillait sur les anamorphoses planes depuis 1964, en les traitant en géomètre, en a exécuté à Valenton (1975) et à Goussainville (1979) dans les écoles (C. E. S.). Ce sont de grands panneaux de 5 m x 1,80 m et 7 m x 4 m. Les figures sont faites de plaques de tôle émaillée, posées sur des murets à l'extérieur du bâtiment. On y voit des cavaliers, des chevaux inspirés par Coysevox, un groupe de *L'Enlèvement des Sabines* d'après Poussin. Avec la perspective parfaitement réglée selon les meilleures traditions, les cavaliers de Valenton, à une certaine distance, apparaissent comme des statues équestres dressées devant l'entrée (fig. 150). Ils s'aplatissent et s'étirent, se perdent dans des enchevêtrements anguleux lorsque l'on s'en approche et passe devant. Présenté dans un établissement scolaire, le jeu savant répond à un programme d'enseignement. A Argenville (1983), l'anamorphose des deux baigneuses émergeant de l'écume atteint dix mètres de long (fig. 151).

Il existe des projets plus vastes encore et notamment pour le métro. Parmi les douze maquettes sélectionnées lors d'un concours (*Art-Métro*) organisé par la R.A.T.P., conjointement

150. Michel Parré,
Les Cavaliers, Valenton, 1975.

151. Michel Parré,
Deux baigneuses, Argenville, 1983.

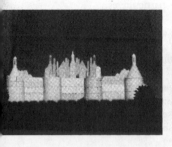

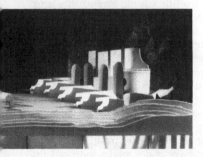

152. Paysage anamorphotique.
Patrick Sourd.
Jardin d'agrément à Boulogne-Billancourt, projet, 1981.

avec un important hebdomadaire[10], certaines correspondaient
à des recherches de perspectives particulières.

> *En premier lieu, l'apothéose de la tromperie. Simulacre de*
> *plage, mais encore trompe-l'œil, anamorphose perspectives*
> *tronquées et autres réalisations oniriques ou baroques,*

lit-on, à ce propos, dans *Télérama,* journal de grande diffusion. Il s'agit bien d'une actualisation, de la reprise d'un système en train de se répandre. Le projet d'une anamorphose
onirique pour un long couloir souterrain (Philippe Perez) figure parmi ces inventions.

Et il y a eu aussi un grand projet de projections anamorphotiques dans un jardin et dans la ville même. Celui-ci a
été conçu par Patrick Sourd pour son diplôme d'architecte
de l'École nationale des Beaux-Arts de Paris en 1981. Les
constructions prévues pour un terrain à Boulogne-Billancourt
(175 m x 75,50 m) comportent une crèche, une bibliothèque et un jardin d'agrément traversé en diagonale par un
passage piétonnier conduisant vers la Seine. Un point de vue
de perspective se trouve à chaque extrémité de cette voie d'où
l'on voit surgir d'un côté le château de Chambord, de l'autre
une centrale nucléaire (projet de Claude Parent). Les deux
anamorphoses sont composées de morceaux d'édifices et de
fabriques éparpillés sur le terrain. Des monuments entiers apparaissent lorsqu'on les regarde en face, du lieu d'observation
déterminé. Ils se disloquent et tombent en pièces au fur et à
mesure que l'on s'en approche. La façade de Chambord se
troue. Les tours coiffées d'entonnoirs se détachent du corps
de bâtiments, se hissent sur des rotondes, s'évadent dans toutes
les directions. Les cheminées se posent sur des piliers, des mi-
narets groupés différemment. La centrale nucléaire, pareille à
une forteresse, s'effondre, elle aussi, et disparaît avec la dis-
persion des murailles incurvées et des solides indépendants
(fig. 152).

---

10. Le concours *Art-Métro* a été organisé par la R.A.T.P. conjointement avec *Télérama.* Les projets sélectionnés ont été exposés le 13 septembre 1982 dans le hall de la
station Châtelet-les Halles. Voir *Télérama,* n° 1707, 29 septembre 1982, *Le Petit Journal,* p. IV et s.

Le chemin qui mène vers des spectacles surprenants est parsemé de bizarreries, débris de villes et de décors de théâtre éclatés. Le songe de Bracelli, de Bettini et de Kircher est sciemment repris à notre époque. Si elle n'a pas encore été réalisée dans un jardin public, la mise en scène anamorphotique avait été montée à l'intérieur d'une pièce d'habitation. La chambre d'Ames (1951)[11], dont se servaient des psychologues américains pour leurs études de perception, était remplie de meubles déformés, comme la chaise de Niceron (fig. 33) qui, vue sous un certain angle, paraissait normale.

Jan Beutner (1975)[12] a combiné la pièce à sa façon en y plaçant un escabeau, un veston suspendu sur une chaise, un coffre en bois. Regardé par un voyant aménagé sur l'une des parois, tout semblait être tout à fait d'aplomb. Tout s'écroulait lorsque l'on faisait le tour de la chambre. La chaise disparaissait en ne laissant qu'un triangle blanc, peint sur le plancher et recouvert de trois baguettes, l'escabeau se dédoublait, le coffre de bois disparaissant, noyé dans un volume trapézoïdal asymétrique (fig. 153). On se trouvait d'un coup dans un milieu et dans un monde où l'ordinaire bascule brusquement dans le fantasme. Conduite sur les objets courants qui nous entourent, la démonstration de la puissance de l'illusion optique revêt une force et une signification particulières. Le problème de l'anamorphose tridimensionnelle a été posé par Laurent Monod dans son cours de perspective à l'École Camondo (1982-1983). Une cinquantaine de maquettes ont été exécutées dans son programme. Figures abstraites, architecture, objets, images de toute espèce s'y trouvent morcelés, disséminés sur un plateau, dans un désordre apparent (fig. 154 à 157).

La chaise de Rieswald pareille à celle de Niceron, réduite dans la chambre de Beutner à trois baguettes posées sur un triangle, éclate en mille morceaux avec les autres meubles multipliés et regroupés dans des combinaisons extravagantes de pièces de bois, décombres de la charpente

11. W. H. I. Helson et F. P. Kilpatrick, *Experiments in Perception, Scientific American*, août 1951.

12. Catalogue de l'exposition Amsterdam-Paris, n° III.

153. Anamorphose tridimensionnelle. Jan Beutner,
Coffre en bois, 1975. Photo musée des Arts décoratifs, Paris.

154. Anamorphose tridimensionnelle. Georges Khoury,
La Chaise de Rieswald, 1983. Photo Flammarion.

155. Anamorphose
tridimensionnelle.
Jean-Philippe Muné,
Le Damier, 1983.
Photo Flammarion.

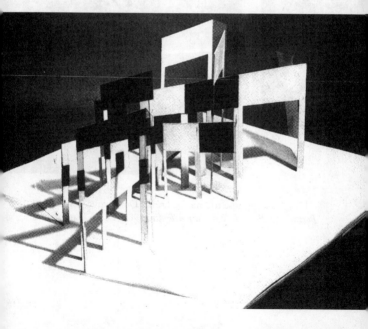

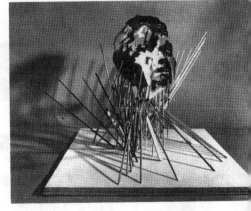

156. Anamorphose tridimensionnelle. Dominique Tordjman,
Portrait de Pierre de Wissant par Rodin, 1983. Photo Flammarion.

d'un édifice frappé par la foudre. De même que dans certaines anamorphoses coniques, on n'y relève pas la moindre trace du prototype (Georges Khoury).

La perspective d'un double cabinet s'ouvre brusquement au fond d'un long couloir apparaissant dans l'encombrement d'une double porte démantelée avec la fenêtre, les montants projetés en avant, droits ou basculant qui reculent et se redressent dans le viseur (Sylvie Legros). Ici encore le prototype est disloqué dans un réseau de structures illisibles et légères.

Fait de panneaux noirs et blancs de dimensions différentes et différemment inclinés, s'échelonnant en profondeur, un damier surgit tout d'un coup avec ses carrés réguliers. Les cases dispersées se regroupent sur un même plan qui, dans l'espace. n'existe pas en fait (Jean-Philippe Muné). C'est cette restitution d'une forme réassemblée sur une surface irréelle où elle s'imprime comme sur une plaque de verre qui lui confère son caractère fantomatique. Les morceaux se réunissent et se recollent dans un milieu indéfini où les images paraissent transfigurées, insaisissables, suspendues en l'air, ainsi une tête de Rodin et une tête égyptienne.

Les fragments de la sculpture de Rodin (portrait de Pierre de Wissant) sont disposés sur des jonchets savamment distribués (Dominique Tordjman). Elle semble naître d'un faisceau de bâtonnets, semblable à elle-même. La tête égyptienne se disloque au loin, jonchant le sol de ses débris dans un mouvement onduleux où se profilent ici un œil, le menton, la bouche, ailleurs l'aile de la coiffure en forme d'oiseau. Une cage en fil de fer enferme et soutient l'ensemble (Christelle Johann). L'anamorphose tridimensionnelle s'étire comme un accordéon dont le soufflet combine des constructions et des caprices géométriques. L'image s'y trouve encadrée et prolongée par des structures sans rapport apparent avec elle mais qui en suivent les articulations. C'est tout un art abstrait qui prolifère autour des représentations figuratives. Les parties éparses du corps d'une femme par Picasso s'accrochent aux frêles supports semblables aux mâts d'un navire (Michèle Courteau).

L'anamorphose tridimensionnelle procède aussi par une dilatation des formes. Un éléphant, le cheval de Troie, un zèbre – le cheval de Troie pareil à une montagne aux flancs

rayés selon Virgile *(Énéide,* II) – surgissent dans les on-
dulations d'une étoffe bariolée jetée sur des supports lé-
gers comme dans une tente (Zabett Rapp). La trompe de
l'éléphant se reconnaît encore dans l'ombre projetée au
sol. Des figurines minuscules s'agitent tout autour du
plateau.

Le jeu de ces dilatations se trouve aussi réalisé par une technologie nouvelle : ce sont des films anamorphotiques, avec
des images rétrécies, que la Twentieth Century-Fox projette
depuis 1953 sur les écrans panoramiques où elles deviennent
normales, avec des objectifs spéciaux. Le principe est identique à celui des images déformées se redressant sur les surfaces irrégulières des édifices baroques. L'« anamorphoseur »
de Chrétien se composait déjà en 1927 d'une lentille cylindrique placée devant un objectif de prise de vue normal, tandis que son cinémascope opérait avec une lentille « inversée ».
Des objectifs anamorphoseurs étaient aussi utilisés par les artistes pour obtenir des images déformées.

Jiri Kolar s'en est beaucoup servi et, notamment, pour
son collage *Hommage à Mlle Rivière* (1980) associé à ses innovations techniques (assemblage, surimpression, fraisage)
et sémantiques. Le portrait peint par Ingres y est reproduit
en deux versions juxtaposées : d'une part, un visage mor-
celé, le front, un œil, la bouche recouverts d'une sorte de
sparadrap, de l'autre la même tête monstrueusement allongée, comme le portrait de Charles Ier dans une « optique » anglaise du XVIIe siècle (fig. 20), qui se découpe vigoureusement comme un trompe-l'œil rehaussé de
froissements. « *Mémoire claire* », explique le titre du panneau (fig. 158).

Ces procédés déformateurs révolutionnaires ont été expé-
rimentés avant leur développement cinématographique, par
Brewster (c. 1850) et Rudolf (1899), entre autres. En 1889,
Louis Ducos du Hauron publie un petit livret intitulé *Le
Transformisme en photographie par le pouvoir de deux fentes.*
Deux fentes perpendiculaires placées dans deux plans différents y constituent un sténopé anamorphotique. L'auteur mentionne aussi des lentilles cylindriques convergentes. L'un de
ses portraits (fig. 159) présente les mêmes anomalies que

157. Anamorphose tridimensionnelle. Zabett Rapp,
Le Cheval de Troie, 1983. Photo Flammarion.

158. Jiri Kolar,
Hommage à Mlle Rivière, 1980.
Photo Galerie Maeght, Paris.

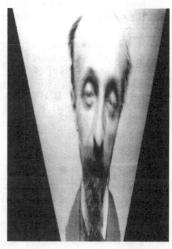

159. Louis Ducos du Hauron,
Autoportrait, c. 1889. Photo Société
française de photographie

Mlle Rivière de Kolar qui les surcharge de significations symboliques[13].

Une combinaison analogue a été réalisée dans un milieu tout à fait différent, par Carnemolla (1978)[14], à partir d'une ancienne photographie familiale, celle de son père enfant tenant un cerceau (fig. 160). Dans sa transposition anamorphotique, la tête et les épaules ne changent pas mais tout le corps s'allonge comme une ombre, devient un géant fantastique. Le réalisme intégral et une image fantomatique s'y trouvent directement entremêlés. L'ensemble est constitué par six de ces compositions photographiques qui se dématérialisent et se vident progressivement, chacune d'entre elles correspondant à un stade – réminiscence, oubli – de la *Régénération du temps,* sujet de cette présentation montée sur une estrade autour du portrait-souvenir.

C'est la puissance déformatrice et non restauratrice des formes déformées de ces techniques qui intervient dans tout ce groupe. Le cinéma qui l'utilise généralement pour une meilleure projection sur des écrans agrandis s'en est aussi servi dans le même sens contraire. Tourné avec un objectif normal, le film *Homeres Presto* de Martial Raysse (1969) a été projeté avec un anamorphoso-cinémascope qui conférait aux personnages un aspect inquiétant et grotesque.

L'anamorphose directe revit dans la recherche de nouvelles formes, de nouvelles dimensions et de techniques nouvelles. L'anamorphose catoptrique suit, elle aussi, parallèlement, le même chemin.

Salvador Dalí[15] fut l'un des premiers à en découvrir les pouvoirs magiques. Il les a décelés spontanément en obser-

13. Jean Pilorge, *L'anamorphose, son histoire et utilisation actuelles, Bulletin de la Société française de Photographie,* juin 1982, p. ? et T. M. Messer, *Jiri Kolar, Catalogue Maeght,* Paris, 1981, fig. 79.

14. Filiberto Menna, *Les anamorphoses d'Andrea Carnemolla,* dans *Anamorfosi Evasione e ritorno,* Rome, 1981, p. 82, fig. 9-15.

15. *Catalogue* de l'exposition itinérante *The Expanding Visual World, A Museum of Fun,* Tokyo, 1979, pl. 1-6 et 7. Une série d'anamorphoses cylindriques de Salvador Dalí, à sujet érotique, vendue en Suisse est signalée par M. Gardner, *Mathematical Games. The Curious Magic and Anamorphic Art, Scientific American,* janvier 1975, p. 113. Elle a été vendue en Suisse avec l'anamorphoscope. On lit dans l'article *Anamorphose* du *Dictionnaire du Surréalisme* (Paris, 1983) que Dalí a créé, à son propre usage, la notion « anamorphose conique ». Haim Finkelstein, de l'université Ben-Gurion de Negev, nous fait savoir qu'il prépare un article sur l'influence de Schön sur les paysages anthropomorphes de Dalí, à paraître dans *Pantheon.*

vant les miroirs déformants sans procéder à des calculs mathématiques et en suivant le mode chinois de la vision directe
dans le cylindre. Aussi les traits de ses dessins tachetés peu-
vent-ils paraître hésitants, maladroits, mais tout en compor-
tant un raffinement technique exceptionnel pour une anamorphose catoptrique. L'artiste y a réussi un tour de force en
combinant une image dans une autre. La collection Hartman
Tucker de Hartford en offre deux exemples de lithographies
coloriées : un papillon qui, reflété, se change en tête de
clown, une tête barbue et chevelue qui se transforme en femme
nue, les grands yeux devenant des seins (fig. 161 et 162). Ce
sont de fulgurantes improvisations qui apparaissent comme
un prologue aux investigations méthodiques que l'on reprend dans leur domaine.

C'est comme un jeu savant que l'anamorphose catoptrique a d'abord fasciné les peintres. En feuilletant, en 1970,
un ancien recueil mathématique, Hans Hamngren[16] fut frappé
par la reproduction d'une anamorphose cylindrique du XVIIIe
siècle, accompagnée d'une note disant que son secret n'était
pas encore connu et il s'est engagé à le résoudre. La décision
fut prise sur-le-champ. Il commença ses expériences d'abord
avec la décoration argentée de l'arbre de Noël suédois et des
objets chromés de la maison, puis sur des miroirs de verre et
de métal qu'il a fait faire à cet usage.

Les sujets étaient choisis pour leur conformité avec le cylindre : un poêle de faïence (1973), une boîte de bière, un
vase, un tube transparent enfermant un homme (l'Homun-
culus), une chaise, une pompe à eau (fig. 163).

Les échafaudages géométriques montés autour de ces figurations sont présentés sur des panneaux séparés. Le tableau est surchargé de cercles concentriques et de rayons
qui les traversent de tous côtés, des gerbes de rayons bra-
qués sur le cylindre, des rayons réfléchis jaillissant de l'objet. L'image se perd dans l'abstraction qui y acquiert sa valeur propre. Avec les deux grands yeux, les chiffres et les
lettres pointant ici et là, l'ensemble fait penser à la science-
fiction et à la sorcellerie.

16. H. Hamngren, *My Anamorphoses : Types that Produce three Kinds of Images in
Circular Cylindrical Mirrors, Leonardo*, vol. 14, 1981. L'article en question est dans *Ma-
thematics*, Amsterdam, 1965, p. 100.

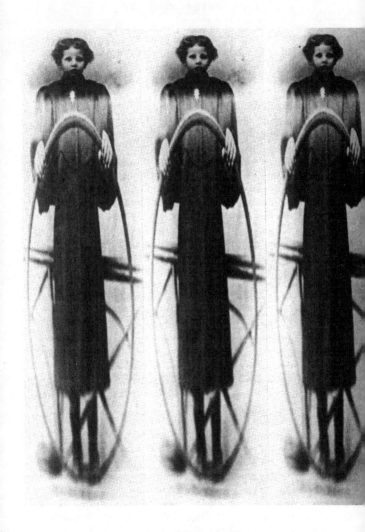

160. Andréa Carnemolla,
Régénération du temps, 1978.

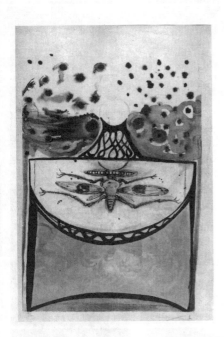

161. Anamorphose
cylindrique,
Salvador Dalí,
Tête de clown,
lithographie coloriée.
Collection Barbara
Hartman Tucker,
West Hartford,
Conn., U.S.A.

162. Anamorphose
cylindrique,
Salvador Dalí,
Homme et Femme,
lithographie coloriée.
Collection Barbara
Hartman Tucker, West
Hartford, Conn., U.S.A.

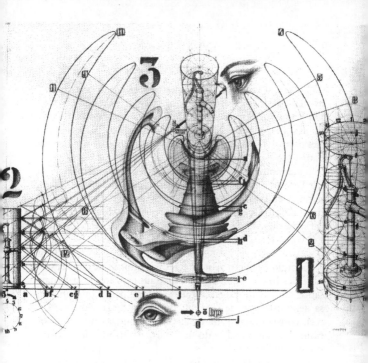

163. Anamorphose cylindrique, Hans Hamngren,
Pompe à eau, 1981.

L'artiste a fait aussi des perspectives pyramidales, un raffinement dont la recette, rarement utilisée, remonte au Père Du Breuil. Ce sont des mains, des yeux, des têtes de Picasso, de Marx et de vedettes du cinéma, taillées en pièces, écartelées et dispersées, qui se recollent restituées au centre comme dans un miroir conique (fig. 164).

L'anamorphose cylindrique de Ljuba n'est pas accompagnée par l'appareil des figures régulières. Le corps vaporeux d'une femme arc-boutée, *Le Cri* (1976)[17] émerge d'un tournoiement d'ombres, en reprenant naturellement le mouvement de la Psyché du XVIIIe siècle, dominée par un schéma précis (fig. 165). Les voies de ces retours sont larges et multiples.

Giorgio Michetti veut intégrer l'anamorphose dans la subtilité des formes modernes comme un mystère de la Renaissance dont parle Edgar Wind[18]. Frappé par la puissance de sa démonstration de l'irréalité du réel et de la réalité de l'irréel, correspondant aux deux aspects fondamentaux – irrationnel et rationnel – de notre art, il y trouve les moyens nouveaux d'en exprimer les inquiétudes et les aspirations pressantes. Son *Ambiguïté de l'image* (1979)[19], une série de grandes lithographies, a été conçue dans cet esprit. *Violence-Amour, Cariatide* (la femme, essence primordiale de la vie), *Homme libre,* qui apparaissent dans les reflets d'un miroir cylindrique, jaillissent d'un enchevêtrement furieux de figures dilatées, un labyrinthe, le chaos où chaque détail est minutieusement réglé. Le méandre d'abstraction n'est pas gratuit. Il a son sens et son secret (fig. 166).

Pour Berrocal, l'anamorphose est un objet magique d'orfèvrerie. Son *Astronaute* (1979-1980), hommage à Jules Verne, exécuté à l'occasion du dixième anniversaire de la conquête de la lune par les Américains, en comporte de remarquables pièces. C'est une sculpture métallique (or, argent ou bronze), montée avec trente-quatre éléments, lesquels, démontés, se recomposent en dix-huit bijoux séparés. Le col du sca-

17. *Ljuba, op. cit.,* p. 221. L'emplacement du miroir est indiqué par l'entrecroisement de deux traits lumineux.

18. E. Wind, *Pagan Mysteries in the Renaissance,* Londres, 1951.

19. Les planches tirées dans l'atelier de l'artiste sont accompagnées d'une notice de Franco Passoni.

164. Anamorphoses pyramidales de Hans Hamngren, 1981.
165. Anamorphose cylindrique, Ljuba, *Le Cri*, 1976.
Photo Marion Valentine.

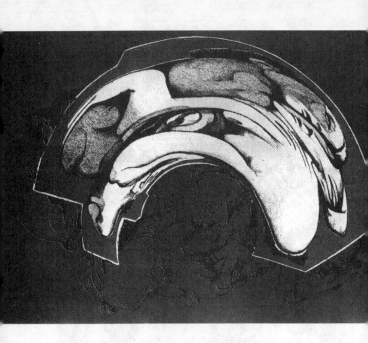

166. Anamorphose
cylindrique.
Giorgio Michetti,
Violence – Amour, 1979.
Photo Flammarion.

168 Anamorphose
conique,
Michel Parré.
*L'Homme
de Léonard de Vinci*,
Goussainville, 1920.

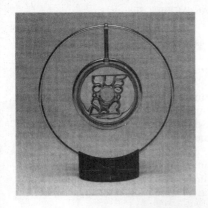

167. Berrocal, médailles
anamorphotiques,
*L'Astronaute, hommage à
Jules Verne*, 1975-1980.
1 Le sujet,
2 Anamorphose
cylindrique,
3 Anamorphose conique.
Photos Studio Berrocal.

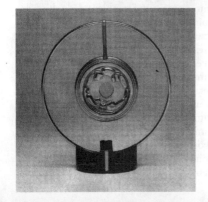

phandre est fait de trois médaillons superposés. Le premier contient l'image réelle, le second son anamorphose cylindrique, le troisième son anamorphose conique. Ce sont de minuscules compositions de 7 cm de diamètre. Le cylindre et le cône réfléchissants forment la fusée qui constitue, à l'intérieur, le pivot de l'ensemble. Tout est précis, précieux dans ce joyau mécanique où le dispositif anamorphotique est intégré à un prodige mécanique de notre temps.

C'est dans son style de joaillier que Berrocal compose ses médailles (8 cm de diamètre) avec l'image réelle en bas-relief et en émail la même image en anamorphose cylindrique et conique, l'une sur la face, l'autre sur le revers (fig. 167).

Le système se réadapte à tous les besoins. Si Berrocal en fait un art d'orfèvrerie, Michel Parré l'installe dans le décor d'architecture. Ses miroirs, d'abord en verre soufflé, puis en acier inoxydable poli et en laiton chromé, sont de tout autres dimensions : 0,30 m de diamètre, pour le cylindre (Bibliothèque de Persan, 1981), 1 m de diamètre pour le cône (Goussainville, 1979-1980). A la Bibliothèque de Persan, l'anamorphose cylindrique est établie dans la salle d'entrée, sur une plate-forme légèrement surélevée, de 2,50 m de côté. On y voit la *République des Arts* avec une anamorphose représentée dans un coin. A Goussainville, le panneau de l'anamorphose conique de 3 m x 3 m se dresse devant le C.E.S., à côté de l'anamorphose plane du groupe d'après Poussin. Elle reproduit le personnage que Léonard de Vinci a placé à l'intérieur d'un cercle tracé sur le mur. La figure universellement connue, avec ses membres en mouvement qui semblent dédoublés, se troue, s'étire et se retourne. Elle constitue une roue vivante avec huit pattes de crustacé grimpant autour du bouclier d'acier qui la reflète, restituée, semblable à elle-même. Rien n'est improvisé dans cette composition. Toutes les dispositions, toutes les difformités sont établies mécaniquement par des moyens appropriés. Si Léonard avait eu à la faire, il ne l'aurait pas construite autrement (fig. 168).

Comme grande composition, Parré propose encore dix-huit anamorphoses coniques pour un plafond à voûtains de 30 m x 5 m pour le Forum des Halles de Paris.

C'est une anamorphose cylindrique monumentale qui a été montée dans le métro à la station de Saint-Germain-des-

Prés, en 1983 (fig. 169). Le miroir, un demi-cylindre en inox (1,80 m de haut, 0,40 m de diamètre) se dresse sur une plaque de cuivre (2 m x 1 m), gravée à l'eau-forte. C'est le clocher de l'abbaye qui s'y retrouve représenté dans le passage souterrain. Il apparaît comme un fantôme au milieu de tableaux montrant les aspects successifs de la maison religieuse depuis sa fondation jusqu'à l'aménagement de la place en 1868. L'auteur, Hervé Mathieu-Bachelot, explique, dans une notice, qu'il a voulu montrer ainsi l'image d'un vieux clocher mondialement connu, par la magie d'une écriture secrète et « volontairement moderne ».

La station de Saint-Germain-des-Prés est tout entière décorée par des évocations des ombres de ce quartier des lettres et des arts : Bernard Palissy, Champollion, Delacroix… Apollinaire, Boris Vian, André Breton… Avec son côté visionnaire et intellectuel, l'anamorphose est à sa place.

On a pensé aussi à une architecture catoptrique. Le projet a été proposé en 1970 par J. Démeraux pour le concours en vue d'un monument pouvant servir de symbole à la ville de Melbourne, comme la Tour penchée pour Pise ou la tour Eiffel pour Paris. Il comprenait deux tours réunies par un immeuble et entourées de jardins. Les tours de vingt étages, entièrement vitrées avec du verre fumé réfléchissant, constituaient de gigantesques miroirs cylindriques. Les figures anamorphotiques (portraits, blasons, allégories) étaient formées, dans les jardins, avec des plantes et des pierres. Étant donné la position très basse du point de vue par rapport au miroir, les deux surfaces réfléchissantes et réfléchies doivent être inclinées et relevées l'une vers l'autre. Ainsi les tours penchent-elles fortement en épousant une forme tronconique, tandis que les jardins sont disposés en pente comme des amphithéâtres. L'image démesurée apparaîtra sur une surface vertigineuse, immatérielle et présente. Nous arrivons à un sommet du développement. Le petit jouet optique d'autrefois inspire une fantaisie urbaine moderne (fig. 170).

Mais le jouet optique lui-même n'a rien perdu de son attrait et continue à se répandre. Des articles de vulgarisation avec une notice historique et des recettes pratiques paraissent dans des revues professionnelles[20]. Il est question d'anamorphoses en boîtes avec un miroir, de plats de porcelaine avec

169. Anamorphose cylindrique. Hervé Mathieu-Bachelot,
Saint-Germain-des-Prés, station du métro, 1983.
Photo Flammarion.

170. Architecture catoptrique, J. Demeraux,
La Tour de Melbourne, projet, 1970.

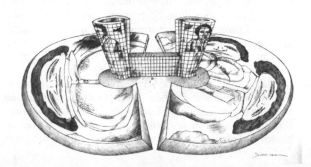

171. Alphabet anamorphotique d'Anno. © Kuso-Kobo, Japon.

l'anamorphose réfléchie dans un verre posé au milieu, d'un
« grand concours » de dessins anamorphotiques en 1982.

Deux publications à grand tirage paraissent l'une aux États-
Unis, l'autre au Japon. *The Magic Mirror, An Antique Optical Toy,* est publié à la fois à New York, Toronto et Londres.
C'est un recueil de vingt-quatre gravures coloriées françaises
du XIXᵉ siècle, avec un certain nombre de sujets[21], correspondant à une série éditée chez Walter Frères vers 1860[22]. Le
miroir magique – une feuille argentée – se trouve joint au
livre. L'ensemble de l'illustration provient de la Gold Collection du Museum of the City of New York. La première de
ces figurines – une danseuse – se trouve dans *La Recherche*[23],
un numéro spécial traitant de la révolution des images d'aujourd'hui (1983)[24]. L'anamorphose y est qualifiée de la plus
étrange parmi les images insolites.

C'est également comme jeu magique, *Anno's Magical
ABC,* que l'on voit paraître un alphabet anamorphotique en
1981 à Tokyo, en 1982 à Londres[25]. Voici un livre étonnant
où c'est encore dans un cylindre de papier que l'on découvre
toutes les lettres de A à Z. L'astuce ou la méthode pédagogique consistent à inciter l'intérêt par des énigmes. L'appren-
tissage se fait comme un divertissement. Ce sont de beaux
dessins de signes inconnus, aux traits mystérieusement précis
et larges. Des figures d'objets et d'animaux correspondant par
leur initiale à la lettre (B – balalaïka, E – elephant, T – tiger)
complètent la leçon par des exemples pittoresques (fig. 171).
L'auteur Mitsumasi Anno, spécialiste de l'illustration pour
enfants, explique le procédé utilisé avec une grille inspirée par
Athanase Kircher, reproduite dans une publication anglaise
récente[26]. Nous y voyons comme un reflux après les apports

20. I. L. de Ridder, *Des rébus optiques, les anamorphoses, L'Estampille,* nᵒ 20, 1971,
p. 26-31 ; N. Blotti, *Osez l'anamorphose, Traits,* revue trimestrielle de dessin, n. 5, 1982,
p. 18-22 et l'*Anamorphose* dans *L'Argonaute,* déc. 1983, nᵒ 7, p. 29-33.

21. Napoléon III, l'Impératrice Eugénie, Gendarme sur une draisine, Éléphant,
Homme portant son ventre sur une brouette…

22. *The Magic Mirror, An Antique Optical Toy,* Dover Publications, 1979.

23. Voir *Catalogue* de l'exposition de Paris, Supplément à l'édition hollandaise,
nᵒˢ 149-154.

24. Michel Henry, *Les images insolites,* dans *La Recherche,* nᵒ 144, mai 1983.

25. Mitsumusa, Anno et Macichiro, *Anno's Magical ABC, an Anamorphic Alphabet,* Tokyo, 1980.

26. J. Baltrušaitis, *Anamorphic Art,* Cambridge, 1976, fig. 121.

chinois au début de toutes les formations. L'ampleur de la dernière éclosion y est signifiée par une extension double, vers le royaume des enfants et vers l'Extrême-Orient.

Figure secrète pour éveiller la curiosité d'un enfant, figure secrète aussi pour dérober un signe aux regards indiscrets, l'anamorphose s'est introduite dans les cartes à jouer. Dessinées par Pino Zac, elles ont été mises en vente en France par une maison spécialisée en 1983. Les trèfles, les carreaux, les cœurs dilatés et regroupés différemment y apparaissent méconnaissables. Les dames et les valets se confondent vus de loin. La ruse optique qui accompagne le jeu ajoute une note de bizarrerie et de malice à un divertissement banal et courant. Nous sommes en pleine vulgarisation (fig. 172).

Si l'anamorphose directe plane n'a pas posé, au cours de ses dernières restitutions, de graves problèmes techniques, il n'en était pas de même pour l'anamorphose catoptrique qui, elle, s'est révélée comme un prodige à secret dont il fallait recalculer le mécanisme. Les choses se sont passées d'une même façon qu'à l'origine où le système a été mis en place, après les premiers essais spontanés des peintres, par des calculateurs, les Vaulezard et les Niceron.

Ce sont toujours les mêmes rayons et les mêmes cercles que l'on combine de différentes façons. Des arrangements sommaires qui semblent s'imposer demeurent pratiquement valables mais théoriquement inexacts. Aussi voit-on procéder à des rectifications et des ajustements des projections des rayons visuels sur la surface réfléchissante du miroir (Hamngren) et sur les surfaces réfléchies de la figure déformée (Parré), à des dédoublements du centre, conformément à la recette de Niceron (*Proposition III*), seule reproduite, avec Kircher, dans les ouvrages récents. Ni Vaulezard-Hérigone, ni même Du Breuil[27] n'étant connus des amateurs et des artistes de notre temps, tous les calculs devaient être refaits à nouveau.

Ainsi il a paru, à un moment donné, que ce ne sont pas des cercles concentriques mais des ovales qui donnent les

---

27. Nous avons reproduit l'anamorphose cylindrique du Père Du Breuil – (*Problème XVI*) à cause de son sujet – le crâne – sans en donner l'explication technique. Voir nos *Anamorphoses*, 1969, fig. 72.

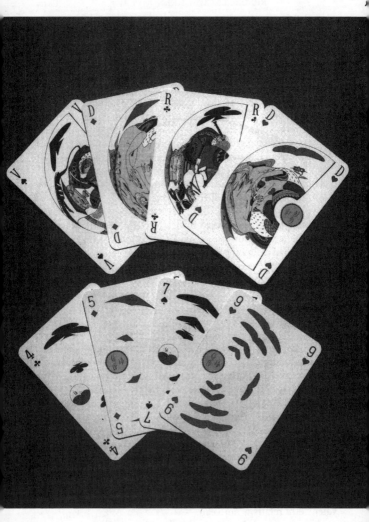

172. Cartes à jouer anamorphotiques, Pino Zac, 1983.
Photo Flammarion.

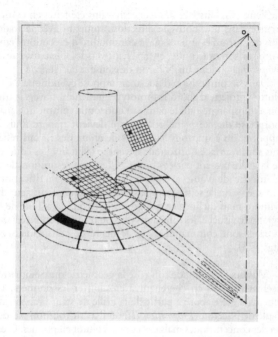

173. Noël Blotti, Géométrie de l'anamorphose cylindrique,

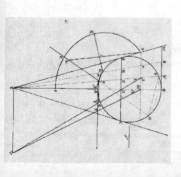

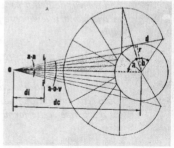

174. Géométrie de l'anamorphose
cylindrique, A. J. Masters, 1981.
B. I.-L. Vaulezard, 1630.

meilleurs résultats[28] et des recherches ont été faites en conséquence dans une nouvelle direction, rompant avec la tradition des formules mixtes où la commodité d'exécution l'em-
porte sur son exactitude, et, revenant vers les « *maximes de la
catoptrique* » dont un Niceron désabusé a fait état.

Dans sa composition d'une anamorphose cylindrique, Noël
Blotti[29] projette d'abord le prototype graticulé à travers le miroir « transparent » sur le panneau horizontal comme une anamorphose directe plane où le carré devient trapèze. Puis il
rapporte, un à un, tous les points de chute des rayons réfléchis sur la surface horizontale devant le cylindre. Les courbes
de la grille passent par ces points. C'est une restitution de la
géométrie de Vaulezard-Hérigone avec une rectification.
L'image virtuelle se fixe non pas verticalement à l'intérieur du
cylindre mais inclinée entre le miroir et l'œil dans l'axe de la
pyramide visuelle, les inflexions plus ou moins prononcées des
radiales sont commandées par le degré de ces inclinaisons
(fig. 173).

Masters[30] a établi de son côté la géométrie du cylindre réfléchissant mais en cherchant à en chiffrer les données. Le
schéma a été élaboré à partir de la grille de saint François de
Paule de Niceron (*Proposition III*) où il a cru voir non pas des
cercles concentriques mais des courbes plutôt elliptiques. C'est
cette erreur d'observation qui l'avait mis sur une voie valable.
Voici comment il aborde la question :

> Le Limaeus de Pascal pouvait constituer la description géo-
> métrique officielle de cette forme dont l'équation est la sui-
> vante :
>
> $R = B - (A * Cos [0])$
> *ou* :
>   *B est plus grand que ou égal à 2 *A*
>   *Dans cette application pratique, il est probablement plus pré-
> cis d'exprimer cette forme comme le lieu géométrique de*

28. Voir J. L. de Rudder, *op. cit.*, p. 26. L'observation a été faite par J. Milet, un
amateur spécialisé dans les anamorphoses.

29. N. Blotti, *op. cit.*, fig. p. 21.

30. R. J. Masters, *Synthèse à l'ordinateur de systèmes de projection anamorphique* dans
le recueil *Anamorfosi, evasione e ritorno*, p. 87-90.

> *tous points équidistants d'un point simple par le moyen d'une*
> *réflexion en dehors d'une circulaire.*
> *(Voyez figure d'illustration…)*

Or cette figure d'illustration concorde parfaitement avec les constructions de Vaulezard : même pyramide visuelle, mêmes rayons réfléchis avec les mêmes points de chute sur le trajet de la même courbe (fig. 174).

Nous voici à une ultime étape de ces retours. Le cercle se referme avec la réapparition d'une courbe originelle, depuis longtemps abandonnée pour des raisons techniques. On la retrouve maintenant intégralement restituée dans de nouvelles conditions, traité par des moyens nouveaux – l'ordinateur qui en assume la réalisation précise et rapide. Les calculs de Masters ont été prévus à cet effet et, notamment, pour un ordinateur manuel.

C'est une tornade géométrique qui se déclenche dans la figure de *L'Anamorphose par ordinateur à cylindre réfléchissant* qui s'y rapporte. Vingt et un cercles concentriques et vingt et un rayons constituant quatre cent quarante et un compartiments se pressent autour d'un miroir légèrement en retrait (fig. 175). Telle qu'elle est présentée sur le dessin, la grille ne correspond pas exactement aux données du programme, sans doute à cause de défaillances techniques lors de la transcription… Elle correspond toujours, et parfaitement, à une emprise mathématique où les images se perdent dans un vertige d'abstraction. La surenchère géométrique y est d'autant plus révélatrice que la reproduction anamorphotique par un ordinateur se fait directement sur le contour du prototype où le treillis devient superflu.

La transposition directe de la figure a été expérimentée par Manfred Mohr et Michel Parré dès 1974. Le procédé consiste dans le traitement par ordinateur électronique des données proposées (images non déformées) conformément à un programme codé (déformation optique) ayant pour résultat l'anamorphose requise. Le prototype sous verre est contourné par un stylet émetteur d'ondes (sonar) qui en repère point par point le tracé. Les mesures de chaque point se trouvent rapportées automatiquement sur cartes perforées (une vingtaine par carte) qui sont livrées ensuite à la machine. Le résultat peut être reproduit sur une table traçante ou visionné sur un écran. « La magie artificielle des effets merveilleux » (Niceron) prend un essor nouveau avec une technologie de pointe. Aux États-Unis, des expériences similaires ont été faites par Walter Toller (université de Californie à Santa Barbara[31], et par Andy Zucker[32].

Pour les anamorphoses coniques où la dislocation de la figure inversée exige une virtuosité particulière, on a cherché d'abord des moyens mécaniques. Deux appareils ont été proposés à cet effet : un pantographe articulé et une installation photographique succèdent aux machines à roues et câbles (Léopold, 1712).

Le pantographe de Michel Parré (1973) reprend le modèle classique à deux quadrilatères inégaux de Scheiner (1631)[33], en le faisant glisser sur une plaque à coulisse. L'appareil se fixe au centre du tableau et tourne autour de l'axe du cône. Les pointes, « lectrice » et « traçante », se trouvent aux deux extrémités du pantographe. Tous les mouvements de l'une sont retransmis à l'autre par des articulations, amplifiés ou contractés (fig. 176). La transcription anamorphotique se fait automatiquement. Des distorsions de formes que l'on croirait jaillies d'un délire y sortent d'un mouvement précis de la main.

Le procédé photographique a été utilisé par David Stork au Park College de l'université du Maryland (1980)[34]. L'anamorphose est obtenue avec la projection par un agrandisseur d'une diapositive du sujet sur le miroir posé au milieu d'un panneau recouvert d'une feuille de papier sensible. L'image déformée y est imprimée directement par les rayons réfléchis du cône qui reçoit l'image normale entière. L'opération exige une très soigneuse mise au point des objectifs et de la lumière (fig. 177). Elle a été reprise à l'École d'Architecture de Nancy.

Les transpositions mécaniques ne détournent pas l'anamorphose de ses voies géométriques et chiffrées.

31. Jearl Walker, *The Amateur Scientist : Anamorphic Pictures, Scientific American*, vl. 245, n° I, juin 1981, p. 144.

32. A. Zucker, *Anamorphic Art*, dans *Creative Composting*, vol. 13, n° 4, 1977, p. 139 et s.

33. Ch. Scheiner, *Pantographica*, Rome, 1631.

34. J. Walker, *op. cit.*, p. 140 et s.

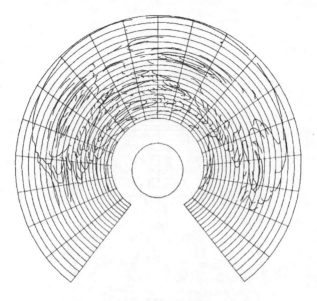

175. R. J. Masters, *L'Amorphose par ordinateur
à cylindre réfléchissant*, 1981. Photo Flammarion.

176. Le pantographe de Michel Parré
pour l'anamorphose conique, 1973.

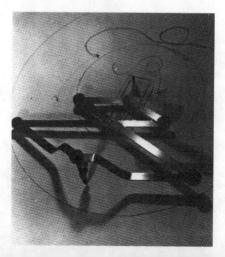

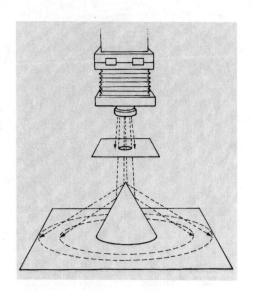

177. Installation photographique de David Stork
pour l'anamorphose conique, 1980.

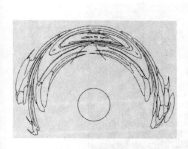

178. Michel Parré et
Manfred Mohr, *Anamorphoses
cylindrique et conique d'un crabe
par ordinateur*, 1974.

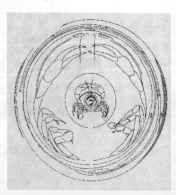

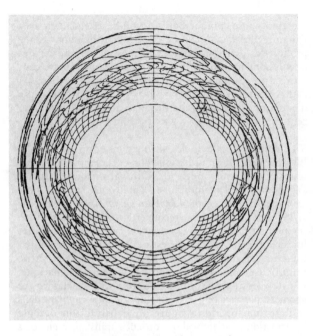

179. R. J. Masters, *L'Anamorphose par ordinateur du cône réfléchissant*, 1981.

180. Manfred Mohr, *Anamorphose du cube*, 1975.

L'anamorphose conique poursuit son développement avec l'anamorphose cylindrique dans les ordinateurs. On y produit les deux versions du même sujet (Parré) et des calculs sont multipliés (fig. 178). Ainsi mille quatre cent cinquante points ont été repérés lors d'un essai à l'université de Santa Barbara, pour le programme d'équation de la nouvelle distance de chaque point du centre du tableau.

Géométrie, calculs, les abstractions sont toujours là. Elles constituent un ordre inhérent à ces compositions et à leur mécanisme poétique. L'imagination abstraite s'épanouit avec l'anamorphose figurative en recevant aussi sa valeur propre. *L'anamorphose par ordinateur du cône réfléchissant* de Masters, recouverte de quelques graffiti, frappe tout d'abord par la pureté, le faste de ses structures linéaires (fig. 179). L'image est pratiquement anéantie par l'enchevêtrement des arcs de cercles, un labyrinthe minutieusement réglé par un calculateur automatique. C'est une anamorphose géométrique de la figure géométrique avec ce que cela comporte de surprenant dans la déformation de la figure où l'abstraction dérègle l'abstraction. L'anamorphose du cube transfiguré en roses de cercles par Manfred Mohr en est une éclatante démonstration sur des formes pures (fig. 180)[35]. La pensée mathématique elle-même est ranimée par les fantasmes.

---

35. *Catalogue* de l'exposition Amsterdam-Paris, n° 213.

LES TEXTES MODERNES

Redécouverte, recalculée, mécanisée, l'anamorphose revit sous toutes ses formes d'intelligence et de vision et, avec elle, les exégèses et les spéculations qui l'ont toujours accompagnée.

Vision anamorphotique, fonction allégorique se trouvent directement associées dans une étude de Marjolin sur le « surréalisme du XVIe siècle[1] ». Il y a d'abord définition de l'allégorie dans l'acception courante d'un terme dont l'histoire et la signification ont fait l'objet de travaux importants :

> *La figure (rhétorique) [...] s'applique à la réunion discordante d'un signifiant et d'un signifié qui prend du champ par rapport à lui, c'est-à-dire, pour employer le langage de Cicéron dans l'Orator :* « Genus hoc Graeci appellant allegoria aliud verbis, aliud sensu ostendit, aut etiam interim contrarium. »

C'est à partir de ce texte qu'est formulé un rapprochement :

> *cette déviation par rapport à la signification directe, immédiate, monosémique, ne présente-t-elle pas une analogie fonctionnelle avec la vision latérale ou oblique par laquelle nous définissons l'angle favorable à une perception reconstituée*

1. J.-Ch. Margolin, *Aspects du surréalisme au XVIe siècle : fonction allégorique et vision anamorphotique*, Bibliothèque d'Humanisme et Renaissance, XXXIX, 3, 1977, p. 503-530.

> *des étranges anamorphoses, ici vision latérale par opposition*
> *à une vision frontale, la signification dérivée voire opposée*
> *par contraste avec une signification directe.*

La même graduation se retrouverait dans « *aliud aut contra-rio* » de Diomède le Grammairien traitant le même sujet. Des classiques sont évoqués à l'appui d'une considération qui redonnerait à cette terminologie un nouveau son.

Le rapprochement des perspectives étirées à des fictions poétiques a été déjà fait comme nous l'avons montré, par Galilée[2] qui parle précisément de ces images se découvrant dans des encombrements chimériques en s'accordant ainsi avec l'allégorie qui, elle aussi, est vue et sous-entendue obliquement : *sia per accommodarsi alla allegoria obliquamente vista e sottintesa.*

Allégories-anamorphoses, anamorphoses-allégories, les deux démarches opposées d'un même raisonnement se heurtent et refluent. L'anamorphose étant allégorie, l'allégorie devient anamorphose de quelque nature qu'elle soit et tout d'abord dans le domaine littéraire.

Les figures anamorphotiques de Rabelais (*Gargantua*) en offraient quelques exemples. Il y aurait, en effet, distance de grands espaces entre la réalité physique des choses et l'évasion dans l'au-delà, un autre monde, un monde autre. « *L'écart y fait l'allégorie*[3] », et ce serait bien une perspective géométrique avec, au bout, un fantasme sémantique.

La démonstration va plus loin encore avec une référence à Salluste disant, dans son *Traité des dieux et du monde,* que l'on peut considérer le monde lui-même comme un mythe. Or le « *mythos* », traduit généralement par « *fable* », ne serait-il autre chose qu'une « *allégorie* » où l'apparence recouvre l'insondable comme dans des projections anamorphotiques[4] ?

L'anamorphose n'est pas seulement un mécanisme de composition et une figure de rhétorique, elle est aussi une vérité métaphysique.

2. Voir *supra,* note 27.
3. J.-Ch. Margolin, *op. cit.,* p. 524.
4. *Ibid.,* p. 528.

> *Les jeux d'optique étaient pour les penseurs et les poètes les symboles de l'esprit équivalents des facultés de transformation de l'esprit qui mettent en rapport des analogies sous des apparences diverses. Ils faisaient aussi découvrir la substance sous l'ombre,*

écrit M.-M. Martinet dans *Le Miroir de l'esprit*[5], en précisant qu'il ne s'agit pas de concordances métaphysiques mais de rapports directs, inhérents.

> *Et les jeux d'optiques réels étaient eux-mêmes conçus de façon à représenter les opérations intellectuelles ; on inventa des anamorphoses catoptriques qui étaient encore plus que les autres des images des systèmes de miroirs, selon lesquels on concevait l'esprit.*

L'anamorphose illustre tout un ordre poétique et des systèmes du monde. Elle a aussi servi à la définition d'un désordre.

C'est dans des métaphores d'anamorphoses optiques que s'inscrivaient certains aspects de la pathologie mentale au cours de sa rationalisation, après son dépouillement de tout vestige de satanisme. Une analyse a été faite avec ces éléments par Y. Conry[6], au sujet de Thomas Willis, professeur de philosophie naturelle à Oxford et novateur en la matière.

Avec ses perceptions des « *rayons des esprits animaux* » l'ensemble du cerveau serait équipé d'un mécanisme de réflexion et de réfraction pareil à une installation optique. Sa partie médulaire centrale, « la chambre de l'âme », est entourée de miroirs dioptres, cependant que les corps striés sont traversés par les images des choses sensibles. Dans son ouvrage *De anima Brutorum* (1712), Willis abonde en ces comparaisons. Ainsi les aberrations mentales, diathèse mélancolique et autres, sont-elles directement assimilées à des effets de dioptrique ou catoptrique cérébrales. Les figures monstrueuses de l'imagination paraissent comme des effigies fantastiques issues des miroirs. Conry resserre ces rapprochements.

---

5. M.-M. Martinet, *Le Miroir de l'esprit dans le théâtre élisabéthain*, Paris, 1981, p. 107 et s.

6. Y. Conry, *Thomas Willis ou le premier discours rationaliste en pathologie mentale*, *Revue de l'Histoire des Sciences*, XXXI, 1978, p. 214 et s.

> *Souvenons-nous que les schémas willisiens de correspondance*
> *entre les propriétés chimiques des sucs animaux dégénérés et*
> *les symptômes d'anormalité psychomotrice faisaient appa-*
> *raître l'obliquité d'un parcours nerveux, transposé par in-*
> *congruité des notions, en même temps que des confusions et*
> *des difformités d'images. Or la nature et la conjugaison de*
> *ces éléments ne définissent-elles pas une anamorphose ? La bi-*
> *zarrerie optique qu'est la fabrique anamorphotique symbolise*
> *ainsi et par une stricte correspondance dans le discours willi-*
> *sien les symptômes de déviance et proprement d'aberration.*

Les textes de Niceron, Kircher et Schott sont évoqués
comme preuve de la « *structuration anamorphotique des ma-*
nies, mélancolies et frénésie ». L'investigation sémantique des
termes willisiens de la pathologie mentale multipliait ces rapprochements avec les phénomènes optiques pour chaque catégorie de ces déviations. Ainsi la description des fresques ro-
maines de Maignan, par Gaspar Schott, ferait état des
trajectoires visuelles insolites correspondant aux défaillances
psychiques (mélancolie, etc.). Il semble difficile d'aller plus
loin dans cette manipulation de deux vocabulaires.

Anamorphose-allégorie, anamorphose-opération intellectuelle, figure d'un raisonnement rigoureux, anamorphose
d'une maladie mentale, elle est aussi figure d'un jugement des
valeurs. Roland Barthes[7] s'en sert à l'occasion d'un débat pas-
sionné déclenché autour de la « nouvelle critique » qui fut
l'objet, dans les années soixante, de violentes attaques prenant l'allure d'un interdit collectif[8].

« La nouvelle critique » n'est pas une nouvelle imposture.
Elle a son contenu et ses structures propres.

> *Le rapport de la critique à l'œuvre est celui d'un sens à une*
> *forme [...]. Le critique dédouble les sens. Il fait flotter au-*
> *dessus du premier langage de l'œuvre un second langage, c'est-*
> *à-dire une cohérence de signes.*

Ici encore, c'est un dédoublement des visions et des choses
qui nous conduit une fois de plus, aux mêmes rapprochements.

---

7. R. Barthes, *Critique et vérité*, Paris, 1968, p. 64.
8. Voir C. Picard, *Nouvelle critique ou nouvelle imposture*, Paris, 1965.

> *Il s'agit, en somme, d'une sorte d'anamorphose, étant bien entendu, d'une part, que l'œuvre ne se prête jamais à un pur reflet, et, d'autre part, que l'anamorphose elle-même est une transformation surveillée soumise à des contraintes optiques : de ce qu'elle réfléchit, elle doit tout transformer, ne transformer que suivant certaines lois, transformer toujours dans le même sens. Ce sont là les trois contraintes de la critique.*

La critique (nouvelle) serait au fond une projection anamorphotique, c'est-à-dire aux déformations strictement réglées d'une œuvre.

Utilisé au cours d'une controverse sur un sujet d'actualité passagère, le terme pourrait paraître surprenant. Il rejoint cependant toute une série de réflexions sur le dédoublement de la vue qui se sont succédé depuis le XVIᵉ siècle : la division des choses en plusieurs objets par le chagrin, la projection des perspectives obliques et dédaigneuses par le mépris (Shakespeare), la projection anamorphotique (et redressement) des âmes égarées au sein d'une église (Bettini), la projection (et redressement) anamorphotiques des hérésies de l'Évangile (Thomas Jefferson).

Le raisonnement de Barthes ne se limite d'ailleurs pas à la nouvelle critique. Il le reprend dans ses considérations sur l'art en général et, notamment, sur ses abus[9]. Dans un passage sur le « *démon de l'analogie* », analogie, malédiction des écrivains et des peintres, il ne voit que deux moyens pour s'y soustraire :

> *Comment ? Par deux excès contraires, ou, si l'on préfère, par deux ironies qui mettent l'Analogie en dérision : soit en feignant un respect spectaculairement plat (c'est la copie qui, elle, est sauvée) soit en déformant régulièrement, selon des règles, l'objet mimé (c'est l'Anamorphose).*

La réflexion, elle-même anamorphotique, oppose l'une à l'autre deux transgressions qui toutes deux relèvent des mêmes contraintes et dont le jeu est à la base d'une œuvre d'art. La démonstration est complétée par une énumération des structures sémantiques, à savoir « la coalescence du signe, la simi-

---

9. *R. Barthes par lui-même*, Paris, 1975, p. 48.

litude du signifiant et du signifié, l'homéomorphisme des images [...], qui forment l'imaginaire de la science.

Nous rejoignons ici le courant d'une pensée contaminée par le structuralisme. Un mécanisme structuré, une pirouette dialectique, l'anamorphose se prête résolument à ses spéculations qui s'en emparent à leur tour.

> *Ce qui est remarquable dans l'anamorphose, c'est qu'elle est une critique par le représentant et non par le représenté [...]. Avec l'anamorphose, le signifiant lui-même est attaqué. Il se renverse sous nos yeux*, écrit Lyotard[10], en précisant : *les objets inquiétants qui prennent place dans l'œuvre représentative relèvent d'un espace que l'on peut dire graphique si on l'oppose à celui de la représentation. Ces objets s'inscrivent sur la « glace » et la font voir, au lieu de la traverser en direction de la scène virtuelle. L'œil cesse ainsi d'être pris. Il est rendu à l'hésitation du parcours et du lieu ; et l'œuvre à la différence des espaces qui est le dualisme du processus.*

Il y a, avec le phénomène anamorphose, un champ prédestiné au déploiement de ces subtilités de raisonnement d'une pensée d'avant-garde du XXe siècle. Il en résulte une prolifération et l'extension à des domaines nouveaux.

La compulsion anamorphisante opère le maintien simultané d'une double *version* avec ce que cela implique de trouble, de coupure et d'évasion : « l'hors d'œil, l'hors discours », l'infini de Cassirer, déclare Christian Prigent[11] dans un essai sur les « *Anamorphoseurs* », surabondant en rapprochements et en définitions rapides :

> *Le geste-anamorphose met en scène une perversion de l'usage halluciné des signes [...]. Le réel a peu à voir avec la réalité que représente le code, la réduction de la vision à sa dimension géométrale focalisée [...]. L'anamorphose fait jeu à l'intérieur d'une proposition scientifique, la fait jouer [...]. Ce qui est mis en scène, c'est un délire froid de la science.*

---

10. J. F. Lyotard, *Discours, figures*, Paris, 1971, p. 378 et M.-M. Martinet, *op. cit.*, p. 288.
11. Ch. Prigent, *Aux grands anamorphoseurs*, dans la revue *L'Ennemi*, 1982, p. 132-143.

Les propos débordent le cadre strictement anamorphotique :

> *Si l'investissement irrationnel dans la peinture moderne a lieu comme au-delà du principe d'anamorphose [..], ce fonctionnement anamorphoseur est malgré tout inclus dans la problématique cézannienne (construction de l'espace par la couleur) [...], c'est la lecture superficielle (de la surface) de Cézanne par les cubistes : ces derniers reconduisent une stricte manipulation anamorphosante [...], une distorsion anamorphisée sur fond de manipulation géométrique [...].*

L'anamorphose s'intègre aux problèmes morphologiques contemporains.

> *De double mouvement (dilatation folle, résorption unaire) que représente le geste anamorphotique, sa titillation des limites et son retour à l'assujetti est comme sous-jacent à l'aventure de l'art moderne [...]*

y compris la poésie et l'écriture en général.

Des contractions du texte, des déviations (langue transmentale, phonétisme « zaoum »), des raccourcis (mot-valise), des échappées irrationnelles, toute une série de structures littéraires et linguistiques se trouvent ramenées à une opération anamorphotique. La question des anamorphoses littéraires a été posée de son côté par Margolin[12].

Jean-Marie Benoit[13] écrit à propos du poète métaphysique anglais du XVIIe siècle, John Donne :

> *Laissons vivre son énigme, le pluralisme de ces facettes problématiques constituant pour nous comme l'emblème ou l'image anamorphotique de la pluralité des sens de l'œuvre de Donne et de ce poème en particulier [...] la recherche d'une intention profonde ou secrète de Donne nous tendrait le piège d'une projection indue de notre propre état d'âme [...].*

12. J.-C. Margolin, *op. cit.,* p. 529.
13. Jean-Marie Benoit, *L'écriture de l'abyme,* Nocturne pour le jour de la sainte Lucie : le plus bref des jours, in John Donne, *L'Age d'Homme.* Les Dossiers H, 1983, p. 247 et s. *Prologue* de l'ouvrage par J.-M. Benoit, p. 11- 13.

L'anamorphose a été également associée à l'œuvre de Henry James, en relation avec son « *écriture énigmatique* » et dans la perspective d'une époque « *l'anamorphose et l'inconscient victorien* », avec, aussi, des précisions particulières des sources. Ainsi "*les Ambassadeurs*" de l'écrivain ont-ils été mis par Jean Perrot[14] en relation immédiate avec *Les Ambassadeurs* du peintre :

> Les Ambassadeurs du *Holbein des lettres :*
> *mots-valises, et répétitions historiques.*

Le sous-titre elliptique annonce une minutieuse démonstration :

> *Holbein, voilé dans son anamorphose, va reparaître dans l'œuvre la plus soignée de James [...]. L'histoire des* Ambassadeurs *est celle d'un changement de perspective, d'une lente anamorphose étalée sur plus de quatre cents pages, qui fait passer un individu du point de vue puritain de la Nouvelle- Angleterre à la vision esthétique, cosmopolite de la bohème dorée des oisifs parisiens.*

Une histoire qui se répète – le mariage d'Henry VIII avec Anne Boleyn en train de se préparer au moment où Dinteville était ambassadeur en Angleterre, la liaison de Chad avec une débauchée parisienne – ajoute un lien de plus entre le personnage du tableau et celui du roman écrit en 1901, après l'installation du chef-d'œuvre en 1890 à la National Gallery de Londres et la publication en 1900 du livre de Mary Hervey. Henry James a connu la peinture dès 1869 et il fait vivre les anamorphoses dans ses écrits : un rouleau de papier jauni où apparaît l'image de la mort (*Un homme léger*), l'objet à première vue d'une forme confuse, ambiguë mais qui à seconde vue devient la représentation d'un visage (*La Fontaine sacrée*), le jeu de distorsion anamorphotique de la vision dans le domaine de la fiction (*L'image dans le tapis*).

Les rapprochements directs, irréfutables, donnent lieu à des considérations étendues. Toute l'écriture codée de James serait marquée par l'anamorphose et elle exprime les confu-

---

14. J. Perrot, *Henry James, une écriture énigmatique*, Paris, 1982, p. 25.

sions, les troubles, les hallucinations de son milieu et de son temps.

> *Fruit et signe d'un échec, celui de l'onirisme collectif de la so-ciété victorienne, l'anamorphose est bien l'arme du « cheva-lier du Néant » qui participe à la gloire d'une institution tout entière fondée sur le respect des apparences mais qui livre à chaque instant la fausseté de ses trompeuses façades [...].*

Il en ressort que

> *James, grâce à la pratique résolue de l'anamorphose, s'affirme comme le premier lecteur de l'inconscient culturel de l'Oc-cident.*

Le terme revient maintenant souvent dans les définitions du flou, de l'équivoque. Ainsi, lit-on encore dans la présen-tation du livre, avec le titre emprunté à Mallarmé par Olivier Rolin, *Phénomène futur*[15] :

> *Il semble qu'il s'agisse d'un temps plutôt contemporain, ten-dant épisodiquement vers le futur avec des archaïsmes mar-qués qui tirent bien jusqu'au Ve siècle avant J.-C. Une ana-morphose, en somme, de notre géographie, notre histoire ?*

L'anamorphose littéraire est sans frontières. Nous avons vu les écrivains donner spontanément son nom à des ouvrages différents.

Des analyses et un vocabulaire nouveaux se greffent main-tenant sur un fonds stable en multipliant les paradoxes et en diversifiant le contenu. Plus que jamais, l'anamorphose exa-cerbe les imaginations tant visuelles qu'intellectuelles. Elle demeure leur source inépuisable.

La psychanalyse s'y intéresse résolument. On a pensé que la forme du vautour que Freud a décelée dans les plis de la robe de sainte Anne de Léonard de Vinci en était une. La-can[16] s'est beaucoup occupé de sa fonction comme structure exemplaire avec l'espace géométral faisant paraître le fantasme.

---

15. O. Rolin, *Phénomène futur*, Paris, 1983, quatrième page de la jaquette.
16. J. Lacan, *Le Séminaire, livre XI*, Paris, 1973, VII, *L'Anamorphose*, p. 75-84.

> *Nous pouvons saisir ce privilège du regard dans la fonction*
> *du désir en nous coulant, si je puis dire, le long des veines*
> *par où le domaine de la vision a été intégré au champ du*
> *désir [...].*

C'est une machine complexe où l'art se mêle à la science.
Le portillon de Dürer, utilisé pour tous les renversements pers-
pectifs, en offre un exemple bien connu. Les dimensions géométrales de la vision sont établies avec exactitude et elles
comportent des effets merveilleux.

> *Que j'en renverse l'usage (du portillon) et j'aurai plaisir d'ob-*
> *tenir non pas la restitution du monde qu'il y a au bout,*
> *mais la déformation sur une autre surface de l'image que*
> *j'ai obtenue sur la première, et je m'attarderai, comme à un*
> *jeu délicieux, à ce procédé qui fait apparaître à volonté*
> *toute chose dans un étirement particulier.*

Il y a fascination, ambiguïtés paranoïaques, débordements
visionnaires. Une conclusion s'impose à un freudien et il l'expose sans détour :

> *Comment se fait-il que personne n'ait jamais songé à y évo-*
> *quer l'effet d'une érection ? Imaginez un tatouage sur l'or-*
> *gane* ad hoc à *l'état de repos et prenant, dans un autre état,*
> *sa forme, si j'ose dire, développée.*

En effet

> *comment ne pas voir ici, immanent à la dimension géomé-*
> *trale – dimension partielle dans le champ du regard, di-*
> *mension qui n'a rien à faire avec la vision comme telle –*
> *quelque chose de symbolique dans la fonction du manque*
> *– de l'apparition du fantôme phallique.*

L'objet étrange suspendu, oblique, qui flotte devant *Les*
Ambassadeurs de Holbein, est mentionné à ce propos. Sans
doute, ne sommes-nous pas dans l'iconologie mais dans les
pièges psychanalytiques pourvus d'un mécanisme propre.
    On les voit repris par Prigent, se retrouvant à leur tour
dans des structures littéraires.

> *L'objet phallique produit aussitôt l'anamorphose qui fait vas-
> ciller les figures, celles « Fondamentales » [...] et celles « Ri-
> dicules » dans les Paravents des Européens [...]*

écrivent de leur côté B.-M. Koltès et F. Regnault[17].

Les analyses morphologiques et sémantiques foisonnent
autour de toutes ces formes dont les structures géométriques se mettent aussi au goût du jour. Après une fugitive
éclipse, le système se rétablit dans la diversité de ses aspects
au sein des heurts et des remous des courants artistiques et
intellectuels modernes en s'étendant à des terrains nouveaux,
sans se trahir. On y retrouve les bizarreries, la rectitude et
les abus qui font paraître des fantasmes leur imprimant un
accent fabuleux. Avec son prodigieux essor, ses extensions
et ses transpositions multiples, son épisode chinois, ses pages
philosophiques, l'histoire d'un jeu optique à l'origine insi-
gnifiant se déroule comme un conte surprenant. Et c'est encore un conte métaphysique qui a été écrit par Jean
Cocteau (fig. 181)[18].

> *Et si les soucoupes[19] sortaient non de l'espace mais du temps ?*
> *Capitaine Clérouin*

La citation apocryphe se trouve en tête de son article en guise
d'épigraphe. Le poète se penche sur une anamorphose cylindrique
(celle de la collection Rheims)[20] qu'il définit comme suit :

> *Sur un carton analogue à celui du jeu de l'oie, il semble
> que quelque maladresse ait renversé une jatte de sauce
> blanche. Il en résulte un désordre de taches et de lignes [...]
> où rien ne laisse supposer que cette insignifiance puisse de-
> venir signifiante et dissimuler, par un stratagème géomé-
> trique, une toile célèbre de Rubens.*

17. Voir *L'Âne*, 1983, n° II, p. 2.
18. J. Cocteau, *Note autour d'une anamorphose, un phénomène de réflexion ?* dans
Le Monde et la Vie, n° 95, avril 1961, p. 35 et s.
19. Par une curieuse coïncidence, Lyotard *(op. cit.,* p. 377) compare aussi l'anamorphose du crâne des *Ambassadeurs* de Holbein à une « espèce de soucoupe volante
à la fois fulgurante et immobile qui hésite à se poser sur les dalles ».
20. Une reproduction de l'anamorphose a été vendue avec le rniroir pour 30 F au
siège du *Monde et la Vie.*

Celle-ci se restitue pourtant dans les reflets d'un tube de papier brillant dressé au centre de la tarte à la crème.

> *Le phénomène amuse cinq minutes les familles et fournirait à Goethe l'occasion d'un de ses monologues [...]. En ce qui me concerne*, écrit Cocteau, *il devint une porte du château de Barbe-Bleue, derrière laquelle on trouve soit quelques jeunes certitudes mortes, soit l'amorce de couloir où, semblable à la poésie, le Grand Inquisiteur de la* Torture *par l'Espérance nous invite à épuiser nos nerfs. Ces mortes et ces couloirs auxquels j'ajoute le labyrinthe de Knossos provoquant la peur de rencontrer le Minotaure et la curiosité de la connaissance me conduisent dans un* no man's land *où la poésie et la science se rencontrent.*

La vie postiche du « *Rossignol de l'Empereur de Chine* » est évoquée à cette occasion. Sans doute Cocteau ne savait-il pas qu'il existait depuis longtemps des anamorphoses chinoises mais il les fait intervenir spontanément comme une image symbolique dans sa vision de l'Extrême-Orient, de ses réalités et de ses fables.

> *Le prêtre qui assiste Marco Polo à son lit de mort verrait dans l'anamorphose une preuve de ses mensonges. Leur dialogue symbolise l'éternelle mésentente entre ceux qui savent ne rien savoir et ceux qui s'imaginent savoir ce qu'ils ignorent. Et Koubilaï, malgré ses connaissances, ses astrologues et son faste, faisant de Venise une misérable cité lacustre, était encore loin des Indes où les astronomes visitaient les mondes avant que les Sages les supprimassent par crainte qu'ils ne servissent à des fins impérialistes.*

> *Marco Polo et Koubilaï*
> *l'eussent payé cher.*

> *Plus je considérais ce phénomène que Koubilaï et Marco Polo eussent payé cher [...], plus m'apparaissait la possibilité que certains désordres illisibles puissent n'être qu'un ordre caché sous un autre et qu'il suffirait d'une révélation aussi simple que le tube pour réintroduire cet ordre inconnu dans les limites étroites de nos impératifs. C'est de la sorte qu'il convien-*

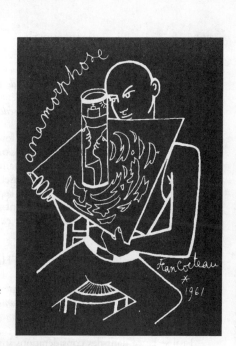

181. L'anamorphose
– un phénomène de
réflexion. Dessin de
Jean Cocteau, 1961.

182 Jean Cocteau avec
le « tube révélateur ».

drait sans doute d'envisager certaines injustices mons-
trueuses qui paraissent, selon notre code terrestre, incrimi-
ner la création alors qu'elles doivent n'être que le brouillage
d'une transcendance dont nous ne possédons pas le chiffre.

Nous voici dans les cosmogonies, une fois de plus, le jouet
optique est une image de la Nature. A première vue une
sauce renversée, une tarte à la crème, l'anamorphose devient,
plus attentivement regardée, une nébuleuse, des galaxies. Elle
rejoint, par son essence, les inquiétudes de la physique contemporaine. Aussi de jeunes savants pourraient-ils espérer découvrir avec le poète « *le tuyau apte à changer en formule les taches*
secrètes de l'anamorphose universelle ».

Cocteau fait valoir alors une phrase d'Henri Poincaré :

> *En ce qui concerne les rapports de la science moderne avec l'in-*
> *connu, je vous dirai que nous commençons à entendre les pre-*
> *miers coups de pioche des mineurs qui viennent à notre rencontre.*

Et il se lance dans des considérations sur la vertu du miroir cylindrique.

> *C'est encore l'anamorphose qui me fait songer à l'hypothèse*
> *de quelque révélation aussi simple que ce tube grâce auquel*
> *l'homme comprendrait peut-être qu'il accepte comme inévi-*
> *tables des événements pareils au tohu-bohu décoratif qui*
> *masque l'harmonie [...].*
> *Bien des idéologies de l'homme irresponsable offrent à son or-*
> *gueil humilié de n'être qu'une proie, le refuge de la respon-*
> *sabilité doivent être l'anamorphose des lois ancestrales qui*
> *avaient présenté le charme de certaines îles du Pacifique [...].*
> *Peut-être le tube révélateur nous apprendrait-il que la terre*
> *sur laquelle le poids des eaux demeure toujours égal cherche*
> *à équilibrer son cheptel humain [...].*

Tout cela concerne, tout d'abord, la poésie :

> *La poésie ne peut prendre place (dans une société) avant*
> *qu'elle ne devînt une expérience dangereuse [...] que sous*
> *forme de source pétrifiante, l'encre du poète possédant cette*

propriété singulière de pétrifier le vide, de changer de l'abs-
trait en objet, de précipiter de la nuit en pleine lumière,
bref de poser le tube sur l'anamorphose (ou, pour m'ex-
primer argotiquement : « le tuyau », de nous tuyauter sur
l'inconnu.

Les notes que Jean Cocteau a rédigées autour d'une anamorphose catoptrique se suivent dans un certain désordre.
Avec ses envolées, ses retombées, ses raccourcis et ses détours,
mélange d'emphase et d'argotique, les mots et les sous-titres
percutants, son texte est comme toujours surprenant mais
pas toujours facile à suivre.

Un « *tube révélateur* » est nécessaire pour en traduire le
contenu anamorphotique. Le poète le reconnaît lui-même en
concluant son exposé. C'est une apologie à sa façon, jonglant
avec les paradoxes, de la science comme art, de l'art comme
science.

Tout en n'étant pas un scientifique, n'ayant jamais
feuilleté un manuel de vulgarisation, Cocteau a obscurément
senti, à un moment donné, les concordances des images poétiques de l'espace et du temps avec les théories de la relativité
généralisée et les théories unitaires contemporaines et il a engagé, en 1960, un dialogue avec de jeunes savants, autour
d'une table[21].

C'est à la suite de ces colloques qu'a été rédigé l'essai de
cette démonstration avec l'anamorphose offrant un exemple
et une illustration de ces rapports immanents. L'hiéroglyphe
d'un phénomène optique et intellectuel qui a servi à tant de
développements depuis le XVIᵉ siècle reste parfaitement valable
aujourd'hui dans un contexte élargi.

Aussi conclurons-nous par un rappel, en appendice, d'un
texte de Bossuet qui évoquait déjà dans l'un de ses sermons, en
1662[22], un art et une science cachés dans le désordre apparent
d'un tableau, tableau que l'on aurait pu croire maladroit, comme
un symbole et un rébus d'un grand arcane de l'univers.

21. Voir la préface d'Aimé Micheli à l'article de Cocteau.
22. Nous devons ce texte à l'érudition et à l'obligeance de M. François Marcel
Plaisant.

J. B. BOSSUET
SUR LA PROVIDENCE
SERMON POUR LA DEUXIÉME SEMAINE
DU CARÊME
PRÊCHÉ AU LOUVRE,
LE 8 OU LE 10 MARS 1662

PREMIER POINT

Quand je considère en moi-même la disposition des choses humaines, confuse, inégale, irrégulière, je la compare souvent à certains tableaux, que l'on montre assez ordinairement dans les bibliothèques des curieux comme un jeu de la perspective. La première vue ne vous montre que des traits informes et un mélange confus de couleurs, qui semble être ou l'essai de quelque apprenti, ou le jeu de quelque enfant, plutôt que l'ouvrage d'une main savante. Mais aussitôt que celui qui sait le secret vous les fait regarder par un certain endroit, aussitôt toutes les lignes inégales venant à se ramasser d'une certaine façon dans votre vue, toute la confusion se démêle, et vous voyez paraître un visage avec ses linéaments et ses proportions où il n'y avait auparavant aucune apparence de forme humaine. C'est, ce me semble, messieurs, une image assez naturelle du monde, de sa confusion apparente et de sa justesse cachée, que nous ne pouvons jamais remarquer qu'en le regardant par un certain point que la foi en Jésus-Christ nous découvre...

Le libertin inconsidéré s'écrie aussitôt qu'il n'y a point d'ordre : « il dit en son cœur : il n'y a point de Dieu », ou ce dieu abandonne la vie humaine aux caprices de la fortune : Dixit insipiens in corde suo : Non est Deus. Mais arrêtez, malheureux, et ne précipitez pas votre jugement dans une affaire si importante. Peut-être que vous trouverez que ce qui semble confusion est un art caché ; et si vous savez rencontrer le point par où il faut regarder les choses, toutes les inégalités se rectifieront, et vous ne verrez que sagesse où vous n'imaginiez que désordre.

Oui, oui, ce tableau a son point, n'en doutez pas ; et le même Ecclésiaste, qui nous a découvert la confusion, nous mènera aussi à l'endroit par où nous contemplerons l'ordre du monde.

INDEX

TABLE DES MATIÈRES

Achevé d'imprimer en octobre 2008
sur les presses de l'imprimerie Maury Imprimeur
45300 Malesherbes

N° d'édition : L.01EBUN000196.N001
Dépôt légal : Octobre 2008
N° d'impression : 141255

Imprimé en France